本书特别顾问　　刘绥滨个人简介

刘绥滨，中国武术七段，四川省武术文化研究会会长、四川省旅游学校巴蜀武术养生学院院长、川渝体育非遗创新发展联盟理事长、中华中医药学会养生康复分会副主任委员。他担任国内多所大学客座教授及《世界太极拳蓝皮书》专家，兼任中国文化产业促进会、国际太极拳气功联合会、世界整合医学联合会顾问。

他创立了中国道家休闲养生功、太极智慧两项系统课程，出版书籍、光盘、明信片 19 套，抖音粉丝过百万，其弟子、学生遍布 80 多个国家。他连续 6 届受聘为“中华养生健康国际论坛形象大使”，2019 年当选微博“2019 最具影响力武术大 V”，同年荣获“世界太极影响力排行榜　最具影响力人物”，2020 年入选中华中医药学会通报表扬抗疫个人名单。其事迹被《中华武藏》《中国太极拳大百科》《世界太极拳蓝皮书》收录，并且被全球近 600 家媒体报道、转载超过 30 万次。

巴蜀武术天下奇

郑光路 著

北京联合出版公司
Beijing United Publishing Co.,Ltd.

图书在版编目（CIP）数据

巴蜀武术天下奇 / 郑光路著 . —北京：北京联合出版公司，2022.6

ISBN 978-7-5596-6106-7

Ⅰ . ①巴… Ⅱ . ①郑… Ⅲ . ①武术—体育运动史—四川 Ⅳ . ① G852.092

中国版本图书馆 CIP 数据核字（2022）第 052662 号

巴蜀武术天下奇

作　　者：郑光路
出 品 人：赵红仕
选题策划：北京时代光华图书有限公司
责任编辑：牛炜征
封面设计：新艺书文化

北京联合出版公司出版
（北京市西城区德外大街 83 号楼 9 层　　100088）
北京时代光华图书有限公司发行
北京雁林吉兆印刷有限公司印刷　　新华书店经销
字数 339 千字　　787 毫米 ×1092 毫米　　1/16　　25.5 印张
2022 年 6 月第 1 版　　2022 年 6 月第 1 次印刷
ISBN 978-7-5596-6106-7
定价：88.00 元

目 录

第九章　20 世纪 50 年代后的巴蜀武术

第十章　四川武术的振兴标志——峨眉武术

第十一章　青城武术（青城派）的前世今生

推荐序

探索中国武术文化历史是我们的责任

巴山蜀水历史悠久，巴蜀先辈崇文尚武，他们创造了光辉灿烂的巴蜀文化。

四川武术源远流长，又常被称为巴蜀武术、峨眉武术（本书中对此有详细剖析），是中国武术的重要组成部分，引起了国内外人士的广泛关注。但是，至今却很少有人能够叙述其真实历史。

2017 年，中共中央办公厅、国务院办公厅印发了《关于实施中华优秀传统文化传承发展工程的意见》（中办发［2017］5 号），旨在建设社会主义文化强国，增强国家软实力。作为中华优秀传统文化的一部分，武术也要积极响应号召，将武术打造成中华文化的代表符号，让武术大放异彩。

武术界学者早就认为：“武术历史研究，是一项长期而艰辛的探索性工作，因此，武术历史研究本身具有一定的困难性和复杂性，并非每一个武术工作者都可以轻松地开展武术历史相关的研究。”因为这个课题涉及领域很广泛，需要“跨学科、多视角”研究，需要文武兼修而且有相当武术活动阅历者。

武术具有三个最基本功能：

第一，抗敌自卫的技击功能；

第二，修身养性、强身壮体的医学养生功能；

第三，观赏娱乐的艺术美学功能。

此外，武术与军事、宗教、医学、娱乐、民俗、哲学等各种文化形态有着相互渗透影响的密切关系，由此形成了“武术文化”——这是武术的灵魂和根——是中国传统文化瑰宝之一。

巴蜀地区（四川），是中华文明重要起源地之一。巴蜀文化，在全国具有广泛的影响力和吸引力。四川武术既是中华武术的一枝奇葩，也是巴蜀文化非常重要的内容。

“武术文化”这一概念，是将武术作为一种整体的大文化系统来对待，而不仅仅是将其看成某一类简单的“技术、技能”。所以，本书具有填补空白的重要学术意义。

本书完全以治史的严肃态度写作，极具历史和学术价值。

归结起来，本书主要有以下特点。

第一，本书严格按照学术研究性文章要求，加以注释，标明史实出处，具有严谨的史学著作特点。

第二，坚持“文史结合”的中国优秀史学传统，将学术性和通俗性、趣味性三者尽可能完美地结合。本书在许多方面有重大史料发现，披露了真实的武林江湖奇谈、趣闻轶事，可读性极强。

第三，注重田野调查和口述史。本书作者拜访了多位当年相关事件的亲历者。而在中国历朝历代的历史研究中，口述是悠久而重要的传统。

第四，运用了图文并茂、雅俗共赏的表现形式。本书配有珍贵历史老照片和旧档案图共计 100 余张，它们使本书赏心悦目、文情并茂，极富收藏和研究价值。

尽管本书篇幅有限，但是展示的信息量很大。希望本书作者能客观、真实、全面、生动地再现四川武术文化方方面面的历史。

本书作者郑光路先生年逾古稀，习武近 60 载。20 世纪 80 年代，郑光路先生还作为国内多家武术刊物的特约作者和记者，参与了多场重大比赛的报道；他也参与过“武医结合”工作，以及武术影视作品的拍摄——他是中国当代武术发展的亲历者和参与者。

此外，郑光路先生也是历史研究学者。本书有不少极为重要的独特发现，也澄清了武术文化史上的谜团。

武术文化浩如烟海，我们的探索与发现只是海上的几朵浪花。然而这本书对四川武术文化的宏大历史，作了阶段性的探索和总结。

源于古老巴蜀文化中的四川武术文化，正向现代化迈进和转换，此时，必须在历史跨度上进行阶段性自我总结和反思，才能使自己不断获得新的活力，实现突破和超越。

中国著名体育史与体育传播学者

国家体育总局学术技术带头人

郝勤

前言

“武术不就是花拳绣腿的表演吗？”“武术不就是好勇斗狠，把人打倒在地，自己当英雄的本事吗？”这是古往今来无数人对武术的看法。人们之所以会形成这些看法，是因为他们不太了解武术。

四川武术（又称为“巴蜀武术”“峨眉武术”）集儒家、道家、佛家、巫文化、中医学等各种传统文化于一身，构成了巴蜀文化的重要内容。

然而历史上却存在“重文轻武”“武术不入正史经传”“武人低文人一等”等现象。文人事迹每易流传，而欲写武人则大难。故史籍中文人雅士的记载连篇累牍，而记录武人者寥寥无几。很多人也许不会相信：在中国就连许多武进士甚至武状元，都缺少史料记载。

正如美国体育学家麦克乐 1922 年撰文指出的那样，中国重文轻武和武人封闭保守的历史陋习，致使中国武术始终缺乏完整的史学记载：“惜乎中国缙绅俊秀，以文章为高雅，鄙武事为粗俗……又因人各自私，虽父子之亲，师弟之谊，相与传授之时，亦必匿其紧要。以致精英不传，历年弥久，愈失其真。”[①]这就导致了中国武术史众多谜团的存在。

我的“杂家”人生经历，使我对武术与历史、医学、民俗、文化及相关领域盘根错节的复杂关系，有着一些粗浅的认识。

这本书我写了近三年，是我几十年的武术研究和实践心得，也是我几十年来的心血。为了收集、考证、整理各种旧资料，我曾艰难地在各地考察，跑文物市场、档案馆、图书馆，采访各种人群……

本书坚持以罕见的第一手资料（原始档案、亲历者回忆等）为主，力争再现历史。本书重在再现尘封历史的血肉细节，以细节化、形象化、趣味化的方式，再现真实历史，让本书更加接地气，从而适合广大读者轻松阅读。

一本研究著述，贵在“真实性”“原创性”“独特性”。本书披露了不少罕为人知的史实，发表了一些个人体会和学术见解，尚望各界读者不吝教正。

最后，感谢杨才清、何天祺、邓真、倪国根、邹翰易、王祖懿等朋友，对本书的鼎力支持。

---

① ［美］麦克乐：《五十年来中国之体育及武术》，载国家体委体育文史工作委员会、全国体总文史资料编审委员会编《中国近代体育文选　体育史料》第 17 辑，人民体育出版社，1992，第 110 页。

第一章

穿越时光隧道看四川古代武术

◎ 巴蜀文化和武舞、武艺 ◎

巴蜀文化源于出土兵器

巴蜀文化和巴蜀武术的早期关系

巴山蜀水历史悠久，充满神奇色彩，令人向往。

早在夏商时期，就已经有蜀国的存在，前后延续约 1500 年。大约在 2500 年前，开明九世的臣民们，身披兽皮、麻片，赶着牛羊，在蜀王带领下，吹着苍凉的牛角号，把都城从广都樊安（今双流华阳街道一带），迁到成都。[1]

公元前 316 年秋，秦惠王派张仪、司马错、都尉墨，率大军从石牛道南下伐蜀，蜀国烟销灰灭。秦国灭蜀国后，建立蜀郡。公元前 311 年，张仪、张若在成都筑墙建城，[2] 距今已有 2300 多年的历史。

---

① 参见《太平寰宇记》引《蜀王本纪》："蜀王据有巴蜀之地，本治广都樊乡，徙居成都。"引自贾大泉主编《四川历史辞典》，四川教育出版社，1993 年，第 21 页。

② ［明］郑朴辑汉代扬雄《蜀王本纪》："秦惠王遣张仪、司马错定蜀，因筑成都而县之……令与长安同制。"

古时四川地区，还有巴人建立的古巴国（巴子国）。秦国凭自己灭掉蜀国的余威，轻而易举地灭掉了定都江州（今重庆）的巴国。

秦国把古代四川地区分置为巴、蜀二郡。公元 1001 年，宋朝在四川设益州、梓州、利州、夔州四路，称为“川峡四路”，或“四川路”，简称“四川”，这是四川名字的由来。

中华民族历史悠久，中国幅员辽阔，不同地域孕育了各具特色的地域文化[1]。巴蜀文化，即巴文化与蜀文化的合称。从一定程度上讲，它指的就是四川地区的传统文化。

中华武术源于古代狩猎、军事战争、宗教祭祀等社会活动。举世闻名的广汉三星堆遗址，截至 2019 年，专家认为，其属于距今约 3000—5000 年前的商代早期。三星堆祭祀坑出土文物中，两坑共出土玉戈 39 件，石戈 37 件。[2] 从出土兵器可以推论：古蜀人在生存技能和部落之间战争中，已有了早期的武术。

周武王时期讨伐商纣王，巴国、蜀国参加了周武王的会盟，并成为主力军，故《尚书》说：“周武王伐纣，实得巴、蜀之师。”[3] 这说明当时的巴蜀武术已经发展到了一定的程度。

谁最早提出巴蜀文化的概念

1921 年前后，一些工人在成都西北桥白马寺坛君庙挖土烧砖。无意之中，挖出了近千件青铜器，其中以兵器最多，有戈、矛、剑、戚斤（即斧钺）……

20 年后的 1941 年 4 月，杰出学者卫聚贤（1899—1989）来到成都。他给从白马寺搜集到的 48 件巴蜀青铜兵器编号，分为 11 类：锐、

① 地域文化，又称区域文化，是研究人类文化空间组合的地理人文学科。

② 深圳博物馆、四川广汉三星堆博物馆、成都金沙遗址博物馆编：《神秘的古蜀王国：三星堆·金沙文物珍宝》，文物出版社，2009，第 90 页。

③ 何晓明：《中华文化事典》，武汉大学出版社，2008 年版，第 388 页。

图 1–1　最早提出巴蜀文化概念的卫聚贤先生像

矛、戳、瞿、剑、刘、匕首、戈、戟、钺、斤。他又将青铜兵器，分为了直刺、横刺、勾击三类[①]。从研究武术史角度讲：3000 年前巴蜀已经有了如此丰富的兵器，可以说已经非常接近“十八般兵器”了。

卫聚贤将研究成果《巴蜀文化》，发表在了自己主办的《说文月刊》第 3 卷第 4 期和第 7 期上。他在《巴蜀文化》中第一次提出了“巴蜀文化”的概念，指出这一概念源于出土的兵器。这些都有力地说明，当时已经产生了相应的武术搏杀技能。因此，我们有理由推论：巴蜀武术萌发的年代，也是巴蜀文化产生的年代，距今至少已有约 3000 年的历史。

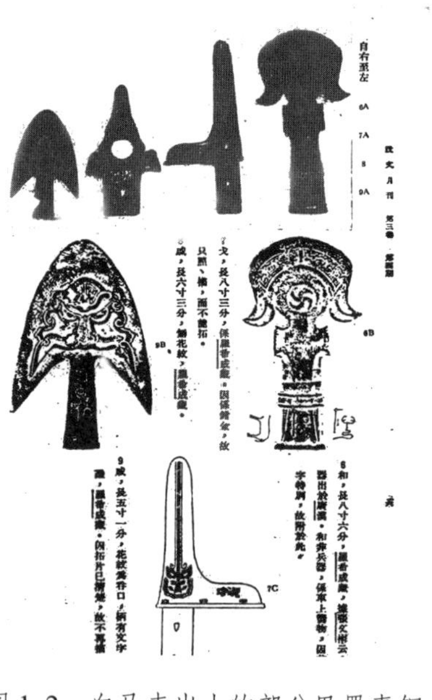

图 1–2　白马寺出土的部分巴蜀青铜兵器，刊登于《说文月刊》3 卷 4 期

一件件出土文物，也不断印证了巴蜀文化与巴蜀武术的关系。

1965 年，嵌错宴乐攻战纹铜壶在四川省成都百花潭中学发掘的一座战国墓葬出土。壶高 40 厘米，壶身遍饰嵌红铜的图案和花纹。

图案分为四层：第一层在壶的颈部，左侧为竞射图，右侧为采桑、歌舞图。第二层位于壶的肩部，为宴乐、

① 《抗战时期巴蜀文化的提出与研究》，载段渝主编：《抗战时期的四川》，巴蜀书社，2005，第 275 页。

武舞、弋射图像。第三层在壶的腹部，是体现攻城和水陆交战情景的水陆攻战图。第四层接近壶的底部，是狩猎图。[①]

其中水陆攻战图展现了这样的画面：武士手执长戈、长矛、短剑、弓箭姿态各异，仿佛杀得天昏地暗；射猎图上，鸟翔蓝天、射手跨步张弓，让人似听见弓响箭飞；舟船上，战士们划船疾进。这件工艺品真实反映了2000多年前蜀人的武术水平已达到相当的高度。[②]

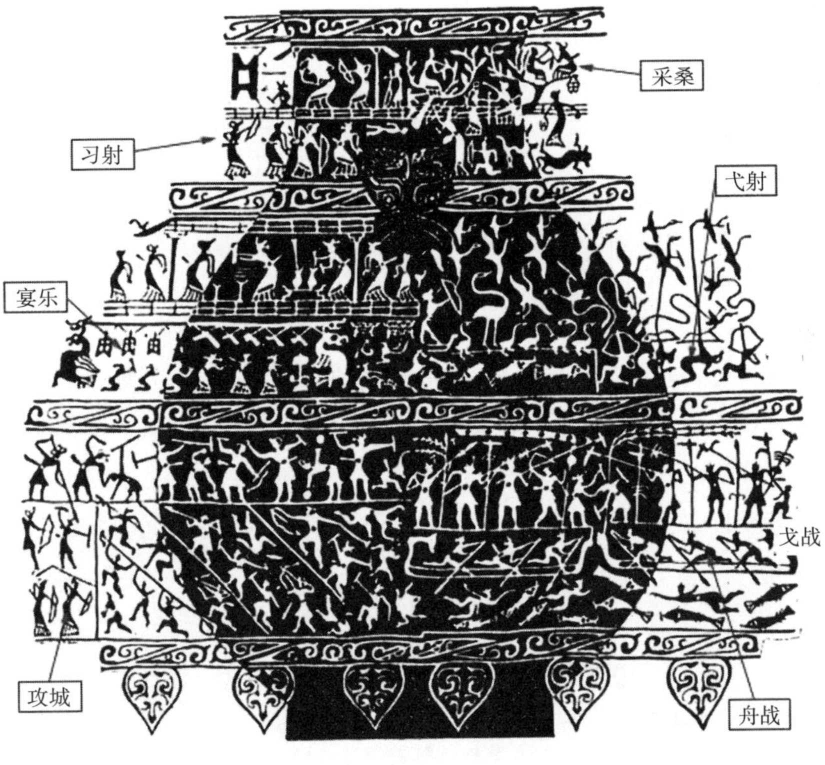

图 1–3　成都百花潭中学出土的嵌错宴乐攻战纹铜壶的水陆攻战图（来源：四川省档案馆）

① 参见江夏：《考古发掘中的成都体育》，《成都日报》2008 年 8 月 20 日。

② 这件铜壶现收藏于四川博物院。

2017 年 8 月 28 日，在成都光华村建筑工地出土的 28 座战国晚期至西汉早期的土坑墓中，考古人员发现了十余件青铜钺、矛、剑等兵器，以及铁制农器等随葬品。考古现场负责人李佩介绍："古人事死如事生，他们喜欢 将生前所用的物品带到另一个世界，而把兵器和农具、陶器等生活用品埋在一起，或许恰好可以说明古蜀人平时为农，战时成军的风俗。"①

中国古代舞蹈又有文武之分：文官执羽毛，武官执盾斧。武舞中的"干舞"，就要"执戈扬盾"。《山海经 · 海外西经》提到，"操干戚以舞"。"干"即盾牌，"戚"即戈斧。所以，武舞又叫干戚舞。这些军事上的武舞，是具有娱乐性和竞技性的早期武术形式。

古代的武舞、技击、手格

武舞的技击性、表演性合二为一

原始武舞与原始武术实为一体。从大禹的"执干戚舞"，到楚汉时的"军中无以为乐，拔剑起舞"，表明先秦以前的武术常常是与舞蹈合为一体的，因此有"武舞同源"的说法。②

《华阳国志 · 巴志》记载了巴人（賨人）勇武、善舞的特性："其民质直好义……""天性劲勇，初为汉前锋，陷阵，锐气喜舞……今所谓'巴渝舞'也。"雄武矫健的《巴渝舞》纳入官方乐府教学中，成为汉代国家级（即乐府）表演的重要节目，影响很大。③巴渝舞，实际上也就是早期武术套路雏形的表演形式。

《华阳国志 · 巴志》中还描述了牧野之战中巴蜀人的贡献："周武王伐纣……巴师勇锐……故世称之曰'武王伐纣，前歌后舞也'。"里面提

---

① 《青铜武器随葬品佐证古蜀人尚武之风》，《四川日报》，2017 年 8 月 30 日。

② 参见熊志冲：《武术文化形态初探》，载《中国武术与传统文化》，北京体育学院出版社，1990，第 133 页。

③ 四川省音乐舞蹈研究所编：《巴蜀舞蹈史》，四川美术出版社，2004，第 82 页。

到的征战前的舞蹈，指的是拼杀动作的热身训练。

汉高祖刘邦为汉王时，招募巴蜀人当兵，才攻下“三秦”（陕北、关中、陕南合称“三秦”）。所以司马迁《史记》说：“汉之兴自蜀。”

古代武舞的徒手舞、斧舞、剑舞、戈舞等，逐渐在民间传播，就形成武术拳械套路的大众化形式。

司马迁《史记》中记载鸿门宴：“范增起，出，召项庄……庄则入为寿，寿毕，曰：‘君王与沛公饮，军中无以为乐，请以剑舞。’”

“项庄舞剑，意在沛公”这一典故表明，剑舞在当时已经较为常见。

秦、汉之后，武舞（武术）中的许多内容，由单纯的军事技能，如角抵、手搏、相扑、击剑，逐步向娱乐性竞技表演化方向发展。四川出土的不少画像砖上，反映了武术内容[①]。例如，成都扬子山和彭县太平乡出土了两块汉代画像砖，其中一块是汉代丸剑宴舞画像砖。画像砖上方中间一人弄丸，七弹齐飞；右上方一人舞剑，并用肘弄瓶；右下方一高髻细腰伎女，拂长袖而舞；中间男艺人作武舞打拳状；左下方二人席坐，齐吹排箫；左上方席上一男子和一高髻女子似在观赏。

图 1–4　成都扬子山出土的汉代丸剑宴舞画像砖

关羽青龙偃月刀与刘封武艺孰真孰假

在漫长的历史进程中，武术在不同时期名称也有所不同。约 2300 年前的战国时期，《荀子 · 议兵》中说：“齐人隆技击。”此后，技击在中国

① 参见四川省音乐舞蹈研究所编：《巴蜀舞蹈史》，四川美术出版社，2004，第 124—125 页。

一直流传到近代。

在汉代，出现了一种可以拳打、脚踢的“手搏”，以及二人凭力量和技巧摔倒对方的“角抵”。这些在民间和军队广为流传。

文武双全的司马相如在著名的《子虚赋》中，说楚国云梦区“有白虎玄豹”，楚王命令勇士“‘手格’此兽”。

同技击一样，手格也是较早出现，并且一直流行的武术名称之一。

到了三国时期，武术在巴蜀地区得到充分发展。蜀国（四川地区）军队武术已发展到较高水平。诸葛亮具体论述了短兵、剑、盾、弓弩、强弩等各种兵器的搏击特点。他在兵书中讲道：

> “夫林战之道……利用短兵”；“丛战之道，利用剑盾”；“谷战之道……列强弩而冲之，持短兵以继之”；“水战之道，利在舟楫……严弓弩以冲之，持短兵以捍之”。[①]

古典小说《三国演义》中，名将关羽凭着一把青龙偃月刀过五关斩六将，四川武术界至今仍然流行“春秋大刀”“关刀”等套路。若问演练者的传承，大都严肃地回答：“当然是关二爷传下来的啊！”

根据明代罗贯中《三国演义》中的描写：“云长造青龙偃月刀，又名‘冷艳锯’，重八十二斤。”

那么，关羽的青龙偃月刀是否在三国时期存在过呢？研究三国史的学者通过考证，得出了以下结论：

> 青龙偃月刀应当出现在唐宋以后，关羽不可能用得上它……清代《皇朝礼器图式》记载“本朝定制：武科刀制如偃月刀，分三等……视所举以较力”。可见偃月刀只是武举考试中，测试考生臂力大小的器械而已。[②]

---

① ［三国］诸葛亮：《诸葛亮集》，中华书局，1960，第99—100页。

② 方北辰、谭良啸主编：《三国故事真与假100例》，成都时代出版社，2015，第7页。

四川南充人陈寿在《三国志·刘封传》中记载，蜀国皇帝刘备有个干儿子叫刘封："时封年二十余，有武艺，气力过人。"①

"武艺"一词，显然兼有实战和艺术成分，猜测刘封比较能打，也擅长武术表演（如武舞）。这是可信而且很珍贵的史料，可以让后人知道，至少在1800年前的三国时期，四川已经使用"武艺"一词，此后，全国开始通用。

武艺的"艺"字，渊源于西周所谓"六艺"：礼、乐、射、御、书、数（出自《周礼·保氏》）。艺，蕴含"技能""技术""艺术""文化"之义。

"武术"一词反而使用较迟，最早见于南朝宋文帝（刘义隆）元嘉二十年（443年）三月，颜延之（384—456）奉诏写《皇太子释奠会作诗》，其中有"偃闭武术，阐扬文令"的句子，意思是停止战争提倡文教，这里提到的武术泛指军事。

随着冷兵器时代结束，武术才逐渐成为中国技击术专用词汇。

---

① ［晋］陈寿著，牛思耀译：《三国志（文白对照）》，金盾出版社，2010，第759页。

◎ 古代史籍和文学作品亦真亦幻 ◎

唐代到宋代的剑舞、角力、学射

诗人李白与剑术的不解之缘

到了唐代，武术与舞蹈紧密结合。杜甫《观公孙大娘弟子舞剑器行》一诗描述了公孙大娘与其弟子李十二娘舞剑的飒爽英姿："昔有佳人公孙氏，一舞剑器动四方……来如雷霆收震怒，罢如江海凝清光。"

唐代开元年间的"裴旻剑舞"与"李白歌诗""张旭草书"，并称为"唐代三绝"[①]。

相传唐代大诗人、四川人李白（701—762），也是精通剑术之人。《新唐书·文苑传》写李白："喜纵横术，击剑，为任侠。"

李白说自己"少年学剑术"（《结客少年场行》），"十五好剑术"（《与韩荆州书》）。他出蜀后 30 年中，身不离剑："腰间延陵剑"（《叙旧赠江

---

① 参见国家体委体育文史工作委员会、中国体育史学会编：《中国古代体育史》，北京体育学院出版社，1990，第 284 页。

阳宰陆调》）……裴旻曾居山东任城，李白三十五岁时专程从安陆举家“学剑来山东”（《五月东鲁行答汶上君》）[①]。

从李白写的“三杯拂剑舞秋月”（《玉壶吟》），不难想象李白舞剑之时的飘逸潇洒丰姿。据统计，《全唐诗》收录的李白诗中，“剑”总共出现了 118 次，分布在 106 首诗中，约占全诗总数的 10%[②]。

同为四川人的郭沫若写道：“裴旻事略，在《新唐书》中，附见《李白传》后。”[③]李白、裴旻共列一传，可见唐代剑术（剑舞）已登大雅之堂，也说明武术作为一种文化形式，在当时已经具有很大的影响力。

中国最早的民间武术社团组织——角力社

摔跤，汉代以前常称为“角力”。早在西周，角力即被列为军事项目。秦汉时也称为“角抵”（“角觝”）。宋代时，始称“相扑”，并有“争交”“掼跤”“捧角（跤）”等叫法。这些名目，都曾是武术的早期名称。

《角力记》是一部专门记述我国摔跤活动的专著，上起春秋战国，下迄五代十国。作者可能是宋代初年人。书中有一篇《成都学社山角抵》，记载了当时蜀郡盛行角力的情景。此文目前已很难见到，现节录如下：

蜀郡之风，少年“轻薄”者，□□为社（郑按：两个缺字可能是“结伴”；轻薄，意思是争强好胜），募桥市勇壮者，敛钱备酒食，约至上元，会于学社，山前平原作场。于时新草如苗，□（郑按：缺字可能是“且”）候人交。多至日晏，方了一对，相决而去。或赢者，社出物赏之，采马拥之而去。观者如堵，巷无居人。从正月上元，至五月方罢。王氏（郑按：指五代十国时期前蜀开国皇帝王建）有蜀，此色人衣宽衣，贴金

---

① 参见郁贤皓主编：《李白大辞典》，广西教育出版社，1995，第 550 页。

② 参见曾睿德编著：《长江文明之旅：长江流域的武林流派》，长江出版社，2015，第 72 页。

③ 郭沫若：《李白家室索隐》，载中国李白研究会、马鞍山李白研究所合编《20 世纪李白研究论文精选集》，太白文艺出版社，2000，第 97 页。

花，帽垂脚，越异少壮，多随从之……有名目者，刘仙子、王胜。[①]

上面的文字生动地记载了五代时成都地区武术摔跤活动的盛况，现以白话简释如下：

五代时，蜀郡摔跤成为非常流行的项目，从每年正月十五上元节（即元宵节）开始，会频繁举行武术摔跤活动，并一直持续到五月间。这样，民间也就出现了摔跤运动的专业社团组织——“角力社”。角力社招募勇壮有力的人为摔跤手，大家出钱食供给训练之用，定期到成都北郊学社山前大草坪上举行比赛，获胜者由角力社发给实物奖品，并乘彩马在大街上游行以显荣耀（近代成都青羊宫擂台赛金章获奖者“打马游街”，其源头就追溯到晚唐五代时期成都的角力社）。

摔跤赛竞争激烈，场面热闹，观众叫好声不断。在这一时期，诞生了不少著名的摔跤手，他们常常穿着宽大的衣袍（跤衣），头戴贴金花帽，后边跟着一群热心摔跤的青少年。当时有名的摔跤手，当数刘仙子、王胜。

《角力记》还叙述了四川两个摔跤手的趣事：

五代时，前蜀皇帝王衍为了与陇西王李茂贞交好，准备派遣一名四川职业高手去陕西当教练，于是在蜀中先选拔出一名叫“述”（未载其姓）的高手。

四川还有一位文武双全的摔跤家叫石彦能，人称“石校书”。朋友聚会欢送“述”前，众人怂恿“述”和石彦能来一场戏耍性比赛，结果“述”败在了外貌好似斯文儒生的石彦能手下。“述”羞愧欲死，偷跑到厨房去拿菜刀抹脖子自杀，幸好被厨师们撞见，才得救。

当时成都人把石彦能和有名的女诗人薛涛放在一起，作顺口溜歌颂：“角抵戏有石校书，歌舞伎有薛校书。一男一女分文武，习技习艺亦读书。”

---

① 翁士勋：《〈角力记〉校注》，人民体育出版社，1990，第95页。

故事中的石彦能，是个深通文墨的秀才。由此可见摔跤武术活动在当时受到了各方面人士（包括儒生）的喜爱。

角力并非仅供观赏，也用于实战。《角力记》引用当时典籍《成都记》[1]中的《蜀中和尚善角抵》讲了这样一件事：

唐文宗时云南的南诏兵袭扰成都，有三个乱兵窜到庙里。有位善角力的和尚用摔跤术拉住其中两人："乃悉拽之，拉其头，摔于井中。余一乃（逃）走。"[2]

五代时成都的角力社，是迄今为止现存史料里中国最早的民间武术社团组织，应该引起学术界重视。

武术活动重要场所——成都学射山

成都北门外的学射山，又名斛石山。据说"（学）在成都县北十五里，刘主禅学射于此"[3]，此山即今成都北门外凤凰山。

刘禅之后，历代多在此山习武操练。上面《角力记》中的"学社山"为音讹，即"学射山"。

古代，城市和水不可分割，古汉语中才有了"城池"这个名词。唐代以后，学射山和山下的万岁池，成为成都军事体育比赛和郊外宴游的名胜之地。

图 1–5　1980 年发行的中国奥林匹克委员会纪念金银币中的"古代角力"银币

① 卢求，唐宣宗大中九年（855 年）为西川节度从事，应节度使白敏中之命，撰《成都记》五卷，记成都风俗、物产及古今逸事。

② 翁士勋：《〈角力记〉校注》，人民体育出版社，1990，第 89—90 页。

③ 参见［宋］乐史：《太平寰宇记》卷七十二。

北宋范镇有诗《仲远龙图见邀学射之游先寄五十六言》，他在自注中说："往来皆呈马骑，设射棚，众宾皆射，遣官妓记筹。"意思是：万岁池有战船（武舟）演习，学射山军士战马飞奔，山上处处有射棚，还派官妓记录射箭成绩，决出名次给予奖励。我们可以想象学射山运动场上马蹄飞扬、人声鼎沸、弓弦声声、喝彩声不断的场景。

古诗中也屡有诗文描绘学射山，如北宋赵抃《次韵苏寀游学射山》："锦川风俗喜时平，上巳家家出郡城。射圃人稠喧画鼓，龙湫波净照红旌。"

诗中后两句意在说明，射箭处人群拥挤，每当宣布赛手成绩时就要阵阵鸣鼓；万岁池中碧波荡漾，与战船上红旗交相辉映。

到了宋代，除了在学射山举行骑马射箭比赛，还有人在这里围猎，甚至妙龄束腰美女也骑骏马驰骋。诗人陆游（1125—1210）《感旧绝句·其四》写道："十月新霜兔正肥，佳人骏马去如飞。纤腰袅袅戎衣窄，学射山前看打围。"

演武与游乐同时进行，形成历史上四川"武术文化"一大特色。民国时期影响重大的射德会（详见本书第七章第一节中的"极富巴蜀文化特色的'射德会'"），无疑有学射山武学遗风。

宋代至民国时期典籍中的巴蜀武术史料

北宋文状元陈尧咨善射

两宋时期，角抵社、英略社、弓箭社等社团，都是较大的民间习武组织。"十八般武艺"的说法，也出现于宋代典籍之中。

古代没有专门研究武术史的著作。我们想要研究武术史，只能在文学、史学作品中"慧眼淘金"。如北宋大文人欧阳修的《陈康肃公尧咨善射》，原文为：

陈康肃公尧咨善射，当世无双，公亦以此自矜。尝射于家圃，有卖油翁释担而立，睨之，久而不去。见其发矢十中八九，但微颔之。康肃问曰："汝亦知射乎？吾射不亦精乎？"翁曰："无他，但手熟尔。"康肃忿然曰："尔安敢轻吾射？"翁曰："以我酌油知之。"乃取一葫芦，置于地，以钱覆其口，徐以杓酌油沥之，自钱孔入，而钱不湿。因曰："我亦无他，惟手熟尔。"康肃笑而遣之。[①]

陈尧咨（970—1034），阆州（今四川阆中）人，宋真宗咸平三年（1000 年）庚子科状元。因病离世于任，赠太尉、谥康肃。其兄陈尧叟，为宋太宗端拱二年（989 年）状元。两人为中国科举史上少有的兄弟状元，备受世人称颂。[②]

《陈康肃公尧咨善射》对于武术史而言，有十分重要的意义，我们从文中可以了解到：四川阆中人陈尧咨不仅是大文人，也是宋代著名武术家，射技超群。

此文是关于武德修养的可信历史典故。近几十年来，此文以《卖油翁》为题被收录在部编本中学语文课本当中，旨在告诉读者，哪怕你是武林高手，也务必要改正骄傲习气。武术是熟能生巧的技艺，拳谚中"拳打千遍、身法自然"，此文就是极好的诠释。

此外，清代四川唯一的文状元骆成骧，民国时期创办射德会，也"射于家圃"，成为四川武林领袖。骆成骧之好射、好武，极可能也受宋代四川文状元陈尧咨的影响。

陆游诗中的"掷剑术"

宋代诗人陆游，善于养生，他坚持练武术、气功，活到了 85 岁。陆游有不少描写练功方法、场景的诗句。《赠宋道人》就对宋道人内外双修、精通剑术多加描述：

---

① 段青峰注译：《唐宋八大家文选》，崇文书局，2015，第 84 页。

② 参见周惠编著：《宋朝状元诗榜眼诗探花诗》，昆仑出版社，2009，第 29 页。

平生啬养气粗全，两脚驰走轻如烟。乌道悬崖忽飞骞，戏掷短剑声铿然。转盼跳下千仞渊，已复取剑升层巅……金骨绿髓渐凝坚，口哦七字黄庭篇。西来欲访挟弹仙，丹经剑诀更精研……[1]

陆游用文学中夸张的手法，再现了宋道人灵巧的武术动作——类似腾云驾雾（“千仞渊”“升层巅”）。在这首诗里，最有武术史学意义的当属“戏掷短剑”。这是什么意思呢？

我国古代击剑门类很多，除“斩刺”外，还有“以剑遥击而中之”的掷剑技术，也就是“飞剑”，犹如后世飞刀、飞叉之类的暗器，十分实用。四川的“飞剑”“飞刀”“飞叉”武技，直到民国时期都很精湛。

掷剑术源于远古狩猎活动中投枪、掷石一类。先秦时代，巴郡的西南夷，曾经用这种武术技能推选部落首领。《后汉书·南蛮西南夷列传》记载：“未有君长，俱事鬼神，乃共掷剑于石穴，约能中者，奉以为君。巴氏子务相乃独中之，众皆叹。”[2]

《汉书·司马相如传》也记载了司马相如“少时好读书，学击剑”的事迹。唐人颜师古注说：“击剑者，以剑遥击而中之，非斩刺也。”[3]

有学者认为掷剑术在“汉以后逐步衰落”。[4]但陆游这首诗反映了宋代不但有掷短剑技术，并流传于巴山蜀水，而且发展到了较高水平。后世武侠小说中，也常有四川剑侠“飞剑取人首级，如囊中取物”之类的描述，看来并非完全夸大事实。

在陆游这首诗中，宋道人口念“七字黄庭”（道教经书《黄庭经》），反映了宋代四川武术家讲究道家养生内功与武术紧密结合来修行，追求“丹经剑诀更精研”的上乘功夫。

---

① ［宋］陆游：《剑南诗稿校注》，钱仲联校注，上海古籍出版社，1985，第 687 页。

② ［明］解缙等编：《永乐大典（全新校勘珍藏版）》第十卷，大众文艺出版社，2009，第 3628 页。

③ ［汉］班固原著、［宋］吕祖谦编纂：《汉书详节》，上海古籍出版社，2007，第 294 页。

④ 参见殷伟编著：《图说中国剑》，安徽文艺出版社，2012，第 35 页。

陆游还有《剑池》诗：“我壮喜学剑，十年客峨岷……夜深来较术，雷雨战江津……”[①] 在此可论证历史上，峨眉山地区的确曾有剑术流行。

宋代以后典籍中的巴蜀武术史料

到了明代，涉及武术的书籍开始出现，如《武编》《练兵实纪》《练兵实纪杂集》《江南经略》《阵记》《武备志》《耕余剩技》等。但这些大部分都是兵书（军事著作），说它们是武术著作，并不准确。

明代的郑若曾、唐顺之、吴殳等人，在相关著作中出现了以“峨眉”冠名的武术内容，如枪法、拳法等。

（1）郑若曾《江南经略》中的峨眉枪

郑若曾（1503—1570），苏州昆山（今江苏昆山）人，著名军事家、战略家。在其所作《江南经略》中，峨眉枪被列入到明代十七家枪法之中：“如使枪之家十七……曰峨眉枪”。

文烨、王如镇二先生认为：这是“峨眉”二字与武术最早发生联系的文字[②]。

（2）吴殳《手臂录》中的峨眉枪法

峨眉枪法相传为峨眉山普恩禅师所传。明末清初的吴殳是普恩禅师的第四代传人。吴殳曾汇集各种枪法 500 余种，推峨眉枪法为第一。

吴殳（1611—1695），江苏太仓人。吴殳的武学著作《手臂录》，对古代枪法、刀法、剑法等，做了系统的分析和总结。《手臂录》收录了程真如所撰《峨眉枪法》，它是关于峨眉武术的确切记载。

康熙元年（1662 年），51 岁的吴殳在昆山盛氏家做家庭教师，结识了“弓马精绝”的朱熊占，并从朱氏处得到程真如传授的峨眉枪法。据说此枪法是由峨眉僧普恩传给程真如的。吴殳评论，少林枪法不如石、

① ［宋］陆游：《陆游集》，中华书局，1976，第 359 页。

② 文烨、王如镇：《峨眉武术文献计量学分析》，《内江师范学院学报》2017 年第 32 卷第 8 期，第 32 页。

沙、杨、马诸家枪法，更不如峨眉枪法。[①]

（3）“峨眉十八棍”及峨眉僧之武艺

《清史稿·艺术列传》中记载：“江之桐，字兰崖，安徽和州人……其艺通绵长、俞刀、程棓（古同‘棒’）、峨眉十八棍，多取洪门，敌硬斗强，以急疾为用。”[②]

这也是正史中，有关峨眉武术（或峨眉十八棍）只言片语的记载。

《清朝野史大观》中有《峨眉僧》一文，绘声绘色地叙述了一个善于斫掌的内家拳高手张某，被一位峨眉僧打败的故事。作者可能是武林中人，文中关于格斗技术的细节描绘很是专业：

王征南拳术为内家之正宗……相传征南之弟子颇多，有张某者，其艺不在（黄）百家下……流而为盗。时来往于山东河南间，凡习少林拳者，无不当之辄靡。盖张某于内家之六路，练习纯熟，而尤长于斫……

“斫”指的是武术格斗中的砍斩掌。文章说，有天强盗张某在河南天幢寺抢劫来上香的天津商人，庙里数十个和尚都会武艺，但都被张某打翻在地。这时一位庙里挂单的四川游僧，上前对和尚们说：

“诸位师父拳术，虽皆少林嫡派，然非彼敌手也。穷僧十年未出手矣，姑一试之。”言罢，解衣迅速追上，张亦以手扑之，僧闪过……张急用前手抹下，后手斫出，滚斫而上。僧急以两手着脚，以左手撒开，右足随进。又以左手着胸，右手撒开，左足随进。张之滚斫忽乱，急退归原路。僧随以朝天势直上。张知不敌，一跃而逃。僧亦不追，挈金返寺，众僧皆来道殷勤焉……众因其来自峨眉，遂呼为峨眉僧云。[③]

---

① 参见吴殳：《手臂录》中《峨眉枪法》及序言，载王广西主编《中原文化大典·民俗典·武术》，中州古籍出版社，2008，第127—134页。

② 赵尔巽等：《清史稿　卷五〇五》，吉林人民出版社，1998，第10526页。

③ 小横香室主人：《清朝野史大观》，中央编译出版社，2009，第1184页。

以练武者角度审视上文，强盗张某很像用的是“劈挂拳”招数：两臂大劈大挂砍斩，放长击远。蜀人身体较矮小，多以奇制胜不去硬碰。技法上多拳少腿、掌指当先，专打击对方薄弱处；又特别强调靠步法灵活迅速贴近对手，以柔克刚击其要害。

游僧用的招式与四川拳术中的“盘破手”“磨盘手”很是相似，都是用灵活、巧妙的招式化解甚至击退对方的进攻。

1924 年广益书局出版的《拳师传》，也收录了《峨眉僧》全文，说明民国时期就将这篇文章作为研究中国武术的重要史料了。

《峨眉道人拳歌》和《蜀山剑侠传》

《峨眉道人拳歌》反映的真实四川武术

唐顺之（1507—1560），字应德，号荆川，常州武进（今江苏常州武进区）人，明嘉靖八年（1529 年）中进士，礼部会试第一。官至兵部主事、吏部主事、都御史等，著有《荆川集》等。唐顺之不但是有名的文学家，而且武艺骑射无不娴熟。抗倭名将戚继光，曾向他学过枪法。[①]

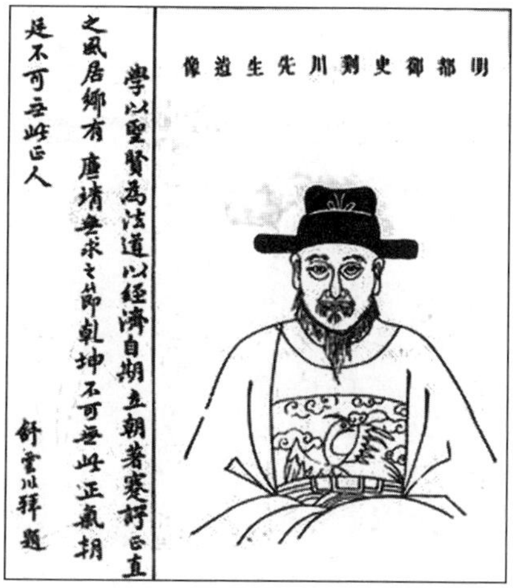

图 1–6　明代都御史荆川先生唐顺之遗像（明代刊本）

唐顺之所作《峨眉道人拳歌》，描述了一个峨眉道人打拳时的情景。这是研究四川武术的重要文献，全诗如下：

① 参见郭晓霞译注：《古文观止译注（精编本）》，商务印书馆，2015，第 236 页。

浮屠善幻多技能，少林拳法世希有。
道人更自出新奇，乃是深山白猿授。
是日茅堂秋气高，霜薄风微静枯柳。
忽然竖发一顿足，崖石迸裂惊砂走。
去来星女掷灵梭，夭矫天魔翻翠袖。
毹毯含沙鬼戏人，髽鬖磨牙赞捕兽。
形人自诧我无形，或将跟绁示之肘。
险中呈巧众尽惊，拙里藏机人莫究。
汉京寻橦未趫捷，海国眩人空抖擞。
翻身直指日车停，缩首斜钻针眼透。
百折连腰尽无骨，一撒通身皆是手。
犹言技痒试贾勇，低蹲更作狮子吼。
兴阑顾影却自惜，肯使天机俱泄漏？
余奇未竟已收场，鼻息无声神气守。
道人变化固不测，跳上蒲团如木偶。

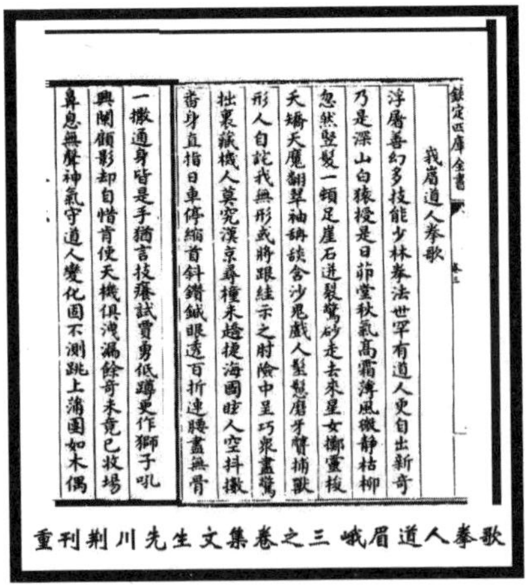
欽定四庫全書

峨眉道人拳歌

浮屠善幻多技能少林拳法世罕有道人更自出新奇
乃是深山白猿授是日茆堂秋氣高霜薄風微靜枯柳
忽然豎髮一頓足崖石迸裂驚砂走去來星女擲靈梭
夭矯天魔翻翠袖毹毯含沙鬼戲人髽鬖磨牙贊捕獸
形人自詫我無形或將跟絏示之肘險中呈巧衆盡驚
拙裏藏機人莫究漢京尋橦未趫捷海國眩人空抖擻
翻身直指日車停縮首斜鑽鍼眼透百折連腰盡無骨
一撒通身皆是手猶言技癢試賈勇低蹲更作獅子吼
興闌顧影却自惜肯使天機俱洩漏餘奇未竟已收場
鼻息無聲神氣守道人變化固不測跳上蒲團如木偶

重刊荆川先生文集卷之三 峨眉道人拳歌

图 1–7 四库全书《荆川先生文集》卷之三《峨眉道人拳歌》

这首诗生动刻画了峨眉道人形神合一的上乘功夫：

“去来星女掷灵梭”“翻身直指日车停”，显示了峨眉道人的步法灵活、动作敏捷、拳法多变。“险中呈巧众尽惊，拙里藏机人莫究”，显示了峨眉道人拳法技巧出人意料。“崖石迸裂惊砂走”，是其刚；“百折连腰尽无骨”，是其柔——这些显示了峨眉道人的刚柔相济。“一撒通身皆是手”，显示了峨眉道人的拳法多变。“缩首斜钻针眼透”，则显示了峨眉道人身法步法如龙蛇飞蹿、神鬼莫测。“余奇未竟已收场，鼻息无声神气守”尤其精妙，既有余音绕梁的含蓄美，更体现了内外兼练的炉火纯青。

近几十年来，武术界对这首诗解说不少，其中，郑志兵先生的总结较为简洁、到位：

从起势到收势的演练全过程，从拳势、手法、身法、步法、招势、劲势、击法、防守、节奏、呼吸、意境、神韵等方方面面给予了形象的描述，为我们认识、理解的峨眉武技之特点提供了依据……全诗通过对一名技艺高超的峨眉道人拳术演练的描述，在一定程度上体现了峨眉武术的特点。即动作小，变化大，以柔克刚，借力使力，以巧打人。①

《峨眉道人拳歌》在一定程度上证实了明代四川武术已经享誉中国。

还珠楼主的《蜀山剑侠传》

《蜀山剑侠传》，是描写峨眉派剑仙领袖群伦、除魔卫道的奇幻故事，为近现代“中国武侠小说之王”李寿民（笔名还珠楼主）的代表作。

李寿民（1902—1961），四川长寿（今重庆长寿区）人。李寿民曾三上峨眉、四上青城，深受巴山蜀水大自然浸染。1930年初，天津《天风报》发启事征集武侠长篇。李寿民夜以继日地写出《蜀山剑侠传》，其“还珠楼主”名声开始响亮。1946年李寿民创作进入高潮期，每天写两万字，“上海滩出现‘还珠热’……”②

其中最具有代表性的是《蜀山剑侠传》和《青城十九侠》。

《蜀山剑侠传》后来直接由上海正气书局出书，一直出到五十五集，

① 郑志兵：《从〈峨眉道人拳歌〉看峨眉武技之特点》，《中华武术·研究》2011年6月第6期第1卷。

② 参见叶洪生：《论还珠楼主李寿民的是非功过——试揭开〈蜀山剑侠传〉及“蜀山系谱”群龙“烂尾”之谜》，《苏州教育学院学报》2012年8月第29卷第4期，第10页。

照例还是“要知后事如何，且看下集分解”，而出版日期已是 1949 年 3 月了。书中反复提到的“峨眉三次斗剑”和“仙家四九天劫”，最终却有头无尾。

武侠小说对四川武术的重要影响

《蜀山剑侠传》在四川影响甚大。我听武林前辈提到，1946 年成都西大街，有个十多岁的中学生读后“走火入魔”，右手持木剑站在高楼上，左手往窗外扔下个竹簸箕，高叫一声：“本少爷驾簸箕云来也！”纵身而下成了仙——跌成个终生“铁拐李”。

《蜀山剑侠传》等作品，代表了民国武侠小说荒诞怪异的一派，融合神话、志怪、剑仙、武侠于一体，各种“剑仙”神术、奇幻法宝、神雕怪兽、隔山打牛……《蜀山剑侠传》系列小说的中心情节，为正派剑仙峨眉派，与邪派剑仙的打斗厮杀。书中屡屡出现“峨眉派”字眼。

金庸武侠小说《倚天屠龙记》中：宋代郭靖、黄蓉之女郭襄，爱慕“神雕大侠”杨过，可惜落花有意、流水无情。郭襄走遍天涯，难寻情郎，万念俱灰，于是到峨眉出家为尼，开创了峨眉派武术。其实，金庸只是编了个武侠神话，不必当真。

长眉道人、仙姑、道姑、郭女侠……这些元素为 20 世纪 70 年代后“峨眉武术”的提出和兴盛，提供了光怪陆离的想象空间。

第二章

明末清初的四川武术

◎ 明末清初四川武术凤凰涅槃 ◎

明末清初杰出武术家

明代大臣刘宇亮

明清两代四川武术家应当不少，但武人难入正史经传，偶有点滴记载，也多附于他事。刘宇亮（？—1642），四川绵竹人，明万历四十七年（1619年）进士，先后任吏部右侍郎、礼部尚书、东阁大学士。

《明史》原文是这样描述刘宇亮的：

> 刘宇亮，绵竹人。万历四十七年进士。屡迁吏部右侍郎。崇祯十年八月，擢礼部尚书……宇亮短小精悍，善击剑。居翰林，常与家僮角逐为乐。性不嗜书……①

刘宇亮是明代数一数二的重臣，却不大爱读书，反而喜欢习武击剑，常和仆人家中打斗角逐为乐。

---

① ［清］张廷玉等：《明史》，吉林人民出版社，1995，第4327页。

武进士杨展及其子杨璟新

杨展（1604—1649），字玉梁，嘉定（今四川乐山）人，明崇祯十二年（1639 年）己卯科武进士，任职参将。他长七尺有余，风流倜傥，文武双全，尤工骑射。

当年他去北京应己卯武科考试，路上挟遇强盗要劫其行李。杨展笑道："我如果百步外射不中你，东西就全给你！"接着"唰"的一箭，便射穿了强盗的头巾，吓得强盗惊拜而去……

临考试前，有个大太监牵出一匹大马，该马凶悍难制。考武进士者无人敢应。杨展持弓矢排众上前，夺马腾跃而上，在马上射九箭九中，他大叫："我，四川杨展也！"从此杨展名震京师，中进士第三人，授游击将军、后升参将。①

崇祯十七年（1644 年）春，张献忠率大西军入川。杨展参加保卫成都之战，城破被俘不屈。大西军兵弁将他押到大慈寺东墙河边（即现东风大桥一带）斩首。几个头目见其身上穿有五彩、鲜艳的绵甲，大叫道："汉子，将你这件衣甲送我们吧。"

杨展答道："唉，我命都不肯要了，还要衣甲何用？但求你等送我尸骸于河中。"到河边，大西军兵弁解其绳缚，剥衣甲后正想砍杀，杨展突然翻身夺刀，砍死二人后跳入水中。只见江涛汹涌，瞬间杨展已不知去向……②

清顺治三年（1646 年）五月，张献忠决定沿岷江向嘉定转移至宜宾，然后沿长江逃离四川。大西军战船千艘，满载多年来在湖广、四川抢掠积蓄的金银财宝，顺江而下。

---

① 参见［清］彭遵泗：《蜀碧（外二种）》，北京古籍出版社，2002，第 88 页。

② 参见［清］李馥荣：《滟滪囊》，载何锐等点校《张献忠剿四川实录》，巴蜀书社，2002，第 81 页。

离成都约百里的彭山县江口镇，山弯处突然战鼓声“咚咚咚”响起，杀声震天。杨展在下游以战舟严阵以待，然后水陆夹击。大西军船队被炮火击中焚烧，仿佛三国时火烧赤壁。在凄厉厮杀声中，大西军船上金银珠宝沉入江中。

这就是国内外有名的“张献忠江口沉银”。

杨展占据嘉定、峨眉、犍为、叙州等地，与大西军反复拉锯战，令张献忠难以对付。南明小朝廷加杨展为太子少傅，封华阳侯。由于上述杨展对宏大历史的影响，武术史意义上的杨展，才得以保留其“文武兼才”的一些史实。

清初，袁韬、武大定自川北来投杨展，杨展待之甚厚。清顺治六年（1649 年）八月，袁韬、武大定与偏沅巡抚[①]李乾德三人合谋，以给杨展祝寿为借口，将杨展骗至犍为县，用酒灌醉后将杨展斩杀。[②]后来南明小朝廷追谥杨展为“忠惠”。一代名将杨展，从此消失于明末清初的历史大舞台……

乾隆丁酉年鐫
蜀碧
同懷兄端淑樂齋 仲尹鑒定
白鶴堂藏板
楊展傳
彭遵泗

图 2–1 ［清］彭遵泗《蜀碧》中有《杨展传》，记录了杨展的事迹

袁韬又去追杀在峨眉的杨展之长子杨璟新。四川丹棱人彭五吾，是撰写《蜀碧》一书的彭遵泗之祖父。彭五吾年轻时和杨璟新结为异姓兄弟。杨璟新逃到丹棱乡下彭五吾处，眼看追兵尘烟近了，彭五吾牵了匹骏马给杨璟新，说：“贤弟，你赶紧逃跑去投奔川北清军

① 明代后期，为在西南地区推行改土归流政策，明廷于万历二十七年（1599 年）设置“偏沅巡抚”之职，因其先驻偏桥镇（今贵州施秉），后迁驻黔、楚重镇沅州（今湖南芷江），称“偏沅巡抚”。

② 参见何锐等点校：《张献忠剿四川实录》，巴蜀书社，2002，第 298 页。

吧……”

杨璟新凄凄惨惨逃到保宁府投诚。清代的四川巡抚李国英大喜，赶到郊外迎接，厚待杨璟新并授他为参将[①]。十年后，杀害杨展的袁韬也从云南逃回四川，来投降李国英。这时杨璟新已升任总兵[②]。史籍记载有天在辕门外，杨璟新“勃然大怒，拽（拖）韬下轿，翻斛放倒，拳脚交如，拔刀将杀之，军士拦阻，韬抱头鼠窜”。这时已升任川陕总督的李国英“怒其辕门厮闹，大干（违犯）军法，每人捆打三十，稽候请旨”。北京吏部官员讨论此事时，认为杨璟新“父仇不共戴天，虽事属前代，情实可原。”[③]

杨璟新武功高强，后退隐在四川家乡传授武术。

四川峨眉山等寺庙“僧兵”疑云

《荣县志》记载：“僧古泰，荣县僧纲司也。（明代）天启中，重庆奢寅之乱，荣邑为贼所据，古泰率僧兵攻城……”[④]

僧纲司是明代各府县管理佛教事务之官方机构。上文明确记载明代天启年间（1621—1627）荣县有僧兵，则可推论四川其他地区的大寺庙也应该有僧兵。

峨眉山的和尚、道士很早就有练武的传统，明代唐顺之《峨眉道人拳歌》即是例证。清代人刘景伯《蜀龟鉴》记载：峨眉山万年寺是反抗张献忠大西国的一处重要根据地：

---

① 参见［清］彭遵泗：《蜀碧（外二种）》，北京古籍出版社，2002，第 91—92 页。

② 总兵，明清两代高级军事将领，清朝中期品级是正二品，受一省提督统辖，类似如今军分区司令的级别。

③ 参见［清］李馥荣：《滟滪囊》，载何锐等点校《张献忠剿四川实录》，巴蜀书社，2002，第 82 页。

④ ［清］文良、朱庆镛等修、陈尧采等纂：《嘉定府志》，1986 年乐山市市中区编史修志办公室横排校勘本（重印清同治三年［1864 年］刻本），第 723 页。

甲申年（1644 年）十月，张献忠派遣总兵欧阳柄征剿。相关资料记载：“欧阳柄自峨眉败归……令王（郑按：指杨展任命的夹江县王姓县令）纠义兵、僧兵协讨，立信炮相救，自此贼数败，遁归成都。”[①]

这里明确记载了峨眉有僧兵。

四川著名学者任乃强在其《张献忠》一书中对峨眉万年寺僧兵和彝族土兵的武艺，有进一步叙述：

有万年寺僧法曦……原是眉州贡生……欧阳柄所统的兵，与法曦僧兵大战于纸钱街……僧兵不敌，退回峨山老巢。欧阳柄正在了宝楼冈（郑按：了宝楼，峨眉著名景点，又名老宝楼）上指挥军队，骤不防冈后一队倮倮兵（郑按：彝族土兵）杀出。人皆赤脚，身披毡衣，头挽螺髻，手执标枪，背负木弓，腰悬毒矢囊袋，呼啸狂奔而来。毒矢箭命中，中者立死。标枪或投或刺，投必中人，刺必洞胸。那倮倮兵迅捷如飞，投枪之后，仍自赤手前奔，赶到中枪者身旁，拔枪再战……[②]

到了民国时期，峨眉山僧人也有僧兵：“成立‘冬防队’，又各僧警队，大约 40 人，配有枪支弹药，是近代史上第一支武装僧兵。”[③]

成都有条“镋钯街”，地方史志记载：“因为大慈寺僧人当年在此练武，这里就是寺僧存放兵器的地方。”“张献忠在成都时曾经与大慈寺的武僧交手……”[④]

为什么在中国野史典籍中会经常出现武艺高强的“峨眉僧”？以上所述史实就可解答这一问题。这对研究四川武术史非常重要。

---

① 参见陈力主编：《中国野史集粹 2》，巴蜀书社，2000，第 152 页。

② 任乃强：《张献忠》，陕西人民出版社，1986，第 795 页。

③ 骆坤琪等著：《峨嵋天下秀》，农村读物出版社，1989，第 109 页。

④ 袁庭栋：《成都街巷志》下卷，四川教育出版社，2010，第 596、1004 页。

清代四川武术发展概况

张献忠祸蜀和1646年八旗兵进军四川

研究武术文化，局限于武术本身而不了解大历史背景，其结论必然是不可靠的。如有人说："明末清初是中华武术发展的高峰，也是峨眉武术的成熟发展期"；"张献忠入川在成都建立大西政权，大量的武术文化被带到四川并与巴蜀武术形成了历史上的大融合，促进了峨眉武术体系的完善……"

以上就是与真实历史截然相反的荒诞结论。

明崇祯三年（1630年）在陕西造反起家的"八大王"张献忠，最后攻入四川，于崇祯十七年（1644年）农历八月十五日在成都建立大西国[①]。被张献忠抓获的意大利传教士利类思和葡萄牙传教士安文思，被封为"天学国师"，亲见"献忠除正后四人外，尚有妃嫔三百名"[②]。

这个"大西皇帝"，奢侈荒淫、专横残暴。张献忠称孤道寡仅两年皇帝梦便泡了汤，逃离前多次进行"屠城"并毁灭成都城。正像著名学者李劼人先生所说："成都城经张献忠这一干，所有建筑……的确是焚完毁尽！"[③]

1646年8月后，张献忠大西军向川北仓皇大逃亡。九月下旬，张献忠驻扎在川北西充县金山铺大山中。这时任张献忠部下骁骑营都督刘进忠，率部驻扎在潼川（今三台县）。他害怕被张献忠所害，带百余人急奔汉中联络清军。

此时，清太宗皇太极的长子、和硕肃亲王豪格（1609—1648），和吴

① 《荒书》《客滇述》《纪事略》等史籍，均记载甲申年八月十五日大西国建立，如《客滇述》载："十五日，献忠自称秦王，国号大西，改元大顺。"见贵州省安龙县史志办编《南明史料集 下》，贵州人民出版社，2011，第771页。

② ［法］古洛东：《圣教入川记》，四川人民出版社，1981，第40页。

③ 李劼人：《李劼人全集　第7卷　散文》，四川文艺出版社，2011，第425页。

三桂等人统率满汉大军进入陕西，正准备进攻四川。

图 2–2　四川梓潼县七曲山大庙20世纪80年代后的张献忠塑像

同年十一月初七日，豪格亲率八旗兵自汉中启程，十一月二十六日抵达四川南部县。清军“衔枚疾驱，一昼夜行三百里”，于次日黎明浓浓晨雾中悄然抵达西充凤凰山。张献忠对此竟一无所知，还夸海口：“我老爷统天兵在此，谁敢来捋虎须耶？”[1]

话声未毕，刘进忠早引满汉前锋统领朱里伊麻和护军统领朱克书等人，冲入大营。张献忠仓皇上马刚出营门，一箭嗖地射来直贯张献忠胸口。张献忠惨叫一声坠马而死……[2]

“湖广填四川”影响四川武术

张献忠死后，张献忠余部、残明军队、清军等，走马灯似的在四川反复进行拉锯战。持续的拉锯战使得明末清初四川持续战乱长达37年，人口毁灭殆尽。《滟滪囊》等史书记载当时的成都：“尸骸遍野，荆棘塞途。昔之亭台楼阁，今之狐兔蓬蒿也……昔之麻桑禾黍，今之荒烟蔓草也。山河如故，景物顿非，里党故旧，百存一二……”[3]

顺治十八年（1661年），清政府开始统计四川人口数量。据《清通考》卷一九《户口》记载，全川仅有在籍人丁16096人。按一丁五口计，

① 参见［清］越志锦等：《甲申纪事、纪事略、恸余杂记、南忠记》，中华书局，1959，第60页。原文为：“忽有登高贼兵来报云：‘此山下有人马甲胄声，雾大不辨多寡。’献忠大怒云：‘我老爷统天兵在此，谁敢来捋虎须耶？尔何妄言，惑我军心？于法当斩’……”

② 详情可参阅郑光路：《张献忠剿四川真相》，云南人民出版社，2016。

③ 参见陈力主编：《中国野史集粹1》，巴蜀书社，2000，第952页。

全川只有八万人左右[1]。而清初,“成都人殆尽”[2]。直到康熙三年(1664年)成都县有编户440户,华阳县有编户440户,两县合880户,按一户五人计算大约只有4400人,而且基本上都是新来的外省移民[3]。

康熙二年(1663年),汉军镶蓝旗官员张德地升任四川巡抚。张德地于次年抵成都,各处县城,全是破垣残壁:“亲睹所号为通都名邑(成都)者,止蓬茅数点而已……”张德地只好把官衙草创于“荒烟蔓草之中”[4]。

四川人口骤减,还有多少人在练武术?当我们了解当时的时代背景之后,还会同意“明末清初是中华武术发展的高峰,也是峨眉武术的成熟发展期”的说法吗?

康熙二十年(1681年)后,一场规模浩大、悲壮的移民运动,在中国大地上进行,史称“湖广填四川”。

经过这场移民运动,四川人口数量开始上升:乾隆元年(1736年),四川已约有327万人(654160户)[5];乾隆四十一年(1776年)上升到约778万人[6];乾隆五十六年(1791年),上升到1170万人;到嘉庆十七年(1812年),已达到2070万人[7]。

---

① 参见袁庭栋:《巴蜀文化志》,巴蜀书社,2009,第43页。

② [清]顾山贞:《客滇述》,载四川省安龙县史志办编《南明史料集》(下册),贵州人民出版社,2010,第770页。

③ 参见[清]佟世雍修、何如伟纂,康熙二十五年修:《成都府志》卷一〇《城廓》,民国二十九年抄本(重抄康熙二十五年传抄本)。

④ 参见[清]蔡毓荣等修、钱受祺等纂:《四川总志》卷首《张德地序》、卷一〇《贡赋》、卷三五《筹边》,康熙十二年刻本。双引号内文字为《张德地序》原文。

⑤ 参见[清]常明修、杨芳灿纂:《四川通志》卷六四《户口》,嘉庆二十一年刻本。人数按一户五人折算。

⑥ 人口数见[清]张廷玉等撰、纪昀等校订:《清朝文献通考》卷十九《户口》,人数按一户五人折算。

⑦ 参见[清]常明修、杨芳灿纂:《四川通志》卷六四《户口》,嘉庆二十一年刻本。当代许多学者都承认这个统计数据,如王笛:《清代四川人口、耕地及粮食问题》,《四川大学学报》1989年第3、4期;蓝勇:《乾嘉垦殖对四川农业生产和社会发展影响初探》,《中国农史》1993年第1期;中共重庆市委宣传部编《重庆读本》,重庆出版社,2009,第361页。

宣统二年（1910年）上半年，全省户口调查结束。四川总督赵尔巽奏报，清末四川省人口为920多万户、5021.7万多人。但有学者认为，四川省当时人口可信数字大约为4414万[①]。

随着外省移民的涌入，大量种类的蔬菜、靛青、麻、甘蔗、山蚕和烟草等新作物也被引入四川地区。就连四川人视为象征符号的辣椒，也是由外省移民从湖广、贵州等省，逐渐引入四川的。

“湖广填四川”的移民运动，使全国多省文化与传统的巴蜀文化得到空前的交流融合。全国各地的武术流派入川，形成四川武术史上的一个高潮期，并逐步发展为如今既独特又丰富多彩的四川武术。

图2–3　从清代外省百姓入川情景，可想见“湖广填四川”的情景

① 参见王笛：《跨出封闭的世界——长江上游区域社会研究（1644—1911）》，中华书局，2001，第80页。

◎ 清代四川武术从几乎灭绝到辉煌发展 ◎

清代四川武术重兴的主要原因

清军入关之后，四川武术是怎样重兴的呢？从未见有对这个问题的详细研究文章。通过大量史料研判，我认为应该有多种因素。

四川残民保存了武术火种

我们首先来看四川残民保留武术火种的具体表现。

表现之一：明末清初大战乱，有很多人逃往外省。其后，各省幸存的四川逃亡者，以及流亡云南、贵州的大西军残部官兵，有不少回到四川。这之中，有一定数量的武林人士。

表现之二：乱世之中，四川本土也有极少人幸存。至今邛崃山区有“逃命沟”“躲兵岩”，大邑县山区有“逃亡坝”（唐王坝）等地名。岷江上游汶川、茂县、松潘等羌藏山区，也有逃亡者。

康熙年间后四川慢慢安定，避居深山老林有幸存者回归故土。残民中懂武术者，则可留存武术火种。

下面我举三个最明显的例子，来说明四川有哪些存留下来的武术火种。

第一个是明末时期的武术名将杨展之子杨璟新。

杨璟新是沈云祚主持的明代壬午科（1642 年）录取的武举人。杨璟新顺治六年（1649 年）投诚清代后任总兵。彭遵泗记载，杨璟新“家居十余年，以寿终”[①]。身为武举人出身、武术世家的杨璟新，晚年在四川家乡传承武术，是情理中事。（具体内容详见本书第二章第一节中的“武进士杨展及其子杨璟新”。）

第二个是清代四川唯一的武状元彭阳春之先祖。

清代初年康熙帝登位不久，从川南马边、犍为一带的莽莽丛林中，走出两个年轻人，这是叔侄二人。明末张献忠屠蜀时期，叔侄二人“过着野人一般的生活”。叔父名叫彭占魁，侄儿名叫彭腾龙，他俩是明末清初四川战乱的幸存者。喜爱武术的彭占魁叔侄，要求子孙耕读、习武两不误。“一段时间后，彭氏族中子弟，考中武科生员（武秀才）、武举人者，先后有数十人之多。”[②]

彭占魁的后人彭阳春脱颖而出，考中了清代四川唯一的武状元[③]（详见本书第三章第二节“清代四川武状元彭阳春事迹详考”）。

第三个是四川南充地区李氏家族的祖传“八卦拳”。

近代著名学者任乃强曾过叙述明末清初战乱中四川南充地区武术的幸存情况：

> 南路大松垭李姓，从元末入川，就世传拳技与堪舆（郑按：风水）之术。族人多习拳勇。明末蜀乱，兵燹频仍四十余年人烟几绝，惟他们这一支，遭大军能疾行趋避，遭土匪能格斗惩处，毫无损伤……李家的拳技有其世守的家法，称“八卦拳”……清末有名的拳师和堪舆师李渥如，便是

---

① 参见［清］彭遵泗：《蜀碧（外二种）》，北京古籍出版社，2002，第 92 页。

② 参见蒋维明：《成都武状元湮沉之谜》，载白郎主编《成都掌故》，成都时代出版社，2012，第 178—179 页。

③ 参见彭铸、彭芸、彭厚贤、彭忠东：《武状元彭阳春生母赵太夫人墓碑收藏供奉揭碑仪式》，载《四川彭祖文化研究》，2013 年第 6 期第 78—85 页。

此处人。我父亲与他相识，他们把练习拳技称为“扁卦”。①

以上就是幸存者保留并且传承武术火种的生动例子。

外省移民带来丰富多彩的武术门派

经历了明末清初的战乱，明代四川武术大体系无疑已经失去了完整性和连续性。各省来川武林人士或设馆授徒，或从军征战，或落草为寇，或遁迹寺观为僧道……总之，武术在四川三教九流中无所不在。各省移民入川，带来了数不胜数的各种武术门派，逐渐在巴山蜀水扎根发展。

清代四川军队武术传入四川

图 2–4　清朝民间武人“授徒演艺图”，显示了清代武术靠师徒传承的画面

清代四川军队（八旗兵和绿营兵）武术传入四川，也是促进四川武术发展的一个重要原因，具体表现为八旗兵、绿营兵驻扎四川之后，将自己极富特点的武术（具体见本章第二节中的“八旗军队为四川武术增添特色”）和当地武术融合，对巴蜀武术的新生和发展起到了一定作用。

另外，四川民间组织的江湖武术，在本书第四章有详细叙述。

巴蜀文化得以延续

经过战乱，几千年流传下来的巴蜀文化还存在吗？

当然存在。

令后人敬重的是，清初张德地等四川官员为了“思得先代省乘，考

---

① 任乃强：《建国前南充体育情况回忆》，《四川体育史料》，1984 年总 11 期，第 3 页。

蜀事兴废之迹”，首抓历史文化的恢复传承工作，开始撰写全省地方志书《四川总志》，开清代方志纂修之先河。在如此艰难的时代背景中，有如此之重大之文化建设，其价值不言而喻。[①]

如果说《四川总志》是保存历史文化的软件，文物古迹建筑则是承载巴蜀地方历史文化的硬件和实际载体。

张德地等官员首先不是修建官署——他们居住在城楼，或原蜀王府棘丛生的破废房屋（当时称“棘园”）。官员捐出自己薪俸，首先重建道教圣地青羊宫。

康熙三十六年（1697 年）后，官绅军民捐资修建文殊院寺庙。此后相继又在成都重修三座文庙（分别在成都府、华阳县、成都县），以及武

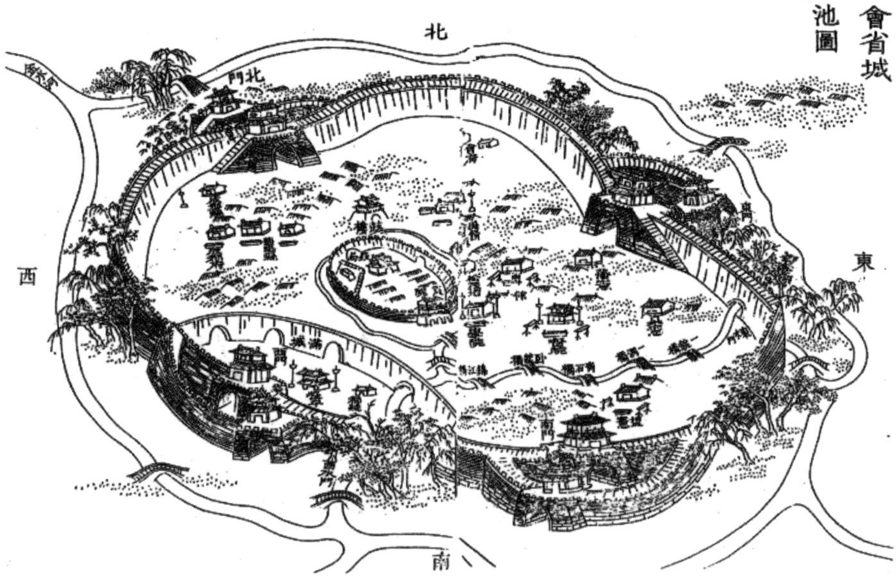

图 2–5　清代城市恢复，成都“三城相叠”两江环抱，还可见城内官衙、庙观、城墙、河流等（来源：《成都县志》清嘉庆二十年刻本）

① 参见四川省地方志工作办公室主办的四川省情网 http://www.scdfz.org.cn/scdfz/scjzty/zztzty

侯祠、杜甫草堂等。

重庆等四川各州县，无不以恢复重建文化为首务。巴蜀文化，得以薪火相传。

四川历史悠久的地域文化，蕴含着丰厚的儒、释、道、巫等博大精深的文化色彩。在四川独特的地理大环境中，外来武术深受几千年绵延不绝的巴蜀文化浸润，而且与残存的巴蜀本土武术相互交融，又与各省三教九流的庞杂文化融合，渐次形成了面貌全新、充满川味、丰富多彩的新生代四川武术。

清代的四川武术史，是凤凰涅槃式的重生辉煌发展史，是“海纳百川、有容乃大”的中国武术文化包容史。它形成了从未有过的四川武术大发展的历史高峰。

到了晚清时期，四川武术大体系基本上成熟了。

八旗军队为四川武术增添特色

清代军队武术的特点

中华武术自古代产生后，就基本分化为民间武术和军队武术两大部分。

民间武术也讲究实用性（技击性），但表演性、娱乐性、养生性，确实构成了民间武术的重要成分。和民间武术不同，军队武术的特性和目的是，能在最短的时间内一招制敌。明代著名军事家戚继光提倡“真艺”及“功夫”，反对“左右周旋，满遍花草”“以图人前之美观，而无寓于大战之技”，或“花法”“虚套”的练法。[①]

清代军事力量为“额设制兵”（清代正规军总称，由政府中枢统辖），主要由八旗兵与绿营兵两大部分组成。

---

① 参见［明］戚继光：《纪效新书》卷四《比较武艺赏罚篇》，人民体育出版社，1988，第90页。

八旗兵是清朝自东北关外带入的劲旅；绿营兵则是清朝入关后改编明军降将降卒，以及后来陆续招募汉人组成的部队。四川八旗军队武术情况罕为人知，这里作重点叙述。

成都驻防八旗，使清代四川新添了既有军队特色，又有满族、蒙古族特色的武术内容。

前文说过，肃亲王豪格率满蒙八旗兵射死张献忠。因射中张献忠而“得头等功牌”的爱新觉罗·雅布兰，当时官阶为“半个牛录章京”（即只统领150人）。不可一世的大西国的“老万岁”，却栽在小小的神箭手雅布兰箭下，可见八旗兵射术之精妙。

由上所述，满族八旗兵首次入川，是顺治三年（1646年）岁末。康熙五十六年（1717年），因为准噶尔部的大汗策妄阿拉布坦进军西藏，四川成为军事战略要地。康熙五十六年（1717年），荆州将军拜音布遵照康熙谕旨，派荆州八旗防地的副都统宁古礼，领兵两千人到达了成都。①

康熙五十八年（1719年）后，留驻四川的荆州八旗兵总数已达三千，正式设立成都八旗驻防。同年，四川巡抚年羹尧命令成都府知府刘世奇，开始修建成都少城（满城），康熙六十年二月（1721年2月至3月）基本完工。

成都驻防满蒙八旗兵丁，过着严格的军事生活。著名的黑水围解图中，反映了四川八旗兵骁勇善战、纵马冲杀的骑射情景。

清代四川地区满族、蒙古族的武术家

满族、蒙古族，原本是我国北方的骑射民族，尚武之风颇盛。

在嘉庆、道光以前，成都少城内的旗人黎明即起奏乐升旗，弓马骑射刀光剑影，打杀之声不绝。咸丰朝以后，骑射之风逐渐松弛，但仍有

① 参见齐木德道尔吉、黑龙、宝山、哈斯巴根、任爱君编：《清朝圣祖朝实录蒙古史史料抄》（上、下册），内蒙古大学出版社，2003，第1234页。

图 2–6　著名的阿玉锡持矛荡寇图体现了八旗兵的剽悍（来源：清代宫廷画《紫光阁功臣像》）

不少八旗子弟喜习拳棒，医术亦精。仅在清末民初时期，就涌现出了一大批有名的武术名人。[①]

（1）安明山

安明山，满族镶蓝旗人，拳术很精，性情谦和不与人争胜。老年时期，一些少年人轻视他，一天硬要和他比试。安不得已说出一个比法，叫他们尽力用拳击他。一少年向他一拳打去。还没有见安明山动作，少年就跌出七八尺以外。再打再跌如是三次，少年这才服了。

（2）有子林

有子林，蒙古族镶白旗人，喜欢武技，善使飞叉。清代民间常演目连戏，戏中有刘氏四娘生前作恶，死后被判处叉刑。有子林扮演鬼卒，执叉行刑。演时刘氏出场，翻一筋斗，立即靠在预先安置的木桩上。有子林从后追出，把手中的五把叉一齐向刘氏飞去，钉在刘氏的颈部左右、

① 参见四川省地方志编纂委员会编纂：《四川省志·民族志》，四川民族出版社，2000，第 458 页。

腋下两旁及裆下，刘氏却毫无损伤……观众大为惊骇。[①]

（3）春三爷（奎木特）

春三爷，即奎木特，蒙古族正红旗人，汉姓富，名景惠。有一年，春三爷随某协领游青羊宫老君会（花会）。有湘勇戏侮妇女，春三爷挥拳打倒数人。湘勇数十人手执棍棒蜂拥而至，春三爷夺棍在手左冲右突，湘勇多数被他打伤狼狈逃窜，于是春三爷声名大振。

春三爷反而深为隐藏，闭口不谈拳技事。某天，他侄婿同一人来，手拿礼物说要领教。春三爷虽不愿又不好推却，即起身去附近的正法寺。他在院里飞起一腿踢在粗大的柱上，霎时柱础歪斜屋瓦震动。这时他对来人说个“请”字。来人急忙竖起大拇指，连声称赞“高明高明”，便快步离开。

（4）颜联五

颜联五，满族镶白旗人，青年时武艺出众，隶籍清营任教练，尤精枪法。培养人才甚多，如石继周、朱太康、何仁甫等人。成都举办青羊宫打金章擂台赛时，颜联五多次担任“执旗评判”（主裁判），并担任四川省国术馆教练职务。20世纪40年代在金章擂台上称雄一时的景书堂、朱仲康、杨金龙等人，都是他的徒弟。

（5）杜自明

杜自明（1877—1961），满族，自幼随父习武及正骨科医术。杜自明武艺高强，精熟杜、岳门功夫。武林前辈彭元植回忆：“杜擅长三十六单手，出拳最具脆劲，人桩和麻圈打得特别好。他的手形打得已不似常人，而且表面总泛着红红的颜色。”[②]

（6）石继周

石继周，史料中又常写为石继舟，字金剑，蒙古族。自幼师事颜联

① 参见陈季衡，王继钰编：《武术纵横》，1991，第183页。

② 彭元植：《四川武林和我的习武生涯》，载《四川文史资料集粹第六卷 社会民情编及其它》，四川人民出版社，1996，第69页。

五、马宝等，对各类兵器，如日月轮、乾坤圈、龙头刺、飞刀、飞镖、甩头一字、虎头钩等运用娴热，且能打造各类器械。

1928 年，四川省国术馆评选优秀运动员，赴南京参加全国比赛。他参加省考比赛连胜十轮评为中等武士之一，代表全省参赴国考，后被四川省国术馆聘为国术专门学校拳械教官。1933 年创办私立自强国术专门学校，男女学员超过百人，聘有马宝、颜联五、侯方召等 20 余人为教师，后因各种原因停办。

石继周习练岳门拳法，50 多岁时还打得金章，可见功夫精绝。1956 年四川省体委邀请历届金章获得者，举办民族形式比武较技大赛，石继周被聘为裁判。

此外，蒙古族步元凯、满族刘云汉二人，早年也曾在成都花会擂台上获得金章奖。[①]

清代进入四川的满族、蒙古族以及回族等各民族的武术家，给四川武术又增添了多民族元素的特色。

① 成都市满蒙人民学习委员会编印：《成都满蒙族志》，1993 年版，第 57 页。

第三章

四川历史上的武科考试概况

◎ 武科考试的秘密 ◎

中国武科考试的发展概况

中国古代的科举考试，除文试外还有武试，又称“武举”“武科”。武举历经唐、宋、明、清四个朝代，共绵延了1200余年[1]。

武举取士，始于武周长安二年（702年）[2]。唐代武举仿文进士科，每年举行一次。考试时只考武艺不考兵书[3]。

宋代建立了比较完善的三年一次的武举制度体系，设立了比试、解试、省试、殿试四级考试程序。考试科目有弓步射、弓马射、弩踏、抡使刀枪等，其中以步射、马射为主。同时增加了程文（即文科）考试，包括策问和兵书墨义。

自从唐代创立武举后一直时兴时废，元代及明代前期都不设武举。

明代天顺八年（1464年），正式开武科。弘治六年（1493年），明

---

① 参见胡平、李世愉著，张希清、毛佩琦、李世愉主编：《中国科举制度通史·清代卷》，上海人民出版社，2015，第524—525页。

② 见《新唐书》卷四十四《选举志》：“武举，盖其起于武后之时。长安二年，始置武举。”

③ 见《旧唐书》卷四十二《职官志》。

孝宗朱祐樘颁发《武举格》（格即条例），规定每六年举行一次武举考试；弘治十七年（1504年），改为三年一次。此后逐渐形成明代武举的生员试、乡试、会试、殿试程序。[①] 明代武举逐步制度化、规范化。崇祯四年（1631年）开始行殿试，钦定一甲三人，自此始有“武状元”之称。

明代的武举，不如文举高贵。即使考取功名，能否升迁关键看军功（打仗立功）。清朝更明确规定，文科举是做官正途，科举以外为杂途。

清代武科考试级别、过程和考场规定等，都与文科相同。为区别于文科，均加“武”字，分别称武童试、武乡试、武会试、武殿试。

刀马弓箭玩得再好，难敌洋枪洋炮。清代光绪二十四年（1898年）是中国历史上最后一次武会试。光绪二十七年（1901年），在八国联军打进北京的隆隆枪炮声中，武举制度被宣布终结：“以武科所习硬弓、刀、石、马步射无与兵事，废之。”[②]

成都北较场的武乡试从此成为残梦，只留下哀婉竹枝词让人凭吊：“茶瓜买向平芜坐，演武厅前话夕阳……”[③]

光绪三十一年（1905年），清政府正式宣布废除科举制。在中国延续近1300多年的科举制度，从此寿终正寝。

武科考试的四个等级

武科各级考试同文试相同，也分四个等级进行：先在县、府考武童生、武秀才，再到省城乡试考武举人，最后上京参加皇帝主考的会试及殿试。

每年农历二三月，各州县的考生（年龄从十七八岁到四十来岁的都

---

① 参见秦国强：《中国教育史话》，复旦大学出版社，2014，第137页。

② 赵尔巽等：《二十五史：清史稿（上）》，中州古籍出版社，1998，第767页。

③［清］杨燮等著，林孔翼辑录：《成都竹枝词》，四川人民出版社，1982，第43页。

有），骑着骏马身背弓箭、腰佩刀剑，雄赳赳气昂昂从四乡八土进县城考武童生。各州县较场坝里，考试分三场，一、二场称为“外场”；三场试策论武经，称“内场”。

较场内设有三个木桩箭靶，第一场考骑射：考生们骑上马去跑马射箭，驰马三趟发箭九枝，两箭中靶为合格（否则不准参加第二场）。

图 3–1　清代典籍中武举考试“骑射图”

第二场考步射、技勇。步射就是平地射箭，九发三中为合格。

技勇，主要是测力气，一共三项。头项是拉硬弓（弓分十二力、十力、八力三号，另备有十二力以上的出号弓。应试者弓号自选，限拉三次，每次以拉满弓为准）。

第二项舞大刀（刀分 120 斤、100 斤、80 斤三号，要高举并表演舞花等动作。刀号自选，一次完成为准）。

第三项是拿石墩子，石墩专为考试而备，为长方形，两边有可用手指头抠的凹窝；头号 300 斤，二号 250 斤，三号 200 斤。还要求考生玩些花样：将石墩提至胸腹，再将石墩底部左右各翻露一次，称为“献印”，一次完成为合格。

图 3–2　清末武科考试拿石墩子

20 世纪 60 年代我听王师爷说：那时考场中常发生“瘟猪子”考生石墩落地，把脚背砸成“烂蹄花”之事……

凡应试者，弓、刀、石三项，必有两项为头号和二号成绩；三号成绩超过两项者为不合格，取消三场考试资格。

可见那时膂力很重要，这就是武林界常说的“一重降十会，力大胜三分”。

武科考试中的奇闻趣事

闹剧般的命运——大西国武状元张大受

根据大量史料分析，大西国在四川确实可信的应有三次科考：

甲申年（1644年）农历十月（乡试、会试联合考试）；乙酉年（1645年）农历八月（乡试、会试联合考试）；同年农历十二月（增补“特科”考试）。

关于大西国首次科考情况（人数、状元人名），明末清初的史学家计六奇（1622—？）生动地叙述了科考中的闹剧（以下除极个别字句略处理成白话文外，基本上如实照录史料）：

武状元张大受，成都华阳县人，年未三十；身长七尺，颇善弓马。

群臣为讨好张献忠，争先恐后进表疏称贺：“真乃奇士，古今所未有。”张献忠欢喜不胜，赏赐金币、刀马至十余种。次日，张大受入朝谢恩。次早，张大受复入朝谢恩；诸臣复再拜贺。张献忠大悦，特召画家为张大受画像，又大宴群臣尽欢。张献忠复赏赐美女四人及佳宅甲第和家丁二十人。

次日，献忠坐朝，文武两班方集，鸿胪官唱唤：“新状元午门外谢恩。”张献忠忽皱眉说：“这驴养的，咱老子爱得他紧。但一见他，就心上爱得过不得，咱老子有些怕看见他。你们快些与我收拾了，不可叫他再来见咱老子。”

诸臣承命，即刻便将张大受绑去杀之。①

① 参见［清］计六奇著《明季南略》卷10《张献忠乱蜀本末》中的文字。原文可见于四川师范大学汉语研究所编《语言历史论丛》第十辑，巴蜀书社，2017，第332—333页。

张大受中状元后三天被杀，是中国武举史上最短命的一个武状元。

顾山贞在《蜀记》中，记载了科考后的另外一个悲剧：

探花熊某，是什邡县老童生，年近六十岁，对策中有：“西蜀一隅之地，游其中者如井底蛙，不足与大有为。”张献忠见了大怒，吼道：“这老狗嘲笑老子是井底之蛙。给老子剐了。”①

其实，熊某的本意是祝愿张献忠一统天下，不可得蜀后就骄傲自满，不想却自寻死路。

以上记录的大西国第一次科考，在中国科举考试史上最具闹剧色彩。这不仅说明张献忠喜怒无常，还反映出他对优秀人才既想利用又严加防范的矛盾态度。

清代109次武会试及武官品级

清代的武会试，自顺治三年（1646年）开科，到光绪二十四年（1898年）截止，一共进行了109次，比文科少了3次。也就是说，武科应当总共产生109名武状元、109名榜眼和109名探花，总计武科前三名（鼎甲）应是327名。但现在有记载可考的武科三鼎甲是293人，其中有籍贯可考者267人。109名武状元的姓名都有记载，但确知其籍贯者只有95人。这95个籍贯清楚的武状元中，直隶最多，共28名，山东13名，浙江8名，江苏7名，河南、山西各5名，广东、甘肃、福建、顺天各3名，江西2名，陕西2名，京卫2名，四川1名，贵州1名。此外，汉军旗6名，满军旗3名。②

四川在清代只出了一个文状元骆成骧和一个武状元彭阳春。原因是

---

① 《蜀记》，原文是：“探花熊某，什邡县童生，年近耳顺……献忠大怒，以其讥己，立命剐之。其实熊本意欲献忠发奋为天下雄，不可以得蜀遂满志也。”（[清]顾山贞《蜀记》）

② 马明达：《清代的武举制度》，载马廉祯主编《武学（第二辑）中国传统射箭专辑》，广东人民出版社，2017，第147页。（郑按：马明达，1943年生，河北沧州人，回族，著名历史学家。父亲马凤图、叔父马英图是民国时期全国闻名的武术家。）

四川在明末清初遭受了损失，适合文武科举的人才相对减少。

清代规定："武职以行武出身为正途、科甲次之"，故武科地位不及文科。武举人一二等充任营千总，三等充任卫千总。武进士的地位相对较高，除挑选侍卫外，可补参将、游击、守备等官。[①]

《清史稿》记载了武科进士的具体待遇：

初制，一甲进士或授副将、参将、游击、都司，二、三甲进士授守备、署守备。其后一甲一名授一等侍卫，二、三名授二等侍卫。二、三甲进士授三等及蓝翎侍卫，营、卫守备有差。

这里略作解释：按清代兵制，驻各省武官最高统军官叫提督（正二品），下设镇（总兵，从二品）、协（副将，正三品）、营（参将从三品、游击正四品、都司从四品、守备从五品）、汛（千总正六品、把总正七品）四级，逐级统属。

文武官员虽然为同一品级，但是论地位，武官仍低于文官。例如，率领四五百个士兵的正七品把总，决不能和正七品、人称"父母官"的县令相提并论。

武会试每三年一次在京城举行，由各省乡试后取中的武举人参加。会试在九月，凡武会试中试者，均可参加当年的武殿试，再经殿试后即可中武进士。

清代一共进行了 109 次武会试。每科参加武会试的武举人，一般千人左右，有时多到两千人。进士录取额大约在十几人中取一名。武举人会试即使落第，按规定也可到兵部注册，依据个人成绩分为三等，授予武职。[②]

---

① 参见张永江：《八旗蒙古与清代的武科及翻译科考试》，载《内蒙古文史研究通览·教育卷》，内蒙古大学出版社，2013，第 322—325 页。

② 参见胡平、李世愉著，张希清、毛佩琦、李世愉主编：《中国科举制度通史·清代卷》，上海人民出版社，2015，第 568—570 页。

武举试子最怕内场考文

在清代，四川考武举之地在成都北较场（原成都军区机关所在地）。邻文殊院一侧平时冷清，而乡试时设“武棚子”，市民到时游乐观看人头攒动，十分热闹。

《成都竹枝词》中收录的《锦城竹枝词》中说：“‘北较场’考武举人，‘文殊院’侧武棚邻。闲时芳草行刑处，秋夜萤飞讶鬼磷”。诗作者自注：“武生每到科场年进省，操演处各武棚子，自‘文殊院’至‘北较场口’，比邻而居……”①

四川武乡试每届录取人数，大致为 61 人。②

武林好汉们不怕考武，最怕的是第三场考文（也称“内场”，相当于文化考试）。最初是考策、论（“策”相当于问答题，“论”要求根据《孙子》《吴子》《司马法》等古代兵书，按试题写篇议论文）。

清代著名学者赵翼，在《檐曝杂记》中谈到武举考试情况。有年他当顺天府乙酉科武乡试的主考官。考生文化水平很低：“其策有极可笑者”；还有把“一旦”二字当作“亘”字，“丕”字又当作“不一”两个字……原来武人带进考场作弊的

图 3–3　四川考武举之地在成都北较场，乡试时设“武棚子”，市民在游玩时观看，人头攒动，十分热闹

① ［清］杨燮等著，林孔翼辑录：《成都竹枝词》，四川人民出版社，1982，第 48 页。（郑按：清代中叶后，北较场为处决犯人的刑场。北较场口有一桥，叫“落魂桥”；其名不雅，后改成“落虹桥”。）

② 根据《清史稿》《大清会典事例》《钦定武场条例》相关资料统计。（郑按：录取人数因时期不同前后有差异。）

“夹带”小本，字画甚密（当时是竖排文字），武人文化低，不能分析，所以抄错。[①]

武生雇用“枪手”替代进场考试已成了顽疾。乾隆九年（1744 年）的武科考试，四川巡抚纪山密令手下考试时“遍行稽查”。结果一下子就搜拿到藏在考场内的郑思诚等 25 个“枪手”，当即审讯“按律分别咨革治罪”。

第二天第三场考试时，在 1117 名武生内，又搜出挟带作弊书籍的杜芳、陈廷仪、夏应鹤三个武生。纪山下令将这三人“枷号贡院门首，候满日发落”[②]。

嘉庆皇帝时，考虑到这些“武棒槌”考策、论牛头不对马嘴，弄虚作假总是难免，干脆废除了策、论，只要求默写《武经七书》中一段（通常仅百字左右）。所以内场考试已名存实亡。

武人被视为鄙俗和考官戏弄武生

中国历来重文轻武，武人被士大夫视为鄙俗。清代，文科殿试揭晓后，新科进士姓名要刻在进士题名碑上（这些碑至今保存在北京国子监旧址）。如今要查找某地区历史上的文进士，比较容易。

而武科既无题名碑制度，也很少有专载其事其人的书籍。所以现在研究武术史，要查找一个地区的武举人、武进士，非常困难。

在待遇、仕途发展等方面，武科远不如文科。武科状元、榜眼、探花，往往只能在军队充当中下级军官，能进入权力中枢的凤毛麟角。而文状元出将入相者，不胜枚举。

四川近代著名学者任乃强，曾叙述考官蔑视、戏弄武生之事：

---

① 参见小横香室主人：《清朝野史大观》，中央编译出版社，2009，第 1071 页。

② 参见《四川巡抚纪山为武闱搜出雇倩及怀挟武生等事奏折》，引自王澈：《乾隆朝武科史料选编（下）》，《历史档案》1995 年 04 期。

> 我的父亲是个武秀才，担任过武学教师。武秀才与文秀才，皆由文学台[①]考取。学台全是文官，对武考极其轻视。清末，瞿鸿机（慈禧太后的宠臣）作四川学台时，厌恶应考武生。每临试场，随意点几个人的名字考试便罢。未点名不得应考，纷纷控诉。他乃捉弄武生，忽然传牌宣布在某处点考，待武生齐聚候点时，他点了十来个人考试后，又宣布改在某处点考，如此捉弄若干次。武生步行奔跑衣冠零乱，呼吸急促，仍多不得点名入试。相与大怒，夺取卫士刀、矛、弓、矢，奔向学台。瞿惶惑逃避……我闻张表方（即张澜）先生言其如此，其事出在保宁（今阆中）……举此事，可以说明清末武科被儒士轻蔑的一般情况。[②]

如今，一些文章往往套用文科举的功能和评价，对武科举历史人物的社会影响和历史作用有过分拔高的倾向。学者研究武术史，应当注意这种“文武偏差”，不能让严肃的历史研究，走向轻佻和媚俗。

---

① 学台即提学使，又称“学政”，清末省级教育行政长官。正三品，总理全省学务。

② 任乃强：《建国前南充体育情况回忆》，《四川体育史料》，1984 年总 11 期，第 1—2 页。

◎ 尘封的清代武进士和武状元 ◎

清代四川武鼎甲、武进士统计（附驻防八旗）

《四川总志》中的四川武进士名录

清代以前由于重文轻武，各种史志对四川武进士、武举人，罕有记载。这为研究清代以前的武举人才，紧封了历史之门。

清代武科会试之后，没有进士题名碑及馆选录之类传世，官私史籍对这方面的记载也极少。我在地方史籍中十分艰难地梳理出了清代四川武进士名录（并不完整）。

读者可能觉得枯燥，但它的意义重大。四川各州县可根据下面人名、地名，再查阅当地史料进一步丰富完善，即可成为各地宝贵的历史人文资源。

清代《四川总志》中，雍正朝之前的四川武进士有：

梁彪，阆中县人。孙之爵，绵州人。蒋南波，阆中县人。马如龙，阆中县人。王玮，越嶲卫人。韩良卿，合州人。朱先甫，成都县人。夏

□，涪州人。闫重轨，阆中县人。保璠，阆中县人。杨永和，松潘卫人。王联举，安居县人。李永，雅州人。李天祚，松潘卫人。尚相，成都县人。李琥，石泉县人。王孙骕，资阳县人。孙荣祖，荣昌县人。张鹏翥，遂宁县人。萧瑔，阆中县人。罗俊，阆中县人。王士怀，阆中县人。李庚生，阆中县人。黄竹，绵竹县人。李经，富顺县人。蔡琼玫，安岳县人。王勲，成都县人。王绅，阆中县人。王汝舟，安岳县人。谭行贵，潼川州人。蒋琏，阆中县人。雷动，荣昌县人。谢举，阆中县人。余遐福，泸州人。黄槐，荣县人。苟思贤，成都县人。纪麟，龙安府人。汤起凤，资州人。王国珩，新都县人。罗朝瑾，潼川州人。谭经，潼川州人。李庚明，成都县人。胡玉书，温江县人。杨得元，成都县人。谷浚，阆中县人。李焰，郫县人。高星照，华阳县人。张珌，云阳县人。戴宗麓，长寿县人。喻其义，越嶲卫人。刘升东，璧山县人。杨楷，成都县人。陈以深，保县人。①

同治《成都县志》中四川武进士名录

康熙二十七年（1688 年）戊辰科：韩皋，成都人。由文生中武会元，善诗古文，尤工书法。官至松潘营游击。

康熙五十一年（1712 年）壬辰科：朱先甫，成都人。

康熙五十二年（1713 年）癸巳恩科：尚相，成都人。

雍正二年（1724 年）甲辰科：王勋，成都人，江南怀安营游击。

雍正五年（1727 年）己未科：李庚明，成都人。杨得元，成都人。苟思贤，成都人，寄籍灌县。

雍正八年（1730 年）庚戌科：杨楷，成都人。

乾隆二年（1737 年）丁巳恩科：龙廷臣，成都人。

乾隆四年（1739 年）己未科：杨先春，成都人。

---

① ［清］黄廷桂等修纂《四川总志》卷三十七（上）《选举·皇清武进士》，雍正十一年刻本。

乾隆七年（1742 年）壬戌科：韩琯，成都人。

道光二十三年（1843 年）甲辰科：季超群，成都人。

道光三十年（1850 年）庚戌科：常国英，成都人。龙廷韶，成都人。未详科分，任江南苏州抚标参将。[1]

这一科，华阳县的彭阳春中武状元。

同治朝及之前驻防旗人考取武进士的名录

四川八旗驻防城（满城），是如今有名的成都宽窄巷子风景区所在区域的少城。八旗驻防的武科考试，在四川武术史上有特殊意义，至今罕有人论及。

我在同治年间重修的《成都县志》中，艰难梳理出同治朝及以前成都旗人（满族、蒙古族）武进士名录，具体如下：

1. 嘉庆十八年（1813 年）：明清，满洲镶蓝旗。
2. 嘉庆二十三年（1818 年）恩科：安成，满洲正白旗。
3. 道光五年（1825 年）：定成，满洲镶蓝旗，官懋功营千总。
4. 道光十四年（1834 年）：贵昌，满洲镶黄旗。
5. 道光十九年（1839 年）恩科：札克党阿，满洲镶红旗，官正黄旗满洲佐领。
6. 道光二十一年（1841 年）恩科：祥清，满洲正白旗，官骁骑校。
7. 道光二十三年（1843 年）：佛特恩，满洲镶黄旗。
8. 咸丰八年（1858 年）：额能额，满洲镶红旗。
9. 同治三年（1864 年）甲子科带补辛酉科：恩隆，满洲镶白旗。

---

① 《重修成都县志》卷五《选举志·第七下》，同治十二年（1873 年）刻本。见成都市地方志编纂委员会、四川大学历史地理研究所整理《成都旧志·通志类·同治成都县志（上）》，成都时代出版社，2007，第 228—229 页。

10. 同治九年（1870 年）：奎焕，满洲正白旗。[①]

光绪十八年武殿试榜文中的四川武进士

第二甲赐武进士出身：

第四名罗文炳，四川蒲江县武举。第十三名陈鸿年，四川内江县武举。第十六名秦名富，四川铜梁县武举。

第三甲赐同武进士出身：

第一名易国相，四川合江县武举。第二十三名萧殿奎，四川金唐（堂）县武举。第六十八名乌起鹏，四川合江县武举。第七十一名龙登云，四川宜宾县武举。第七十二名李佑忠，四川九姓县武举。[②]（郑按：嘉姓县原属泸州，州判驻九姓乡，现已废县）

清代四川武鼎甲（状元、榜眼、探花）人名录

清代科举考试最高等级的会试，产生的前三名状元、榜眼、探花称为“鼎甲”。

我费了很大力气在史料中查到，清代四川高中武鼎甲的人，寥寥可数，仅 13 人：

1. 康熙三十年（1691 年）辛未科：探花韩良辅，四川重庆。
2. 嘉庆十六年（1811 年）辛未科：榜眼成必超，四川仁寿。
3. 嘉庆二十二年（1817 年）丁丑科：探花王志元，四川华阳。
4. 道光二十年（1840 年）庚子科：榜眼王万寿，四川灌县。
5. 道光二十七年（1847 年）丁未科：榜眼姜国仲，四川越巂。
6. 道光三十年（1850 年）庚戌科：武状元彭阳春，四川华阳。他是

---

① 李宗放：《四川古代民族史》，民族出版社，2010，第 562 页。

② 参见王鸿鹏、王凯贤、肖佐刚、张荫堂编著：《中国历代武状元》，解放军出版社，2002，第 420、421、422、424 页。

清代四川唯一的武状元，授一等侍卫。

7. 咸丰九年（1859 年）己未科：探花李上崙，四川邛州。

8. 同治四年（1865 年）乙丑科：探花侯会同，四川南充。

9. 同治七年（1868 年）戊辰科：榜眼谢子元，四川射洪。

10. 同治七年（1868 年）戊辰科：探花张光斗，四川眉州。

11. 光绪十五年（1889 年）己丑科：榜眼徐海波，四川资州。

12. 光绪十六年（1890 年）庚寅科：榜眼李承恩，四川通江。

13. 光绪二十年（1894 年）甲午科：榜眼杜天麟，四川江津。

清代《华阳县志》中华阳县武进士表

高星照。雍正庚戌科（1730 年）。

张德胜。乾隆辛卯科（1771 年）。

钟廷孝。嘉庆丙辰恩科（1796 年），二等侍卫

赵济川。道光壬辰科（1832 年），二等侍卫，殉节。

彭阳春。道光庚戌科（1850 年），武状元，一等侍卫 。

周洪明。同治戊辰科（1868 年），武榜眼。一等侍卫。

李为臣。同治甲戌科（1874 年），二等侍卫。[①]

（郑按：华阳县，大致为20世纪50年代后成都东城区及城市东边的郊区。）

1901 年 8 月 29 日，清廷下诏令武科乡试、会试一律停止。[②]

另据不完全统计，明朝永乐四年（1406 年）至清光绪二十年（1894 年）近 500 年中，重庆地区出了武探花、武榜眼、武解元、武进士、武举人等共 200 多人。[③] 这反映了当地武风盛行，武术水平较高。

---

① 民国《华阳县志 · 武科表》，民国二十三年（1934 年）刻本。见成都市地方志编纂委员会、四川大学历史地理研究所整理《成都旧志 · 通志类 · 民国华阳县志（上）》，成都时代出版社，2007，第 399—400 页。

② 参见许友根：《武举制度史略》，苏州出版社，1997，第 140—158 页。

③ 参见赵幼生主编：《巴渝武术》，西南师范大学出版社，2012，第 164 页。

清代四川武状元彭阳春事迹详考

彭阳春宗族溯源

在清代200多年的历史中，四川唯一的武状元是彭阳春。

彭阳春，华阳（今四川成都）人。据彭氏家族后裔彭福商、彭商泽、彭铸、彭忠东等介绍，彭阳春先祖彭荣卿于明洪武二年由楚入蜀，移民到犍为县三溪铺，后将田地分给八个儿子，号称“八大房”。[1]彭阳春，又名世阳，字载之，号子和，生于道光七年（1827年）八月初十日。妻子王氏，其子彭绍瑄，生于咸丰三年（1853年）正月十三日。

彭阳春为彭占魁的四世孙，他自幼聪颖又刻苦好学，而且特别喜欢练武。他在道光二十八年（1848年）乡试中武举。[2]

明末清初，彭氏三房一支彭占魁与侄儿彭腾龙在战乱中幸存下来，迁居双流县牧马山麓之青杠林。彭占魁利用耕读之余兼习武艺作为家族传统，并礼聘了塾师和武功教师。一段时间后，彭氏族中子弟，考中武科生员（武秀才）、武举人者，先后有数十人之多。[3]

彭氏家族在明末清初的战乱中得以幸存，并保留了四川武术（可参阅前文）。据彭开富先生说：彭阳春之祖父彭洪镇是彭恂公的长子，彭洪镇是武秀才。彭洪镇有两个儿子，彭宗铭和彭宗福。彭阳春的父亲彭宗铭，是家中的长子。

彭宗铭一名定国，字东堂，号安亭，嘉庆十一年十月二十二日（1806年12月1日）生；道光十一年（1831年）中恩科武举；咸丰元年（1851年）诰封武功将军。彭宗铭有四个儿子：彭世春、彭世阳、彭世沅、彭世伦。

---

①② 参见彭开富：《大彭史记》，江西人民出版社，2013，第182页。

③ 参见蒋维明：《成都武状元湮沉之谜》，载白郎主编《成都掌故》，成都时代出版社，2012，第178—179页。

咸丰六年（1856年），彭阳春的父亲彭宗铭去世。这年彭阳春外授云南参将，回家乡守孝百日。彭阳春请家乡的“父母官”——双流县知县谢元瀛，为其父撰写墓志铭。咸丰六年版《彭氏谱例》上，刊载有谢元瀛撰写的《诰封武功将军安亭彭公墓志铭》：

公讳定国，字安亭，双邑之瞿上人也……（其）父，庠生，藩臣公，秉性耿直好施济，尤娴武略，一时得其传者，咸掇巍科以去。以孙贵（郑按：孙即彭阳春），诰封武功将军。公少有壮志，诗书之外兼擅骑射，道光庚寅以冠武军入庠（郑按：即考取第一名武秀才）……德配赵氏生子（彭）阳春（号子和），庚戌科庭试第一（郑按：即考取武状元）……今夏，哲嗣子和新授云南参戎（郑按：“参戎”，即参将，为武职正三品官，分属总督、巡抚、提督、总兵管辖），由京旋里，守制百日……余一见其人（郑按：指彭阳春），仪表峻整，伟人也，将来丰功骏烈可指顾决之。乃知有是父斯有是子……咸丰六年岁次丙辰（1856年）孟秋之吉，署双流县事，萧山谢元瀛顿首拜撰。[①]

由“仪表峻整，伟人也”看来，彭阳春长相端庄，身材高大。

彭阳春赶考经历

蒋维明老先生根据彭氏后裔口述及笔录材料曾叙述：1849年，22岁的彭阳春武乡试考中亚元（第二名武举人）。次年秋天，他从成都望江楼乘舟东下上京赶考。

彭阳春到南京转乘大运河船只进京，巧逢江苏太仓举人陆增祥（1816—1882）。《清史稿》《清会典》等典籍中记载：道光皇帝驾崩，皇四子奕詝继承帝位，他便是清文宗咸丰皇帝。咸丰“缟素百日”，将这年的文科会试（即所谓“春闱”）移至秋后，与武科会试同时进行，因此才

① 参见彭铸、彭芸、彭厚贤、彭忠东：《武状元彭阳春生母赵太夫人墓碑收藏供奉揭碑仪式》，载《四川彭祖文化研究》，2013第6期第78—85页。

有大运河上的文武状元“双元会”。

后来两人都高中状元，陆增祥曾赋诗赠彭：

同路入京华，名成性各差。承先开鼎甲，启后泛仙槎。海内无双士，川中第一家。不才归翰苑，貌愧插宫花。[①]

蒋维明老先生说，这是到目前为止发现的有关彭阳春的唯一诗篇。

彭阳春事迹发扬光大

彭阳春考中清代四川唯一的武状元，对研究四川武术文化史非常重要。

《清文宗实录》中第一手史料，记载了咸丰皇帝主持武科殿试的情况（括号内文字是我查阅古代万年历，把原文中“干支”换算为公元纪日）：

十月己未（即 1850 年 11 月 4 日），试中式武举江培筠等五十二名于太和殿前。十月庚申（即 1850 年 11 月 5 日），御紫光阁，阅中式武举马步射。十月辛酉（即 1850 年 11 月 6 日），御箭亭，阅中式武举技勇。

十月壬戌（即 1850 年 11 月 7 日），上御乾清宫，引见中式武举，亲定甲乙。赐一甲彭阳春、岳汝忠二人武进士及第；二甲王三锡等六人武进士出身；三甲毓恩等四十四人同武进士出身。[②]

彭阳春是状元，岳汝忠（直隶静海人）是榜眼。本榜仅取状元、榜眼，探花缺额。赐二甲王三锡等 6 人武进士出身，赐三甲毓恩等 44 人同武进士出身。

---

① 蒋维明：《成都武状元湮沉之谜》，载白郎主编《成都掌故》，成都时代出版社，2012，第 179 页。

② 王炜编校：《〈清实录〉科举史料汇编》，武汉大学出版社，2010，第 825 页。

为什么这次武举没有探花？因为清代鼎甲很严，有宁缺毋滥的规定。[①]

清代制度，殿试后由皇帝亲自宣布登第进士名次，称为“传胪”，因皇帝亲自参加而显得极为隆重。乾清宫丹陛下，大奏庙堂音乐《庆平之章》，余音绕梁。

传胪典礼完毕，鸣赞官赞曰：“举榜！”兵部尚书举榜出，至丹陛下授司官，由中路捧至午门前，跪设龙亭内行三叩礼；銮仪卫校尉举榜，鼓乐前导至西长安门外挂榜。

这天，武状元、诸武进士随出观榜；巡捕营备伞盖仪从，喝道护送武状元归第。

第二天，兵部举行盛大的会试宴，考官及新科武进士共同参加。赏给武状元盔甲、腰刀、伞袋、鞋带、靴袜等项，赏给众进士银两等物。皇帝派内大臣一人主宴，护军统领一人管宴……规模排场很大。

顺治三年（1646年）丙戌科是清朝武举第一科，规定武状元授正三品的参将。康熙年间有变动，改为一半授营职（直接带兵的武官），另一半授卫职（皇帝的宫廷侍卫）。雍正五年（1727年）规定，武状元授御前一等侍卫。[②]彭阳春中武状元后授一等侍卫。

图 3–4　古代砖雕文物“武状元打马游街图”

其他赴京武举人在北京会试即使落第，按规定也可以到兵部注册，依据会试成绩分三等授予武职（如千总），得到类似公务员的铁饭碗，并有逐步升迁的机会。

①② 参见商衍鎏：《清代科举考试述录》，生活·读书·新知三联书店，1958，第202页，第200—201页。

后世对彭阳春的研究

相关史料记载，咸丰六年（1856年），彭阳春远离北京政坛中心，外放云南边陲任元新营三品参将。[①] 同年其父去世，取道双流老家办理其父后事，又集合族众修编《自犍迁双彭氏族谱》。

彭阳春离开双流县奔赴云南就职。途经犍为县，携带10套该族谱赠送犍为彭氏，同时督促犍为县彭氏族人，在年内撰修《自楚迁犍彭氏族谱》，并为该谱作序一篇。

彭阳春在《拟修族谱启》中写道："史修于国而义不磨，谱修于家而亲爱交……庶几家之民谱，尤国之有史焉……咸丰庚戌科双邑状元 彭阳春再启。"[②]

相关史料记载了彭阳春在云南的一些军事活动，如咸丰八年（1858年）：

李广沅余党复分窜镇雄州属鸡心寨一带，振棫（郑按：即云南总督吴振棫）饬参将彭阳春等四面兜剿……遂克鸡心寨。[③]

《清实录》里也有记载：

清咸丰八年（1858年）："九月丁亥，以剿捕云南镇雄土匪出力，赏守备张钟祥等兰翎，参将彭阳春等升擢有差。"[④]

据彭开富先生说，至光绪中期彭阳春"已垂老矣，不数年病逝搬丧回里，葬牧马山之曾家店附近（今成都双流区）。"[⑤] 新修《双流县志》中

---

① 谢元瀛为彭父所撰碑文中说："今夏，哲嗣子和（郑按：指彭阳春）新授云南参戎。"

② 参见《犍为籍武状元彭阳春》，《三江都市报》2019年3月19日。

③ 方国瑜主编：《云南史料丛刊》第七卷，云南大学出版社，2001，第709页。

④ 《清文宗实录》卷264，转引自魏治臻辑《〈清实录〉彝族史料辑要》，云南民族出版社，1986，第200页。

⑤ 参见彭开富：《大彭史记》，江西人民出版社，2013，第185页。

记载：“彭阳春墓。彭阳春，清道光己酉（1849 年）科武举，曾任清宫头等侍卫，墓在曾家店，今之胜利乡，乡人呼为‘状元坟’。”[①]

蒋维明先生说：“至于坟墓，早已铲平了；而当年彭阳春的状元府，也因修双流飞机场，变成了跑道，已无遗址可寻。”[②]

前文曾说过，武术学者马明达统计，有些武状元连其籍贯也不知道——这实在令人吃惊。清代朱彭寿[③]在所著《旧典备征·武鼎甲考》中，已说出原因：“文科鼎甲，具详进士题名碑录及馆选录中，至武科则各书记载者极少。”

彭阳春也是如此，这才是“地方史志竟将他遗漏”的最主要原因。据彭铸、彭芸、彭厚贤、彭忠东等人提供的文章《武状元彭阳春生母赵太夫人墓碑收藏供奉揭碑仪式》披露：

2013 年 5 月 22 日，双流县香楠苑中的古蜀农耕文化博物馆，馆主、著名收藏家赵文清先生修建的期颐亭落成。亭中用玻璃罩密封保存着 25 年前他抢救下来的彭阳春之母赵太夫人的墓碑。

据赵文清先生回忆，25 年前武状元彭阳春生母赵太夫人墓碑被人搭在离此地约一公里处的一条水沟上作桥板。赵文清当机立断，指派数名工人连夜开拖拉机运去一块水泥预制板，将墓碑置换下来，墓碑才得以妥善保存至今。

赵太夫人墓碑刊刻于清光绪二十八年（1902 年）。碑文为彭阳春好友、四川邛崃籍翰林伍肇龄撰写，为后人留下了大量宝贵的历史信息。

时年 93 岁的彭福商老人说，武状元彭阳春出生在双流县青杠林彭氏家族。揭碑仪式上，彭铸先生在讲话中特别强调：

---

① 双流县志编纂委员会编纂：《双流县志·第 27 篇“文物”》，四川人民出版社，1992，第 801 页。

② 蒋维明：《成都武状元湮沉之谜》，载白郎主编《成都掌故》，成都时代出版社，2012，第 180 页。

③ 朱彭寿（1869—1950），海盐人。光绪戊戌（1898 年）进士，曾任职典礼院直学士等。其所著《旧典备征》，有中华书局 1982 年版。上文马明达统计数据即根据《旧典备征》。

彭阳春是一位具有优秀品格的文武全才。咸丰六年（1856年）版“犍为三溪埔、双流青杠”《彭氏族谱》，就是在彭状元出钱出力，亲自倡导、主持、推动下编纂的，谱中文字经他亲自审定。

谱中收入了重要文献，如华阳籍武英殿大学士卓秉恬等为彭阳春祖父彭洪镇（字藩臣）暨德配昝太夫人撰写的《七秩双寿文》，署双流县知县萧山谢元瀛为彭阳春生父彭宗铭撰写的《诰封武功将军安亭彭公墓志铭》等。

彭阳春不但有大功于彭氏家族，而且对族中子弟的培养教育，起了重大作用。

彭氏后人始终秉承崇文尚武、精忠爱国、心系桑梓的精神。川汉铁路董事局主席彭棻、川军将领彭光烈、孙中山先生秘书彭纯武、抗日空军英雄革命烈士彭德明、抗震救灾烈士刘建秋等人，都深受武状元彭阳春思想品德的影响。

彭铸先生提到过，据他所知，彭阳春还是近代著名的武术流派“自然门”的师祖，亲自培养过“自然门”创始人“徐矮师”。“徐矮师”及其传承人杜心武，都是极其富有传奇色彩的武林大侠。[①]

2017年12月20日，由双流区教育局、成都体育学院武术学院等单位，举办“武状元彭阳春诞辰190周年纪念活动”，在双流棠湖中学新校区举行。参会人士一致认为，武状元彭阳春是双流、成都、四川的骄傲，其尚武爱国的精神是留给后世宝贵的精神财富。

国内武术界对彭阳春缺乏研究，长期处于空白局面。本书对彭阳春史实详考，对丰富四川历史和四川武术文化史，不无裨益。

---

① 参见彭铸、彭芸、彭厚贤、彭忠东等：《武状元彭阳春生母赵太夫人墓碑收藏供奉揭碑仪式》，载《四川彭祖文化研究》，2013年第6期第78—85页。

第四章

历史上民间组织与武术的关系

◎ 啯噜与哥老会（袍哥）◎

啯噜疑云

什么是啯噜

1911 年发生的四川保路运动，成为武昌起义的导火线。

当时哥老会（袍哥）组成的四川保路同志军，是四川最为重要的反清力量，为辛亥革命作出了巨大历史贡献。孙中山先生曾经指出："若没有四川保路同志会的起义，武昌革命或者还要迟一年半载的。"

晚清以来，袍哥武术就已天下闻名。哥老会是怎样产生的？研究中国武术历史，这是一个绝对绕不开的内容。

四川的啯噜、哥老会的起源、发展脉络，都是谜团。史学界研究哥老会起源的史料，主要来自两方面：

一类是官书、档案，多数学者认为，哥老会由四川的啯噜演变而来；另一类是哥老会内部传说史料，认定哥老会是由郑成功创立的。但大多数学者不赞同这种说法，所谓郑成功创立哥老会，完全出于虚构。乾隆皇帝说“川省呼匪徒为啯噜子，语涉詈骂”，[①] 意思是“啯噜”是带贬义的骂人话，所以清政府把“啯噜”骂为“啯匪”。也有学者说：“‘啯噜’，系四川方言‘一伙’之意……早期‘啯噜’，大约出现于康熙年间。”[②]

康熙、雍正时期，各省不断向四川移民。大量移民客居四川，使得不少流寓失业之人铤而走险，形成了“啯噜”这一严重的社会问题。

啯噜一般情况下以数十人为一伙，多则以千百人为一伙。由于啯噜成员多为无业游民，既有反对封建剥削压迫的一面，也有打劫财物危害社会的色彩。

清代官方档案《清高宗实录》中，最早出现“啯噜”的记载是乾隆四年（1739 年）。当时署四川巡抚布政使方显上奏：“川省恶棍名为啯噜子，结党成群，暗藏刀斧，白昼抢夺，夜间窃劫。”[③]

乾隆九年（1744 年）御史柴潮生上奏：“四川省人稀地广。近年以来，四方流民多入川觅食……有等桀黠强悍者，俨然为流民渠帅，土语号为‘啯噜’，其下流民听其指使。”[④]

嘉庆时期前后，啯噜多精熟武艺而且最有战斗力。

严如熤（1759—1826），湖南溆浦人，历任汉中知府、陕安兵备道等职。道光二年（1822 年）他刊行《三省边防备览》，记述四川、陕西、湖北三省边区形势。此书中记录了有关啯噜的重要情景：

川中膏腴，易以存活。各省无业之民麇聚其间，好要结朋党。其头目必材技过人，众乃共推之。凡数十人结大伙……操习拳棒刀铳各艺，

① 《清高宗实录》卷 1375，乾隆五十六年（1791 年）。

② 《宫中档乾隆朝奏折》第六辑，第 868 页。转引自李世愉主编：《清史论丛》，中国广播电视出版社，2006，第 630 页。

③ 《清高宗实录》卷 103，乾隆四年（1739 年）十月。

④ 《军机处录付奏折》，引自鲁子健：《清代四川财政史料（上）》，四川省社会科学院出版社，1984，第 60 页。

故其艺颇精……啯匪悍而狂。[①]

以上史料中,“暗藏刀斧”“强悍嗜斗”“学习拳棒，并能符水架刑”“操习拳棒刀铳各艺，故其艺颇精”等，都明确记载了啯噜与武术有紧密关系。

啯噜向哥老会（袍哥）的演变

自清代以来，哥老会的名称不少，如“袍哥”“红帮”“汉留”。但其源头，应当是四川啯噜。

啯噜、哥老会与袍哥、汉留等名称混淆难分。学者胡珠生认为，根据成都附近各县有异于普通四川话的客家方言，可以判断“啯噜”二字，乃客家方言“哥老”二字的发音。[②]

清代帮会的组织机构，称为“山堂”。清代四川第一座袍哥（汉留）的山堂是“精忠山”。[③]这是康熙九年（1670年）由陈近南在雅州创办，宗旨是“灭清复明”。嘉庆十九年（1814年），方安澜开“蓬莱山”。嘉庆二十四年（1819年），郭禹钦开“华严山”。道光二十六年（1846年），郭永泰在永宁开“荩忠山”。[④]

咸丰二年（1852年）进士、四川剑阁人李榕，在给皇帝的奏折中说道：

窃按蜀中尚有啯噜会……十余年勾煽成风，流毒遍湘楚，而变其名曰“江湖会”。每起会烧香，立山名堂名，有莲花山“富贵堂”、峨眉山“顺德堂”诸名目……每堂八牌，以一、二、三、五为上四牌，六、八、九、十为下四牌，以四、七两字为避忌，不立此牌。其主持谋议者，号

① ［清］严如熤:《三省边防备览》卷11，岳麓书社，2013，第1187页。

② 参见胡珠生:《天地会起源初探》,《历史学》1979年第4期，第65页。

③ 参见雷发声著:《汉留问答》（1946年）。转引自彭朝贵、王炎编《清代四川农村社会经济史》，天地出版社，2001，第258页。

④ 参见耘夫:《汉留全史》，1938年8月1日排印土纸本，转引自彭朝贵，王炎编《清代四川农村社会经济史》，天地出版社，2001，第258页。

为圣贤二爷；收管银钱者号为当家三爷。内有红旗五爷专掌传话派人；黑旗五爷掌刀杖打杀。[①]

李榕所描绘的正是哥老会的情况。

到 19 世纪后半叶的同治、光绪年间，哥老会已成为全国性的最大民间组织，其中以四川哥老会最为活跃："各省汉留之盛，莫过于四川"，"尤以四川为最"。[②]

图 4–1 清朝末年的武林人士充满绿林江湖气息，外国人士称之为"强盗"（来源：格蒂研究所）

经过上述梳理，可以得出以下结论：

第一，雍正时期以前，由湖广等外省无业流民为主，形成了四川民间组织啯噜。

第二，道光末年，已历经百余年的啯噜，逐渐演变为哥老会。

第三，咸丰时期后，哥老会被民间更广泛地称为"袍哥"（汉留）。

第四，咸丰时期以后，哥老会有时也讹称为洪门、红帮、青红帮。

第五，清末时期，四川最著名、最活跃的民间组织是哥老会（也常称为"袍哥""汉留"）。

第六，1894 年 11 月 24 日，孙中山与赞同其主张的华侨，在美国檀香山创建反清组织"兴中会"，后与天地会、哥老会等联络，开始统称"会党"。

---

① 李榕：《禀曾中堂、李制军、彭宫保、刘中丞》，见《十三峰书屋合集》卷一《批牍》。转引自秦宝琦：《中国秘密社会新论：秦宝琦自选集》，福建人民出版社，2006，第 185 页。

② 侯少煊、雁秋：《哥老会的缘起与清王朝对它的镇压》，载四川省政协文史资料研究委员会、四川省人民政府文史研究馆编《四川保路风云录》，四川人民出版社，1981，第 48 页。

上述历史非常复杂，又众说纷纭。但了解上述历史，对研究四川武术文化史又非常重要。这其实也是中国大历史的重要内容，为各界学者广泛重视。

此外，有些武术学者认为，“清代的峨眉武术，从渊源上来讲，很大一部分与天地会关系密切，从而与少林武术关系密切。”

从上述可信档案史料可以证实，四川清代民间组织以巴蜀本土的啯噜、哥老会等为主，极少有天地会的史料记载。因此，部分武术学者把清代四川重兴的辉煌武术，归功于清代兴起的天地会，又归功于少林武术，此结论实在难以成立。

反清运动促进巴蜀武术的普及发展

清末时期武术在巴蜀地区的广泛普及

1900 年前后中国发生义和团运动，兴起了所谓的“神拳”。

“神拳”的特点是将民间组织的降神附体、画符念咒，与武术中的“金钟罩”、“铁布衫”、排打功、技击术等传统练功法相结合。“神拳”因具备神秘性（迎合民众低文化素质）、简易性（无须长期吃苦）、凝聚性（习练者同为信众）等特点，在民间迅速传播。

缺乏知识的义和团成员，把古典小说、戏剧当成事实，相信真能持符念咒、降神附体、刀枪不入。就连慈禧太后也希望义和团的“神拳”，可“扶清灭洋”。

但现实无情。1900 年 8 月 4 日八国联军集结 1.8 万余人向北京推进，慈禧狼狈外逃。随后，慈禧便翻脸不认人，立即大肆屠杀“扶清灭洋”的义和团，以向洋人“谢罪”。

残存的义和团成员仓皇逃散，不少人翻山越岭来到巴蜀。清朝官吏罗绸急急忙忙上奏朝廷：“自上年畿辅肇乱，邪拳匪党潜窜各处，渐次入蜀……”①

这些义和团成员流落四川，也将各种北方拳种带入巴蜀，他们也融入在四川的哥老会组织中。清末巴山蜀水叱咤风云的义和团运动，在1902年前后达到高潮。

1909年，成都文化人傅崇矩披露清末成都地区练武术的状况：“有十余斤之铁尺，自捶胸肋者，有一人敌数十人者……学者跪于神前，教者画符咒于学者之手，遂不自知其如何打法，如病狂然……”②

图4–2 号称“刀枪不入”的义和团拳民

据《犍为县志》记载：

其术，于所供关圣、观音位前设一碗水，陈列各种器械，皆庙宇神像手持木造器械，如关圣之青龙刀、悟空之金骨棒、桓侯鞭、镇江斧、韦驮降魔杵、罗汉戏龙珠、伏虎圈等……将手作开弓势，旋即跳舞，是为神拳。③

在夜风嗖嗖、夜色诡异的环境中，信徒们恍兮惚兮地乱打“神拳”——这是当时的常见情景。相关史料记载：“至1902年初，四川许多州县都有了义和拳的信徒，其成员发展到数十万人，有组织的武装力量已达3万多人。”④

---

① 罗缃：《怡湄文牍略存·上川督奎乐帅呈团练保甲章程》，转引自隗瀛涛、李有明、李润苍等：《四川近代史》，四川省社会科学院出版社，1985，第245页。

② 傅崇矩：《成都通览》上册，巴蜀书社，1987，第462页。

③ ［日］山田贤：《移民的秩序：清代四川地域社会史研究》，曲建文译，中央编译出版社，2011，第281—282页。

④ 吴康零主编：《四川通史（第六册）》，四川大学出版社，1994，第104页。

“金钟罩”“铁布衫”的实质

武林人士一直很向往的“金钟罩”“铁布衫”，其实就是武术硬气功——在某些特定条件配合下，通过意识把内在劲力集中到身体某部位，产生对物体猛烈撞击的适应能力，或向外爆发的冲击力。这就是武术家“排刀排砖”“铁锤贯顶”之类功夫的奥秘。

武术最本质的特征之一，就是防身自卫的技击性和抗打击性。而这种抗打击性（所谓刀枪不入），越是接近极致的神奇程度，就越为武人崇拜，清末习练者无法科学解释这种功夫，于是称之为“神拳”。

在历史上，四川武人大都将武道、医道、硬气功集于一身。

拳谚讲：“外要练‘砣子’，内要练‘桶子’”。“砣子”指拳头上的外家功夫，“桶子”指内功修养。只有外功和内功都修炼，才能达到所谓“神功”阶段。它形成四川一些特殊武术流派，如“南宫”、“会门”（“慧门”）、“子午门”等。

“神拳”号称“刀枪不入”（实际意思是抗击打性强），如今常见的硬气功表演，例如“银枪刺喉”“汽车过身”“单掌劈砖”“排打功”“腹卧钢叉”等，可视为“神拳”的现代表演形式。

在现代体育中，人们已经将心理训练列为科学化训练的重要组成部分。相关学者认为，传统武术“未能吸取运动心理学既得的成果，来丰富和完善武术专项自身的心理训练体系”①。

而所谓的“神拳”，在很大程度上也就是一种不合常理的“心理训练”方式。科学地解释其实质，就是通过一定的锻炼方式激发人体潜能，出现常人做不出来的一些高难动作而已。因此，人们对待所谓的“神拳”，绝不能以讹传讹地夸大，或者故意加以神秘化解说。

---

① 参见江百龙：《武术运动丛论》，湖北科学技术出版社，2009，第 379 页。

◎ 袍哥成员参与辛亥革命 ◎

袍哥“开山堂”结义的情景

“浑水袍哥”和“清水袍哥”

《诗经·秦风·无衣》中说：“岂曰无衣？与子同袍。王于兴师，修我戈矛，与子同仇！”

意思是说，怎么说没有衣服？我们同穿一件战袍。天子要出兵征伐，磨好我的戈和矛，和你同伴出征打敌人。古往今来同一战壕的“袍泽之谊”，即是兄弟之情，“袍哥”即为此义。

咸丰年间爆发了历时六年，以四川为主战场的李永和、蓝朝鼎农民起义，基本力量就是哥老会。此后历次反洋教的主力也是哥老会，如光绪年间四川最大教案大足教案中的余栋臣等。《民国重修大足县志·仇教记》记载，1886 年、1887 年“余栋臣、余翠屏、余海坪、唐翠屏、李昌儒、李王亭者，哥老会魁桀也”①。

① 王纯五编著：《袍哥探秘》，巴蜀书社，1993，第 96 页。

1910 年，清末文人傅崇矩也提到过袍哥成员："抢劫人者，南路谓之棒客，北路谓之刀客，东路谓之啯匪，省垣（成都）亦谓之棒客。"[①]"棒客""刀客"，都说明了袍哥和武术具有紧密的关系。

1900 年后，袍哥数量高速发展：占山为王、抢劫为生的，称为"浑水袍哥"（即"棒客""刀客"）；不搞盗、抢等武力掠夺的，称为"清水袍哥"，"清水袍哥"占大多数。

清末时期，除了无业游民、贫苦百姓踊跃参加袍哥，地方势力、军营官兵也积极加入，四川方言中将他们统称为"嗨袍哥"。

四川各地的街头茶社，很多是袍哥"码头"。外地袍哥要拜码头，堂倌倒茶时，外地袍哥把右手拇指放在茶碗边，食指放在茶碗底部，用左手做成"三把半香"形，直伸三指靠在茶碗边上，再按照江湖暗号叫茶、摆茶碗、取坐势……用"江湖话"与伙计搭上线，伙计就介绍给本码头交际五哥。五哥把自己茶碗和来客茶碗相对摆放，叫"仁义阵"或叫"双龙阵"[②]。

接头妥当就引见本地舵爷，哪怕来者身负重案、亡命江湖，都可得到几分庇护。当地袍哥大都把胸脯拍得咚咚响："你哥子尽管在鄙码头操，吃住我们管了。"

图 4–3 在茶社"码头"上接头的袍哥，充满诡异的气氛

同盟会重视哥老会

1905 年 8 月 20 日，中国同盟会在东京召开成立大会。

1906 年，川南地区哥老会首领佘英（佘竟成），东渡日本加入了同

① 傅崇矩：《成都通览》下册，巴蜀书社，1987，第 48 页。

② 参见吴凯主编：《中国社会民俗史》第四卷，中国古籍出版社，2010，第 1553 页。

盟会。同年，同盟会总部派熊克武（四川井研县人）等人从日本返川，由黄复生任四川分会会长。他们联络秦炳、张培爵、卢师谛等人，建立了同盟会成都分会。[1]

同盟会中有很多革命党人参加了哥老会，如吴玉章、熊克武等。许多哥老会首领也加入了同盟会——同盟会和四川哥老会就这样互相交融在一起。

此外，哥老会中还有女袍哥。1911 年，四川保路运动风起云涌。大邑县赫赫有名的王三大娘以 81 岁高龄，手执单刀率领同志军结伙攻打县城。在她的影响下，斜源乡的徐幺大娘、苏家地区的晏幺大娘，以及王三大娘的侄孙媳妇熊氏，都英勇参战。[2]

1984 年，本书作者应邀参与《草莽英雄》电影的拍摄。剧本是中国文联主席阳翰笙所写，以其家乡四川高县清末袍哥反清为主要内容。剧中再现了孙中山派同盟会成员唐彬贤（张国立饰演）入川，组织袍哥结义的真实场面：

川南高县一处竹篱茅舍，后院密室。神台上挂着三国时关羽巨像，像前燃着高高红烛，烟雾缭绕。

川南武艺高强的袍哥大爷罗选青站在神台前，目光锐利审视众人说："天下弟兄一家，四方好汉同室；各位兄弟大驾光临敝码头……今天，我们川南几个县的'舵爷'都到齐了！"

南溪县魏明三魏大爷站起来拱手自我介绍："豪杰有难奔梁山，英雄遇难投水泊。兄弟小码头，今拜罗大哥为当家大爷，并拜见正堂三爷、管事五爷，及六弟、九弟、老幺！"

一个剽悍汉子起身向众人抱拳行礼："兄弟姓李，草字青龙。过去跑'浑水'占山头，现任珙县卧龙潭'舵爷'。久仰罗大哥仁义过人，武名

① 参见杨兆蓉：《辛亥革命四川回忆录》，《近代史资料》1958 年第 2 期。

② 刘平、赵良宇等：《江湖侠义》，齐鲁书社，2011，第 214 页。

远扬。兄弟愿与诸兄长共聚义旗。望罗大哥高抬龙袖，晾个膀子。龙凤旗，日月旗，花花旗，给兄弟打个好字旗！”

紧接着，一个个“舵爷”作自我介绍，最后歃血盟誓。“管事”上前一把将鸡头扭下，鲜血淋漓滴入酒碗。罗选青又说道：“鸡血滴进碗中央，碗里装的是杜康。各位兄弟饮一口，患难福祸同担当！”

众人持香向关羽像磕头，同声诵唱《拜把令》：“……异姓同胞，当拜把子。万众一心，名标青史！”①

这类袍哥的“开山堂”“拜把子”仪式，当时在巴山蜀水处处可见。清末四川各地香堂组织成千上万，袍哥已成了巨大的反清社会力量。②

“爱祖国”“爱家乡”，是四川武术家的主流精神。清末武装反清运动中，四川哥老会不仅是参加者，而且是重要的组织领导者，其中有不少人壮烈牺牲。1912 年 2 月 22 日，中华民国临时大总统孙中山写了《祭蜀中死难诸烈士文》：

“惟蜀有材，奇俊瑰落。自邹迄彭，一仆百作。实力民国，厥功尤多。岷江泱泱，蜀山峨峨，奔放磅礴，礴江千岳。俊哲挺生，厥为世率！”

亲历辛亥革命的袍哥成员

名震川西的“秦大帅”——秦载赓

秦载赓（1875—1911），名明良，华阳县兴隆乡（今四川双流华阳街道）人。其祖父秦寿堂，是华阳县的武举人，在当地设武棚授徒。秦载赓 6 岁时即与胞弟秦省三从祖父习武，武艺高强。秦载赓 18 岁时已膂力

---

① 以上内容为本书作者郑光路在 1984 年拍摄电影《草莽英雄》时的亲身经历。

② 参见郑蕴侠：《洪门、袍哥及青帮探源》，《龙门阵》1984 年 1 期。

过人，应县武科童子试，因考官不公，秦载赓竟将考官从轿中拽出痛殴。秦载赓与同盟会员龙鸣剑甚为相得，在其影响下加入同盟会。

华阳县沿府河一带袍哥团体“安吉团”，推举秦载赓为“龙头”，上至中和场下至籍田铺，聚众数万，名震川西、川南。当时，人们尊称秦载赓为“秦大帅”。

1911 年 6 月，四川成立保路同志会。7 月中旬，秦载赓被选为华阳同志协会会长、东路同志军首领。

1911 年 8 月 4 日，龙鸣剑等人以秦载赓的名义，用鸡毛文书紧急传达各地，号召哥老会首领于这天赶到资中县罗泉井基督教福音堂，参加袍哥“攒堂大会”。

会议在深夜举行。堂内烛光通红，关公牌位在上，堂中肃然站立着 20 多名川中各路袍哥码头的“舵把子”（袍哥首领），每人手中捧着一束香，香烟缭绕，气氛庄严。

参加者有秦载赓、龙鸣剑、王天杰、陈孔白、罗子舟、侯保斋、孙泽霈、张达三、胡重义、胡朗和、侯国治等人。他们都是武艺高强的袍哥首领。

结义盟誓的最后，龙鸣剑宣布决议：将同志会改称同志军，组织武装起义；在华阳、新津设立同志军总部；推定秦载赓、侯保斋和张达三、侯国治，分别主持川东南和川西北等各州县起义事宜。

同志军从此成为清末反清联合阵线的主要组织形式。保路运动由此发展到全川大规模同志军武装反清斗争的新阶段。

辛亥革命中的刘崇俊

刘崇俊（刘崇峻），四川汉州（四川广汉）人。

他从 11 岁起，便随其叔、伯父学练家传的十三太保硬型内功、铁砂重手与拳术兵器套路，以及龙拳、连城拳、脱战拳等武艺。刘崇俊还是成都有名的拳师周武超（此人在晚清武营做过教官，因一拳打死一头伤人的疯骡子而名声大振）的徒弟。

祖籍甘肃的武术大家马黑子，于光绪二十二年（1896 年）抵达四川，并在彭县清真寺内传授武艺。刘崇俊闻其名，后与师兄马镇江将马黑子恭迎成都家中。马黑子将“大小红拳”“小神拳”“九龙大刀”等技艺倾囊而授。刘崇俊、马镇江因之功夫突飞猛进。

后来，其师兄马镇江被聘为清军十营总教官，刘崇俊辅之。此时，刘崇俊已经秘密加入了反清组织哥老会。

赵尔丰枪杀民众事件发生后次日，刘崇俊会同来川组织新军的湖北党人梁俊明、陈君显等召开秘密会议。会议决定，由刘崇俊、李明新赴温江等地，联系同志军举行武装起事。

次日，刘崇俊二人赶至温江县，与同志军首领吴庆熙相晤。吴庆熙对刘崇俊道：“刘兄，我手下已集合数千人，只是缺少武器，你能否替我们弄得急需的子弹？”刘慨然应允，当即赶回省城，与潜伏清军中的邓涵秋共同设法筹集到不少子弹。

刘崇俊将子弹藏于行李中，雇车拉运。城门处清军搜查甚严，刘崇俊毫无畏惧，厉色对众清兵道：“我只有少许铺盖行李，也值得一搜吗？”清军士皆知其为省城有名国术家，在军中教官中威望甚高，竟任之出城而去。温江同志军得到子弹后士气大振，立即起事攻打成都。刘崇俊在保路运动这一历史事件中，以武勇报国。

中华民国建立后，刘崇俊以反清之功曾作营长、团长。但刘崇俊不欲仕途，旋即解甲，复以习武养生为乐事。民国时期曾任四川武士会副会长、四川省国术馆馆长、南京中央国术馆教务长等职。

张树三、况春发、田得胜

张树三，巴县人，清代光绪、宣统年间重庆著名武师和仁字堂的袍哥舵爷。他开设武馆教武，人称“大拳师”，门徒甚众。1905 年，张树三东渡日本谒见孙中山，之后加入同盟会。[①]

与张树三齐名的大拳师况春发是巴县冷水场人。他自幼习武，后到重庆城内会仙桥开鞋铺店，同时教授武术，任袍哥仁字堂口大管事。

1911 年秋，同盟会重庆支会领导人杨庶堪、张培爵等，准备夺取重庆政权。况春发拿出私财千两银子，组织一支三百人的义勇队，并亲自教练武艺。1911 年 11 月 22 日上午 9 时，一身短打装束的况春发率袍哥队伍，导引杨庶堪、张培爵等同盟会革命党人首领径赴朝天观。

袍哥们头捆白布、身穿青色武打衣，手执梭镖、大刀，自朝天观门口一直排到大殿。[②]知府钮传善平日善于言辞，今天慑于袍哥队伍威势，低声下气地说："我与段知县都愿写同盟誓约，归顺新政府。"钮传善同段荣嘉一起跪下，任人剪去发辫，缴去官印。

一日之间，兵不血刃——重庆反清独立了。[③]

南派余鼎山、三原派张永隆、田得胜

1937 年以前，重庆武术界有余、张两大派系。

余派由余鼎山为首领，属南派。张派尊张永隆为首领，属西北三原派。

相传三原派源于宋代，因假托赵匡胤而得名，有人又称"赵门"。清朝中叶，直隶人张天虎（绰号"麻溜张"）传赵门拳技于陕西三原县，后又入川传技。张天虎的四个主要弟子杨板雄、高占魁、马黑子、马三宝便以师父授艺之地陕西三原县命名，称为"三原派"；另一支以张天虎祖籍直隶命名为直隶派。

---

① 参见文世昌：《巴蜀轶事》，中央文献出版社，2007，第 159—160 页。

② 参见杨立微：《朝天观夺印记——辛亥革命纪事》，载政协四川巴文史资料研究委员会编《巴县文史资料第 3 辑 纪念辛亥革命 75 周年专辑》，1986，第 142 页。

③ 关于保路运动详情，可参阅郑光路专著：《四川保路运动历史真相——炸响辛亥革命的惊雷》，四川民族出版社，2011。

流传于四川的三原派，又分了许多支派（据说有八支）。

陕西三原县高占魁（绰号“鹞子高三”）在清光绪年间将此拳技传于袁氏兄弟——人称“袁老七”“袁老八”。袁老八袁祯祥授徒张腾蛟（又名张云龙，陕西人），后来张腾蛟定居重庆并传授武艺。袁老七则在山西的安定邦传艺，于民国初年从安定邦到四川，授徒重庆的张永隆、周克钦等人。

在辛亥革命“重庆独立”游行队伍扛大旗出名的田得胜，是重庆最大袍哥公口“维新园”的五爷管事。民国时期，田得胜介绍张永隆到重庆关帝庙当主持。田得胜、张永隆、张腾蛟三人仿效刘备、关羽、张飞“桃园三结义”，拜把换帖，自诩为“三贤士”。关岳庙地处闹市，张永隆在关岳庙开了一家大茶馆，当作“仁字袍哥”徒众聚会之地，这里经常座无虚席。因此，张永隆、张腾蛟的三原派武术，在重庆很有影响。此外，田得胜还在和平路开了一家“五伦”茶社。

他们成立“三贤公”袍哥公社，田得胜任社长，张永隆、张腾蛟任副社长。同时成立国术研究会，抗日战争前夕，扩大为武术抗日救国会，仍由他们三人分别担任正、副会长。

1940年，张永隆创办陪都速成国术馆，自任馆长，廖大连任副馆长，赵麟任总教练，文操雄任副总教练。①1953年，天津举办全国民族形式体育表演及竞赛大会，张腾蛟与郑怀贤等人选为西南区武术运动员，张腾蛟获武术优秀奖②（详见第九章第一节中的“1953年全国民族形式体育表演及竞赛大会”）。

泸州的佘英、雅安的罗子舟

佘英（1874—1910），原名佘俊英，号竟成，四川泸州小市镇人。

---

① 佘灵勇主编；李诚，黄绍瑷副主编：《涪陵地区体育志》，1990年版，第37页。

② 陈兰荪、陈嘉祥：《关帝庙与重庆袍哥》，载重庆市渝中区政协文史资料委员会编《重庆渝中区文史资料》第十七辑《渝中文物史话》，2007，第260页。

佘英出身贫寒，早年丧父，先后学过铜匠、撑船，爱好使拳弄棒。小市镇武举人李孝思精于武艺，绰号“通城虎”，于1896年在泸州设武棚授徒。佘英入棚拜师，刻苦习武，参加清代最后一次科举考试，考取武秀才，被公推为小市镇袍哥会“文字公口”的“舵把子”。

泸州清朝官吏见佘英武艺好，请他当州衙堂勇管带（相当于营长）。但佘英“目击清政不纲”，不久辞职不干，回家开牛肉饭馆接纳四方豪杰，任侠仗义大名传遍川南。

武林朋友曾对他说：“泸州道台衙门的旗杆好直哟，砍来做龙船保管要得，端阳节好赛龙船。”他当晚便游过沱江，几斧头砍断旗杆，又凫水将旗杆扛回小市镇。由此可见他既艺高胆大，又蔑视清廷。

1906年，革命党人黄复生邀佘英东渡日本去会见孙中山。孙中山见他魁梧豪放，颇为器重，当即委以西南大都督：“命英归，喻会党以大义、为种族效命。”[①]

风声传到泸州知府杨兆龙耳里，他要捉拿佘英。此时佘母逝世，佘英借小市镇西昌会馆办丧事。杨兆龙调来大队兵丁，乘夜色将会馆围得水泄不通，搜到天明也不见人。

泸州人都说佘英会飞檐走壁，还说他会“驾土遁”。其实，佘英趁混乱嘈杂之际，纵身跳跃，抓住堂上横匾翻腾而上，侧身藏于匾后。清兵做梦也想不到，悬重赏捉拿的要犯，就藏在自己头上的匾额上。

佘英此次脱难后，先后组织、参加了泸州、叙府、广安等武装起义，然而都失败了。

1909年12月13日，革命党再次在川南起义。佘英指挥一路人马，攻打嘉定城。人多势众、装备精良的守城清军突然杀出城来，义军只能被迫败走。此时，佘英身边仅剩部下二人，三人逃至云南边境的豆沙关

① 四川省文史研究馆、四川省人民政府参事室编撰：《四川国民党史志》，四川人民出版社，1994，第53页。

附近，清兵依然紧追不舍。

佘英打听到这个山头叫“断蛇坡”，不禁叹气道：“唉，我佘某命当绝于此地了！”他认为“佘”与“蛇”同音，“断蛇坡”便成了大忌讳。故清兵追来时，他命两位部下逃走，自己却挡住道路，坦然受缚。

尽管佘英被捕，但其神态英勇，立于木制囚车上坚持宣传反清大义。佘英对审讯官员慷慨陈词：“神州之内凡有血性的男儿皆是吾同党，抓不完、杀不绝！”①

知府宋联奎恐夜长多梦，于当夜三更将其杀害。佘英临刑前写有《佘竟成自述》，显示了武术家武勇报国的情操：

> 佘竟成年三十六，泸州小市人。二十岁入武庠，名俊英，革命时改名佘英，表示与满清政府脱离关系，不受他的顶戴的意思……牡丹将放身先残，未饮黄龙酒不干。同志若有继我者，剑下孤魂心自安。②

图 4–4　孙中山追赠为陆军中将的武秀才佘英

中华民国建立之初，中华民国政府临时大总统孙中山颁令在泸州忠山脚下立碑，上面刻：“追赠陆军中将佘先烈俊英字竟成纪念碑”。碑的其他几面，分别刻有辛亥革命元老熊克武、但懋辛等人的题词。③

此后，佘英作为反清志士被后人垂悼，其武术家的身份却鲜为人知。

罗子舟，1875 年生于四川雅安上坝乡沙坪。他家室豪富，自幼酷爱武艺先后从师多人。后入哥老会，拜泸定县义字旗袍哥首领谭必成为“大

① 纪陶然编著：《微言大义：晚清民国留言簿》，同心出版社，2012，第 58—59 页。

② 佘竟成：《自述》，《泸县文史资料选辑》第 4 辑，1991，第 26—27 页。本节还参考四川省地方志编纂委员会编纂《四川省志·人物志（上）》，四川人民出版社，2001，第 27—30 页。

③ 参见秦后生、王世祥：《会党之杰佘竟成》，《龙门阵》1983 年第 3 期。

哥”，广结江湖豪杰。因他武功过人甚有威望，逐渐成了雅安一带义字旗下“舵把子”。

曾壁光是光绪皇帝的一位老师，也是洪雅县有名的富豪。罗子舟为显示反清力量，带领十来名随他学武的兄弟伙潜至曾家，与众保镖恶斗。曾家死伤多人，被劫掠一空……此事传扬蜀中官府震骇，下令通缉罗子舟。

罗远走嘉定，准备与嘉定袍哥首领胡朗和联络武装起义。他带领两个徒弟，从雅安沿青衣江下行经过夹江县时被清廷奸细认出，当即密报县衙。

罗见势不妙，从僻静处涉河潜上峨眉山巅的金顶。华藏寺和尚见罗颇有江湖豪气，佯作殷勤款待，暗中派人下山密报。县令闻报，当即令一名把总率领步兵 200 余人封锁山径，将金顶华藏寺严密围困。

罗子舟急忙与徒弟各操长木棍跑出庙门，木棒舞得呼呼作响。清兵蜂拥而上，他们三人越窗逃至庙后，却被清兵围在舍身岩上。舍身岩是金顶最高处，海拔 3600 多米，山下云涛翻滚。把总吼道：“罗匪听了，马上归顺听命！”喊毕令清兵齐举毛瑟洋枪，对准罗子舟三人。

罗子舟怒目骂道：“我罗某铮铮铁汉，岂降狗奴！”罗子舟又对两徒弟道：“与其束手就擒受辱，不如跳崖一死。”言毕，长啸一声飞身向万仞深谷。两徒弟也随之向悬崖处跳去，皆被摔死。

金顶每年都有善男信女跳崖“舍身成佛”，绝无生还者，故悬崖处称之舍身岩。出人意料的是，罗子舟在临谷底处落于荆棘丛中，仅受轻伤，随后逃脱。四川同志军以其大难不死，称他为“罗八千岁”。

一时很多人议论他武艺已练到“剑仙侠客”的地步，这是言过其实。但他精湛的武功对减轻损伤无疑也起了作用。

清政府垮台后，罗子舟因在保路运动中的杰出功绩，被四川军政府任为边军统领，不久后他即去职。临近 1949 年，罗子舟受友人唐式遵煽动，以衰老之躯随国民党逃窜。1950 年 3 月 30 日，逃至川南越西，与当地彝人武装发生冲突。史料记载：“埋伏的彝人闻声，也开枪射击，战斗相当激烈，唐式遵、罗子舟当场（被）打死。”[①]

① 刘琪光、陈治强：《羊仁安在西昌就职军长及被俘经过》，载《汉源文史资料选辑》，第 2 辑，1987，第 91 页。

◎ 袍哥社团中的著名武术家 ◎

尹昌衡、彭光烈及麻乡约

袍哥空前绝后的历史大辉煌

1911年11月26日，成都老皇城中举行四川独立大典。城门外竖起两杆大旗，上书“军政府”三个大字。大街小巷张灯结彩，四处张贴告示，上写“大汉已兴，大清已亡”。

声名显赫的同志军头领广汉的侯橘园、侯国治，新津的侯宝斋，温江县的吴庆照（“吴二大王”），崇庆的孙泽霈，灌县的张捷先，大邑县的女壮士王三大娘，雅安的罗子舟、张德三，华阳的秦省三等人率领各路英雄好汉，浩浩荡荡陆续进入省城庆贺。

各州县来的同志军（袍哥），由大清王朝的非法组织一步登天，变为功臣了。[①]

来自广汉的袍哥侯少煊回忆：“这时广汉向阳场的大袍哥张明之、邓

---

① 引自戴执礼编：《四川保路运动史料汇纂》下册，中国台湾“中央研究院”，1994，第2098—2099页。

水文两人统率几百人的队伍，人人带红花、缠套头、腰悬各式刀剑；还携带明火枪、马炮等等，扬威耀武地开到成都……这时袍哥真是红极一时，被称为‘点点红’，即是说，只要你有‘点点’（即加入了哥老会）就走运了，又称为‘袍哥翻身’……”[①]

每天早上，袍哥好汉开始操练功夫，捧列刀枪剑戟，各自执兵刃恣意乱舞、寒光闪闪。到了晚上，众袍哥好汉喝大碗酒、吃大块肉，说些“你哥子、我兄弟，你不喝、我怄气”之类的江湖豪言壮语。杯盘狼藉后，多半掷色子、打牌九，吆五喝六深夜不息。[②]“尤其公开赌博，旁若无人。军政府门前，便有赌摊一百余处。”[③]

图 4–5 1911 年成都的庙宇成为袍哥“码头”，罗列刀枪剑戟悬挂各种旗幡

这时的成都热闹至极，如同赶大集一般。城内军、学、工、商的袍哥界每日必数次集会。大小街巷中的茶铺里，一面面大旗迎风飘扬，上书“某某路同志军”，刀光剑影一片，江湖黑话满天飞。富贵士绅、官宦如果想保身家，就要争着出钱“嗨袍哥”。

1911 年 12 月 8 日成都兵变发生后，四川军政府

① 侯少煊：《广汉“匪世界”》，全国政协文史资料研究室委员会编《中华文史资料文库社会民情编 · 第二十卷 · 社会民情》，中国文史出版社，1996 年版，第 943 页。

② 参见杨开甲《成都光复》：“于是都督府门外有众博者焉，呼卢喝雉，声洋溢，而弗能问也。”载戴执礼编《四川保路运动史料汇纂》下册，中国台湾“中央研究院”，1994，第 2073 页。

③ 黄遂生：《同盟会在四川的活动》，载全国政协文史资料研究委员会编《辛亥革命回忆录》（三），中华书局，1962，第 137 页。

重起炉灶，尹昌衡[①]取代蒲殿俊成为都督，他公开号召在各街成立袍哥“公口”（码头）。成都的大汉四川军政府被当时人攻击为“袍哥政府”。以当时形势，军政府不得不利用哥老会。但是如何应对这些江湖群氓，又显得十分棘手。尹昌衡决定假戏真唱，他在军政府门口挂上“大汉公”招牌，自封为“总舵把子”。这样尹昌衡就具有两重身份：既是军政府首脑，又是四川哥老会总头目。在“大碗喝酒、大块吃肉”的“江湖义气”喧嚣声中，哥老会首领才接受了他的指挥。

尹昌衡天天到成都各街“茶社”的码头拜客。各码头在街头焚香以迎，为尹“挂红”进酒。袍哥码头越来越多，尹昌衡只好把这些红纱、红绸、红布从身上脱置左右战马上，竟然五匹马也堆不完。他每出去一次，必披一身红纱、红绸、红布回来，堆在床上之后便又去拜“茶社”码头，如此往返“拜客披红”……[②]

图 4-6　1911 年前后的袍哥民团武装（摄影：清朝末年德国驻成都领事魏司）

凭借大汉四川军政府，袍哥在这一时期迎来了空前绝后的历史大辉煌。赖以显示武勇的袍哥武术，也得到了空前的发展。

尹昌衡、彭光烈破解成都同志军编遣难题

见此情景，四川各路主要袍哥头领都伸手要官帽，都要把袍哥队伍

① 尹昌衡（1884—1953），四川彭县（今彭州市）升平镇人。曾任四川陆军速成学堂总教习。

② 王右瑜：《大汉军政府成立前后见闻》，四川省政协委员会、四川省省志编辑委员会《四川文史资料选辑》第一辑，1979，第 98 页。

变成正规军队。尹昌衡对他们说“无粮饷”，这些英雄好汉闻之大怒，立刻翻脸，要拉起兄弟们舞刀弄棒，向尹都督示威。经过十多天的反复宴谈，无数次的吵吵闹闹，最终吴庆熙、孙泽霈、罗子舟、刘丽生、侯国治、彭泽等人皆选为校尉，令他们各统一千五百人或两千人，分巡各州县。彭大钧、李绍伊、陈和尚不听命，尹昌衡骤下毒手，派兵砍了这三个头领的脑壳……如此四川局势才略显安定。[①]1912 年 2 月，成渝两个军政府合并成立四川军政府，限日撤去省城各大街袍哥公口招牌，“敲锣打鼓，大摆宴席”的状况才停止。

尹昌衡令彭光烈选出各县来的同志军“健者万人”，整编为四川陆军第二师，彭光烈为师长。西路同志军统领、灌县哥老会仁字号大爷张捷先任参谋长。

彭光烈（1883—1956），生于双流县（今成都双流区）东门外彭家青杠林，其族祖为武状元彭阳春。父亲彭天鹏，清光绪乙酉（1885 年）科考取武举人。受家庭影响，彭光烈自幼酷爱武术。

图 4–7　成都兵变后尹昌衡（中）、周骏（左）、杨开甲（右）登上权力宝座

彭光烈于 1912 年被授陆军少将衔，1925 年退出军界寓家成都。史料记载：“退居成都常以国术骑射自娱，被推为成都市射德会会长……与骆成骧、尹昌衡等提倡国术，促成省国术馆之建立，曾一度任馆长。”[②]

尹昌衡对未编入的同志军余部，“则慰遣回籍，就地编为保安

① 参见曹亚伯：《革命真史 · 正编上 辛亥风云现场实录》，“（袍哥）皆欲得官爵……彭大均、李绍伊、陈和尚枭桀不受命，击斩之”。中国长安出版社，2011，第 233 页。

② 彭福商：《彭光烈的一生》，四川省双流县政协文史委编《双流县文史资料选辑》第五辑，1985，第 9 页。

义勇军，以捍卫桑梓之用”，将川西“数十万同志军，均克日散归田里”[①]。

经过一系列的操作，号称几十万的同志军纷纷“散归田里”。江湖袍哥在历史舞台上“轰轰烈烈”表演的大戏，才告闭幕。

详解麻乡约的袍哥武术

麻乡约大帮信轿行简称“麻乡约”，约创立于清代咸丰二年（1852年），到1949年结束，延续近百年。它实为近代西南物流业的开创者，在中国影响巨大。

以余家拳闻名的余发斋、余鼎山父子，都是重庆大袍哥，先后充任过麻乡约总行的骨科医生和武术教师。

相关史料记载：麻乡约是由綦江县号坊乡陈洪义创立的。相传清初湖北麻城孝感乡大批移民来川定居，每年推选人员回原籍往返带送土产信件，十分遵守信义，民众遂称之为“麻乡约”。该行脚夫“既是身强力壮的健汉，又多会武术”[②]。

国民党中统少将郑蕴侠（1907—2009），是民国时期帮会中的重要人物。他曾专门调查四川袍哥及宜宾红枪会等民间会党武装。20世纪80年代，郑老先生和我同被邀请到《草莽英雄》电影摄制组，共同生活数月，我听他讲述甚多。[③]

郑老先生生于重庆，曾到麻乡约信轿总行细查，随麻乡约客货运输队多次上路，所以很熟悉其中情况。

在清末民初时期，麻乡约信轿总行设在重庆西二街口子上，外面高悬招旗。麻乡约完全靠哥老会那套江湖中人的规矩行事。

① 参见王蕴滋：《同盟会与川西哥老会》，载全国政协文史资料研究委员会编《辛亥革命回忆录》（三），文史资料出版社，1962，218—223页。

② 参见成都市政协文史学委员会编：《成都文史资料选编·工商经济卷》，四川人民出版社，2007，第295页。

③ 2000年本书作者郑光路写的《最后在大陆落网的国民党将军》，国内近百家刊物、报纸转载，2009年中央电视台《探索·发现》栏目，据此拍摄多集纪录片《迷徒》。

麻乡约的总头的副头、挑夫、赶马头等人的打扮，颇似武侠小说中的人物：他们着一色青布小袖紧身，下穿兜裆叉裤，打蓝白相间的绑腿，头缠青丝帕号头，脚蹬多耳麻鞋，鞋尖上一朵大红绒花，背插单刀或背鞭剑，左右两腿各插一柄匕首。

夏天时，他们不包号头而戴顶草帽，上系红色丝带，颌下打一个大蝴蝶结。冬天披一件黑色的“一口钟”（大氅），看起来相当威武。

他们都会拳脚，精通暗器，常说：“没有几刷子，休想闯江湖，休想在血里抓饭、刀上拿钱！”颇似北五省的镖局。总头是大镖师，副头是二镖师，其余为伙计。

临行前，正副总头要到寺庙菩萨前上香，由总头亲自杀鸡，将鸡血洒上纸钱在神前焚化。当晚投宿时，鸡肉由挑夫头以上共享，鸡头则归总头以取吉利。

麻乡约每次上路驮马上百，被保镖的轿子和乘马也至少五六十。人货众多，但组织严密：每二十四马有一个马哥头。整个马帮有总、副夫头各一人。

每二十四马中有匹“头马”，马头戴红缨，鞍上插一面三角白牙边红旗，上绣“麻乡约”三个黑字，下面按天地玄黄另有字号。头马停，则群马止；稍有超越或者另到岔道，就要遭头马咬踢……行进中马帮在前，乘马客轿居中，各种挑子走在最后。

总头做开路先锋，副头殿后，路上全用“袍哥海底”。

如“碗”与“款起”（惹麻烦）的“款”谐音，就不能说“碗”，而必称“莲花”；喝茶的“茶”与“杀”谐音，不许说喝茶，要说“茗黄汤子”……行水路，上船后不能说“沉”字，姓陈的均呼“老烟”。开船前总头也宰牲祭江，鸡血滴上船头，才鸣锣开船。

每到场镇或码头，就按江湖礼节，总头去当地袍哥头面人物处“拜龙门”，递交麻乡约的大红片子。如果半途遇上“拖棚子下龙背”（下山抢劫）的黑道人物，总头就上前打隐语，谓之“拿上复”；还奉送烟钱酒钱以求不伤和气，留下回见面交情。

由于麻乡约每逢年节或红白喜事，对各码头礼节周到，路过时也执礼甚恭，因而马帮不论住宿何处，到了晚间起更时分，当地各公口的执事和大小老幺，都要打上滚子灯笼，对总头进行回拜。

回拜时总头高唱回敬："行客拜坐客，江湖好礼节。我兄弟不周不到，有失规矩，走了水、漏了糖，还望各台拜兄亮个膀子，一丈二的八尺——两丈（仰仗）给兄弟，打个好字旗！"拜见已毕，地头蛇们便敬邀正、副总头，赏光早已备好的酒宴……[①]

以上所述，实为少为人知的真实巴蜀袍哥武术历史细节。

袍哥中的武术名家

朱智涵和王醴泉

清末，义和团、哥老会等民间组织人士，对民国以后四川武术的发展，有非常重要的影响。显著例子之一，就是海灯法师的师父朱智涵。

朱智涵（1873—1973），山东泰安人，名永才，道号智涵。他 12 岁孤身流落到滕县（今滕州）玄武道观当了道士，随道士宋教玉学习道门武功和医术。后来他参加了义和团的"坎字团"，朝夕来往于拳坛与道观之间。

光绪二十五年（1899 年）十二月，玄武观已难存身，朱智涵随师宋教玉沿运河南下福建。光绪三十年（1904 年）宋教玉病逝，朱智涵入川。住合川黄叶观数年后，又到峨眉山、成都青羊宫，广交武林人士。光绪三十三年（1907 年），他慕中江县"无敌手"吴春盛名，自青羊宫到中江县大镇（今德阳市中江县龙台镇）拜吴为师，尽得其传。

① 以上参见郑蕴侠等：《麻乡约的由来与兴衰》，载《麻城文史》第五辑，1996，第 198—221 页。

宣统元年（1909 年），朱智涵长住中江县兴隆场城隍庙。当时，被誉为“金弹子”的李四爷前来拜访吴春途经兴隆，朱诚恳叩教。李感其诚，授朱“凤凰石”绝技。

宣统三年（1911 年），朱智涵还去四川开县拜会南宫派首领李青云，后又叩见驰名皖鄂的华阴道人。[①]

20 世纪 80 年代，我曾专门到川北的中江县、三台县等地做田野调查，采访老拳师。应三台中学体育老师、毕业于成都体院的余宗尧先生邀请，我还在三台县教了一些徒弟。

当时，不少人讲述关于朱智涵的传说：

朱智涵初到中江人地生疏，“下地”（江湖术语，即扯圈子卖艺售药）照例先打了一路架势小巧的南派少林精拳。围观者齐声呼好。却突然闯进一伙人来“抄摊子”，为首的是本地拳师黄老幺。

言语冲撞中，黄老幺一掌打在朱智涵胸前。朱智涵此时 30 多岁，血气方刚，双拳齐出，黄老幺被打出一丈开外……当下就有后生小伙上前拜师，要留朱智涵在兴隆场传艺。自此，朱便在城隍庙中住下传徒授艺，兼行医卖药。

这种传说真实性极高。因为武人到外地谋生，“亮货”“亮真钢”（江湖术语，即显示真功夫获人尊敬），是武林的游戏规则，至今亦然。

朱智涵走南闯北兼收并蓄，融诸派武术于一炉，风格别致不落俗套。他的招式以“麒麟步”“封闭掌”“近盖章”等变化多端，最为出名。

朱智涵在授武行医之余，耕作自娱。他担水不用扁担，几十斤重的水桶一手一只提起轻松自如。他 80 岁后，还能行拳如风、不逊青年；并时常以牙咬百多斤重物行走一两百步，脸不红气不喘，博得观者惊叹。

另据相关史料记载：朱智涵性刚直，喜济人。在抗日战争时期，外省有一“卖打药”武人到大镇，朱见其功夫不浅，但不通四川方言而场子

① 参见中江县志编纂委员会编纂：《中江县志》，四川人民出版社，1994，第 762 页。

打不开挣不了钱，便解剑“帮场”表演，又赠“大力丸”一袋助其行旅。

朱智涵德高望重，20世纪50年代后被选为县政协委员。1958年后，朱智涵常给龙台敬老院捐资解困。1973年，又将辛苦积蓄的1000元捐赠龙台医院。这年8月无疾而终，享年百岁。[①]

朱智涵教授无数弟子，影响最大的是既享誉海内外，又引起极大争议的海灯法师。

1984年，我曾在《体育报》[②]上发表了《海灯的师父朱智涵》。此文反响较大，报社转来很多读者来信。

王醴泉（1886—1960）是海灯早年的另一位武术师父，也是中江县龙台镇人。而朱智涵、王醴泉两人的师父，都是被武林誉为“无敌手”的四川人吴春。吴春的武功源于祖父吴新基。

也就是说，朱智涵也学了很多本土武术；他后来所传习的武术，有很多就是巴蜀武术内容。20世纪90年代初，我曾于川内各地遍访老拳师。我发现四川绵阳、广元、中江、南充等川北地区，朱智涵、王醴泉以及海灯所传武术广为流行，现已构成四川武术重要组成部分。

图4–8 民国时期的海灯（左）和朱智涵合影，十分珍贵

余发斋、余鼎山父子与余家拳

简阳地方志史料记载：四川著名南拳余家拳，明末清初由简阳石盘铺人余某创立。余某轻功甚高，轻快赛过飞燕，人称“赛燕飞”。人乐称其绰号，久之，渐失真名。又有历史资料记载：“清乾隆年间，余家拳传

① 参见德阳市地方志编纂委员会编纂：《德阳市志》下册，四川人民出版社，2003，第1948页。

② 《体育报》于1988年7月1日更名为《中国体育报》。

人余有福……余家拳从此开始传外，人称‘余门拳’。”①

余家拳是一种介乎内外两家、南北两派的独特拳技，又名余家南拳，据《重庆武术志》介绍，余家拳突出攻防连法，以攻为主、快速多变、滚捆擒拿、迅猛力整，是巴蜀武术重要优秀组成部分。

1928 年至 1930 年，余家父子相继在重庆扬武国术社和重庆国术馆等处任教官，对重庆武术的发展起了促进作用。②

余家父子和张腾蛟都是著名袍哥领袖，两家也是当时重庆武术界两个最大的门派。

“长江大侠”吕紫剑

中国著名武术家吕紫剑（1893—2012），被誉为“长江大侠”。据湖北武术家王哲强回忆：“我与吕紫剑皆在宜昌大南门长大，是武林界的老朋友。”

吕紫剑自幼在武当山紫霄宫出家，随龙门紫霄派第十五代徐本善修道，习练武当功夫。20 世纪 30 年代，吕紫剑曾到峨眉山九老洞拜“神掌李”李长叶为师。吕紫剑在峨眉学艺数年，深得八卦奥秘。他于 1938 年下山，在重庆朝天门设立吕紫剑伤科诊所，并开堂收徒传授武艺。

图 4–9　1986 年第 6 期《中华武术》杂志上的吕紫剑演武照

王哲强说：“他本是汉流袍哥，不久在重庆便登上‘汉流大爷’的位置。旧社会武林界是各霸一方的，吕紫剑单枪匹马，能在重庆打开局面确是不容易的……”因有当过袍哥大爷经历，吕紫剑 1950 年后“历尽坎坷，在大西北度过

① 简阳市政协学习文史委编：《两湖一山风情录》，中国戏剧出版社，2010，第 47 页。

② 参见四川省简阳县志编纂委员会编纂：《简阳县志》，巴蜀书社，1996，第 604 页。

了30个春秋……”[①]

1979年，80多岁的吕紫剑回到重庆。1982年，他获全国武术精英赛雄狮金奖。1984年，他获峨眉山邀请赛特别金奖……后来，他开办了渝丹紫剑武术馆和吕紫剑骨伤科诊所，出版了《中国武当内家拳法》《八卦养生法》等著作，创编了“八卦浑元养生功”。2000年，吕紫剑获全国健康老人金牌。吕紫剑是第一批获得中国武术九段最高荣誉者之一。

图4–10　邹德发教授（右一）、王佑辅老师（中）、郑光路（左一）合影，摄于2008年

重庆著名武术家王佑辅是吕紫剑的徒弟。王佑辅老师曾对我讲，师父吕紫剑的徒弟很多，其中出名的有成都肖家泽、香港马志富等很多人。

2012年10月21日早上7时吕紫剑逝世，享年119岁。[②]

袍哥武林奇人“王大袖子”逸事

崇庆县（今崇州市）地方史料记载，民国年间，崇庆县县北太平乡一处林盘里，住着一位似僧似道的汉子。他头顶盘个发髻，形状像慈姑，身穿大袖长袍。

此人叫王裕泰，人们都称他为“王大袖子”，生于1876年。他舅父中过武举，人称“夏举人”。王裕泰从小跟舅父习武，17岁时考武童生，不慎大刀落地，没考上。后来，他跟夏举人到康藏大山中去教武棚子，也拜过不少名师，学得一身武艺。

---

① 参见王哲强：《八卦宗师吕紫剑》，《宜昌市文史资料》第13辑，1993，第179—180页。

② 参见《近千门人拜别“长江大侠”吕紫剑》，《重庆晨报》，2012年10月23日。

王裕泰回崇庆县继承舅父遗志，以武棚授徒谋生。年纪稍大，就宽袍大袖别开生面地出现在武林，近则广汉、彭县（今彭州市）、什邡，远则叙府、资州、西康。

王裕泰是个袍哥首领，清末曾与川西的“四大王”孙泽霈、吴庆熙、丁泽煦、张达三结拜为兄弟。辛亥年保路运动时，他当过同志军的首领。之后，尹昌衡军政府遣散同志军。他的手下伙伴们不愿离去，要跟他闯荡江湖。连夜奔走时他趁兄弟伙猛不防跳了河。众人见他跳河已死，就散伙了。

但以轻功见长的王裕泰并没有死，是开了个金蝉脱壳的玩笑。1916年，他娶了彭县的高氏为妻。1922年，他去资州传艺，经人介绍当了川军第24军军长刘文辉的私人保镖。

后刘文辉败退西昌，王裕泰托故未去，又回到崇庆县教拳。1936年，复建县国术馆，王裕泰当了馆长。

县国术馆设在城西北隅桑园方公祠，王裕泰出任馆长。他精于轻功，抄了一本《遁法一览》平日讲习。这年八月的一天晚上，只见明月之下，方公祠内刀光剑影，师徒们练武正酣。教官和学员再三邀请王大袖子老师表演一番。

王裕泰把几十个人带上北门城墙。此时稻子已经收割，稻田里影影绰绰堆着稻垛。王裕泰站在城墙上，深吸一口气纵身往下一跳越过壕沟，轻轻落在稻草堆上；刚刚站定又跃到另一堆草上。接连跳了几个草堆，脚下不曾着地，观者形容为“简直像天马行空，独来独往”！

由于地方各派势力倾轧，国术馆没有经费，不久解体。王裕泰便回乡去带着他的二儿子四方传艺，并行医售药。

1950年初期，王裕泰已经70多岁。当地人说他是“打打行”（武术）的“四通人员”（四方都吃得开的人），又穿宽袍大袖，颇有哥老会一类嫌疑，他便被抓了起来。

王被押到乡公所，关在黄家祠，暂时没审他，第二天天刚亮，看守他的武装队员张再生就发现他已经死了。只见他鼻孔流着血，颈项上有拇指大的血印。据懂行的人说：他是自点穴道而死，点的是“锁喉穴”。①

“画、武双绝”的陈子庄

陈子庄在近几十年来海内外名声大噪，有“东方梵高”的美誉。然而，报刊书籍中的介绍，多有不实之词。现根据陈子庄《自传》等可信史料，对其进行介绍。

陈子庄（1913—1976），四川省荣昌县（今重庆荣昌区）人。1919年随父亲陈荣光到永川县（今重庆永川区）永兴乡。陈荣光与人合伙做小生意为生，陈子庄入私塾念书。

1924年其父年老，生活日渐困难。陈子庄被送入庆云寺庙内为和尚放牛，并与小和尚一道念书。

1925年，12岁的陈子庄子承父业，为扇商画扇，在乡里渐有画名。据相关史料记载：“因家贫依僧为食，庆云寺僧习武，遂随之练习渐通拳术。后又参与武僧讲习，苦练数年，精技击之术。少时形貌壮伟，膂力过人，尤好结交豪俊，时人皆目先生为侠士。”

1929年，陈子庄初到成都。他在成都正府街罗兴顺肉店任管账员，同时卖画。“从武术家马包（郑按：即马宝）习武术。”②

有史料披露，陈子庄“1937年在成都参加了一次武术比赛，在擂台上竟打赢了军阀王缵绪部队的武术教官，因而名声大振，深得王的赏识……”③

陈子庄后来回忆自己的经历：“庙内僧人日早练习武术，我即随之练习。因家贫依僧为食，常自奋勤学，苦练四年之久，在附近各县知名一时，16岁即在荣昌永川各县卖武为生。1929年到成都卖武，当时军阀部

① 参见张伯龄：《王大袖子逸事》，载《崇庆县文史资料选辑》第7辑，1989，第74—77页。

② 陈滞冬编著：《陈子庄谈艺录》，河南美术出版社，1998，第189页。

③ 《国画大师陈子庄》，载荣昌县政协编：《荣昌文史资料选辑》第八辑，2004，第317页。

队中武术教官借势欺我，因而改业在成都卖画。”

1938 年 8 月，陈子庄到重庆另寻出路：“到重庆后即在公园表演武术为生，后来，生活仍不能维持。1939 年冬，被邀参加抗日游击队。1940 年出狱。当时我博得豪侠之名。”[①]

1941 年他 28 岁，国民党元老石青阳之子、“青红帮”要人石孝先托人营救他出狱。陈子庄返家回荣昌，任袍哥“叙荣乐社”社长、青帮“进德社”名誉社长。

1954 年，陈子庄调入四川省文史研究馆，定居成都，但生活坎坷。他经历了妻子疯癫、幼子夭亡、自己疾病缠身……甚至穷得连画纸都买不起，只能在旧报纸上作画。他曾四处卖画，但极难卖出。

著名蒙古族画家羊角是陈子庄学生。羊角先生对我说：陈子庄生前十分贫困。1968 年腊月三十，羊角去陈子庄家拜年，陈子庄十分感慨地说：“今年公鸡在年关涨价，我买不起，我没有什么好吃的招待你，画只公鸡送你吧。”

画好之后，陈子庄既悲凉又诙谐地补充道：“我这只公鸡，以后遇到识货的，一定会卖大价钱。”

1976 年 7 月 3 日，陈子庄逝世，享年 63 岁。1989 年在香港艺术市场，陈子庄一幅《牡丹》轴卖到 24000 港元，另一幅山水册更达到 11 万港元。[②]

顺便提一句，武术和绘画及书法艺术，这看似毫不相干的门类，在很多武林人士身上却很和谐，相得益彰。

例如成都的胡林，武功和书画艺术都很精湛。2019 年四川省政府文史研究馆聘任他为特约馆员。他将习武功法运用到笔墨当中，形成了独有风格，书法及绘画作品被多家著名博物馆和寺庙收藏。

王德培与陈子庄有交往。他从小习武，长期“以武为画之骨，以画

---

① 陈子庄：《自传》，载荣吕县政协编《荣昌文史资料选辑》第五、六辑合辑，2002，第 214 页。

② 参见伍清等编著：《古玩字画投资指南》，中央广播电视大学出版社，1993，第 262 页。

为武之魂”，使二者相得益彰。他尤其擅长画公鸡，他认为鸡有五德：“文、武、勇、仁、信”，五德与武术大有共同之处。王德培现为国家一级美术师，在美术界享有盛誉。

以上几位仅仅是在成都地区和我相识的武林高手，类似之人还有很多，限于篇幅不能详细描述。

第五章

民国初期的武术和体育

◎ 清末民初四川的武术社团 ◎

清末时期民间武术处境艰难

清末民初四川民间武术简况

清代四川各地有不少著名武师。如 1850 年前后，川东璧山县（今重庆璧山区）有个邓显扬，人称邓四教师。他白天耕种田地，晚上练习武艺直至深夜。他长于驰走，行路时其发辫飘飞身后，当时璧山人赞之为“国技家”。邓显扬 82 岁而卒。

1875 年前后，温江赵华山幼从陕西某人学习拳术，尤精“铁汉碑和潭腿”。他在温江、崇庆等地设武棚授徒。其徒弟刘圣符力能格数人，并有“缩阴灌顶”之技。

1898 年前后，简阳龙泉驿贫农谢昆山外号“谢打滚”，擅长地趟拳，曾在成都数次击败制台衙门镖师韩凤鸣，名噪一时。其他人如青神的杨海泉、绵阳一带的方和尚、简阳的余发斋等，都是清末民初四川著名的武术家。

1840年鸦片战争后，四川传统武术大致有“南派”“北派”之分。[①]

1900年后，大量四川武林人士利用武术活动反清。

1902年10月19日，四川总督奎俊刊发《解散拳匪告示》中称：“川省自资阳拳匪事起，迄今数月，诛戮之匪首匪党，共计不下数千……”四天后（1902年10月23日），重庆府转发《清查拳匪条约》中称：“申大辟之刑。……拜师传徒惑众，为首者绞立决。”[②]

当时，成都的“川西道”和重庆的“川东道”还遍为张贴一篇自称“慈悲道人”（实即官方）写的劝世文《解毒散》。文中反复强调朝廷严禁老百姓教拳、学拳的“律例”：

> 大清国的律例上有两条……自号教师以演弄拳棒教人者，（脊）杖一百，流（放）三千里。学习者（脊）杖一百，徒（刑）三年……去学拳，便算违犯国法了。[③]

这种高压下，清末民间练武之风大受打压。1909年，成都报界名人傅崇矩披露当时武术界的状况：“近因‘拳匪’肇乱，人皆恶打拳之名，习者少矣……”[④]

清末民间武术处境极其艰难，重要原因有三条：

第一条：“拳乱”引起政府当局及中外人士对中国武术的极度鄙视和反对。

第二条：武举考试彻底终止，习武者已经没有上升出路。

第三条：中国历史上“重文轻武”的传统价值取向更为明显。

清末虽然朝廷“禁武”，但武术之根却深入民间，清政府对武术“禁而难绝”。

---

① 参见孙仲达：《四川近代的运动竞赛》，载体育文史资料编审委员会编《体育史料》第六辑，人民体育出版社，1982，第8页。

② 四川省档案馆编：《四川教案与义和拳档案》，四川人民出版社，1985，第761、764页。

③ 四川省档案馆编：《四川教案与义和拳档案》，四川人民出版社，1985，第710页。

④ 傅崇矩：《成都通览》上册，巴蜀书社，1987，第462页。

陈正和谈民间武人

我所拜师的一位老师陈正和生于1896年。他曾在民国时期军队中当过中校教官，20世纪50年代后当过中学教师。他厌恶武林江湖气息浓厚，从不在武术界显山露水。据他讲述：

俗话说，穷不习武，富不读书，其实这谚语并不确切。穷苦人家拜不起师父怎么办呢？主要有几种方法。第一种是沾光，即同有钱子弟一起学，自己手脚勤快些，倒水跑腿的事抢着干，四川话管这种方法叫“学巴片儿”。第二种是所谓“学欺头”，就是别人打拳时自己站在远处“偷经学艺”。如果这两样都不行，就干脆搞个“无师自通”——举石锁、打墙壁、砍砖头、踢树子……有机会再东瞅点儿、西捡点儿。只要舍得吃苦坚持，最终总要学出来。

陈老师还说，民国时期打拳习武之人，不外有三种情形：

第一种情形，学成个“教师爷”。他的拳套路多得很，啥子花、查、洪、炮、劈挂、翻子……真是无所不能、无所不会。只是中看不中吃，较技搏敌，常现原形。

第二种情形，学成个“打手”。这种人的拳架、兵器演练起来不那么好看。他们就专练那么几“砣子”（指拳头），或专练那么几脚头，熟能生巧又胆大亡命……这种人临战较技，比华而不实的“练家子”强得多。

第三种情形，不但能演善打，且深通拳理精奥。此种人常以“十年磨一剑”的苦功，自成一家却又博众家之长。这些人已登堂入室，有资格称为“武术家”了。

陈老师还告诉我：“国术最讲究‘形神俱备，内外兼练’，要‘内练一口气，外练筋骨皮’。如只练外壮功夫，‘外桶子’虽好（郑按：指外在形体肌肉），而‘内桶子’虚弱（指内在精神、脏腑功能），这不过如铁柜子装瓷花瓶，岂能摔打？这外壮又岂能长久？所以自古武林拳谚讲

‘练拳不练功，到老一场空。’”

陈老师年轻时，每天凌晨5时许就起床，同师兄弟一起或在河畔溪旁，或在林中竹下，十趾抓地生根配合吐纳呼吸，专门练习内功（气功）、桩功，再按经络穴位拍打周身。练到“入港”微妙处，不时气提丹田仰天狂吼长啸：“嗬嗨——嗬嗨！”吼声在川西坝子上引起一阵鸡鸣狗吠。附近农院的庄稼人从梦中惊醒，骂声“吃多罗，胀饱罗……”再翻个身，蒙起脑壳睡回笼觉。

下午4时又开始练功。当时的武术重在搏击实用，讲究练硬功夫，行话称为“上家具”。因此，习武之人在练功时着重练习拧筷子、扯钉子、提坛子、甩石锁、滚铁筒、扎沙杆……他们还常练铁砂掌：木桶内装满黄豆（其后换成绿豆、大米等较细小者增加难度），然后左右掌交替向桶内插去；功夫越深插得越深，如一声“嗨”能一插到桶底，功夫已非常人。

还有打“美人桩”。用木头做成真人大小，外面裹以棕皮、棉絮，再蒙以狗皮。然后在“美人”的腰杆上打个洞穿上铁杆，将铁杆固定在两旁的石桩上，这个“美人”好像在练单杠，一推它就可以活动翻转。练习时如同与真人相搏，骤然跳将过去一拳打在“美人”的脑壳上，“美人”头往后倒，下半截身子却“砰”地向你拗来。你只好又是一腿“嗖”地踢去，“美人”却一个前仆又将脑壳向你撞来拼命。稍不注意，就会被“美人”撞几个青头包。这种练习对身法、步法、敏捷、硬力……都极有好处，可能比西洋拳的“打沙包”还生动活泼。

图5–1　清代末期，成都皇城外一个沦落江湖的武人正在表演“手砍大石”

图 5–2　民国初年古城民居院坝里的武术家在练功

陈老师对我说：这些“武棒槌”同文人的“熬得十年寒窗苦，一举成名天下扬”一样，不仅图个谋生有术，还希望可以人前称雄。

这些武坛掌故作为口述史，对了解民国时期四川真实武术史，大有帮助。

四川民间武术组织——达摩会

四川达摩会概况

中国历史上，“祖师爷崇拜”的传统由来已久。

各行业要定期祭拜“祖师爷”，祭拜包括焚香、上供、叩拜、祷祝等环节。1930 年四川编纂的《名山县新志》说：

> 百工杂技，各崇所宗。医药卜筮，竹木石工，屠宰庖人，业饼饵、役舆台者，莫不以类相从；各组神会，开筵醵饮，岁有常期。……此亦吾国多神教之一征。[①]

这里所讲的，就是“祖师爷崇拜”的祭祀活动。

南北朝时来中国的印度僧人达摩，多被各地武人奉为祖师爷。到了清代，四川许多地方武术团体定期举办达摩会。最初达摩会的举办仅仅是为了切磋武艺。到了清末，其已然具有反清色彩。

光绪三十一年三月二十九日（1905 年 5 月 3 日），因富顺县、自流

① 丁世良，赵放主编：《中国地方志民俗资料汇编》西南卷（上），书目文献出版社，1991，第 73 页。

井（自贡）等地区，武林人士参与“仇教仇洋”烧打教堂，四川洋务局告示中说：“达摩会匪徒聚众起事……悉数严拿惩办，务尽根株。”①

自流井（自贡）达摩会一直存在。直到1928年，达摩会才改为自流井国术馆。②有些地区的达摩会后来变身为袍哥组织，如清末宜宾袍哥的“北正公”码头，“前身为达摩会（尚武之士组合）”③。

荣昌县“民国时期，县武士会、国术馆每年举办一次‘达摩会’，在宝城寺开展武术表演比赛。南校场的擂台赛，廖光明获得优胜。刘明章、游树廷、赖国先、王维先、张辉武等，均先后出县参加过擂台赛。”④

四川地方志记载：“有的地方如内江，‘打打行’还有‘达摩会’武功演员入会，会期十月初十。”⑤

王渊老先生曾叙述民国时期四川内江开展国术的情况：

> 1922年以前，主要是达摩会活动时期，多属民间性质，教授形式为私人礼聘和私人设棚授徒。习武界称为“打打行”或“扁挂行”。这个时期内江城里最有名望的拳师是银宾臣。在他教授的徒弟中，有两位在当地颇有名气：一个是马星斋，一个是傅相儒（县衙门的刀把手，即行刑砍头的刽子手）。两个都是哥老会的龙头大爷，后来又先后担任过内江国术馆的馆长，在当时武术界极有声望。
>
> 每年达摩祖师生日，便要举办达摩会，由学生们凑足份金办席聚餐，学生向老师送致仪礼。聚餐前，先由老师作口头讲授，示范指导，然后点名让学生当众表演，相互观摩。这时的达摩会大多由各武棚单独举行，

---

① 中国社会科学院近代史研究所《近代史资料》编译室主编：《义和团史料（下）》，知识产权出版社，2013，第928—929页。

② 参见四川省自贡市自流井区志编纂委员会编纂：《自贡市自流井区志》，巴蜀书社，1993，第477页。

③ 四川省地方志编纂委员会编纂：《四川省志·民俗志》，四川人民出版社，2000，第336—337页。

④ 重庆市荣昌县志编修委员会编：《荣昌县志》，四川人民出版社，2000，第932页。

⑤ 四川省地方志编纂委员会编纂：《四川省志·民俗志》，四川人民出版社，2000，第534页。

很少是联合的统一活动。[①]

成都达摩会声势浩大

成都民间老武术家彭元植，先后拜在向昆山、张海门下，习岳门硬拳、黄林功夫。民国时期四川武术界曾有七大高手——“五龙二猴”（李飞龙、张永隆、陈柱龙、李云龙、李犹龙、侯坦、侯万里）之说。彭元植也曾拜师侯坦，学习僧门武技。

侯坦（1896—1952），师承于僧门著名武术家、四川清军五营总教习周腾蛟。清末时期，侯坦随其师一起倡导成立了民间武术组织达摩会，对四川武术活动发展功不可没。[②]彭元植、陈柱龙成立四川“民族国术社”，社员发有徽章，直径 2.8 厘米，背款是社长陈柱龙。王镜屏为达摩会执法管事。王性刚直、文武双全又好打不平，故成都武林名流的马宝、米培云、“杨鞭花”、“七杀碑”等人，“皆畏避之”。

彭元植老师在 20 世纪 50 年代曾说过：“峨眉僧门自称源出少林，尊达摩禅师为祖……举行‘达摩会’，同属僧门的人这一天聚会一起酬师会友，叩头烧香拜达摩祖师。来客一般都要买纸烛、香蜡、火炮作礼物。拜完达摩后照例是开怀畅饮。不少僧门的老师也多在这一天举行收徒仪式。”[③]

20 世纪 80 年代，每逢星期六、星期天，成都武术界人士常在人民公园湖边的“绿荫阁”茶馆里谈武论道。那时我常随几位老武师到这里喝茶，记得其中有李孟常、侯仲约、刘震南、张力显等很多前辈。

清瘦矍铄的老武术家侯仲约，文武双全、知识渊博。他的父亲侯坦是近代四川著名武术家。侯仲约曾谈过，清朝末年周腾蛟、吴蔚生是成

① 参见王渊：《解放前内江“国术”开展情况点滴》，《内江县文史资料》第 8 辑，1984，第 17—19 页。

② 参见四川省武术协会编著：《峨眉武术史略》，人民体育出版社，2017，第 219、237 页。

③ 彭元植：《民国时四川武林和我的习武生涯》，载四川省政协文史资料委员会编《四川文史资料集粹》第六卷，四川人民出版社，1996，第 61—62 页。

都达摩会的正、副会首。侯坦也是达摩会重要人物。

成都督院街清末为总督衙门，街口有一茶馆为全城武师聚集之处，通常人声鼎沸。侯仲约曾听周腾蛟、侯坦口述：“每见吴蔚生或周腾蛟至，茶社内就立刻鸦雀无声，可见二人之声望。”

侯仲约老先生提到，民间武师组织达摩会，有些功能类似如今的“武协”——用以开展武术，解决纠纷和重要事务。清末时期，成都习练南派僧岳门功夫，武人皆供达摩；而赵门武术家，则多供奉宋太祖赵匡胤画像。

达摩会公选德高望重的武师为正、副会首。下设内外管理：内管行政、财费、杂务；外管交际、调解外务杂事；分选专人服务皆无报酬。平时茶聚闲聊、交流武术，地点多在督院街口茶社。解决纠纷处理重大事件，即在安乐寺正殿（其址现为蜀都大道蜀都影城对面红旗商场处）。比武较技，接待省外贵客，皆在陕西街韦驮堂或君平街同仁寺，此二处都是周腾蛟常住之地。

达摩会的经费由各武师捐助；若遇临时急需，则由少数热心者捐助。侯仲约老先生说：“当时重武，故经费易筹。”

每年十月初十日为达摩生日，各拳棚置酒自办达摩会，并招待朋友或武友。外县、外省武术家赴会，即在韦驮堂、同仁寺二处安置，走时赠送纪念品或盘费。这些事务皆由侯坦主持。

每年重阳节后，即开始筹备达摩会，概由侯坦经办。凡师门中人，各出银钱不等。至十月初更为忙碌，会址设韦驮堂或同仁寺，皆由周腾蛟指定。

会址处张灯结彩，堂上高挂达摩画像，神龛上陈列香花、果品和福物。室内桌椅精致，红毡铺地。门前排列威武架，以及各式兵器和弓石、刀（铁刀）、石锁等。敞坝中央画线，分为二区，做比赛和较量兵器、拳脚功夫之用。空坝边角，立箭垛、草人、木桩、砂盆、沙袋等器材。

庙门结彩挂灯贴红对联，横书“达摩盛会”匾额。预先备办彩礼、鞭炮、纪念品、土特产，封好作礼品之用。又备办烟茶、酒席和其他用品用物，安排房舍住宿诸般杂事，以备远客陆续而至。客至皆送礼，门房受礼登记入册。举办正会时，本城武师皆各门派首要人物，大都带徒献技并观赏其他武师演武，相互交流。

午前，由各地名师登场献技。徒弟们见大会即将收场，便燃放鞭炮，向各位武师赠送大红披挂，表示答谢。最后由主人周腾蛟表演绝技。收场，众人入宴席；坐定后由周之门徒献技敬酒，延续数小时尽欢而散。本城客人不过夜，外客逗留数日或有一月者交流武艺。外客离去主人须送土产、纪念物或盘费。侯仲约老先生讲："每年会后，光是还家具、算账目、结算酒席、恢复庙貌……诸事项就得花十多天。主办者回家很累，常卧息数日方罢。"

周腾蛟家主办的达摩会与本城各家不同，一直沿至1935年才停办。

侯仲约老先生又讲其父侯坦家的达摩会：1929年侯坦开设武棚后，周腾蛟便叫侯坦也举办达摩会，地点在中莲池螃蟹石门窦。其规模只是由门内弟子筹资订购酒席十来桌，宴请少数本城武师和外县武师如宋跃山、马绍堂、刘松云、王体仁、周大鹏等。会上众人表演武技，最后由侯坦表演兵器"搅扒"，弟子献技敬酒。侯家主办的达摩会沿至1936年停办。

图5-3 侯仲约老先生晚年演武照（供图：何伟琪）

1952年，山东、河南、山西、湖北四省的武师来川拜访周腾蛟时，在成都人民公园国术馆擂台会上，由侯仲约代表周腾蛟接待。侯仲约老先生说："此为达摩会之尾声。"

20世纪80年代，侯仲约老先生曾将这则武林史料提供给四川省体委。[①]

① 参见侯仲约：《清代四川拳派活动拾遗》，《四川体育史料》1984年第5期，第52—55页。

达摩会惩处假“剑仙”

1983 年 5 月的一天，人民公园湖边的绿荫阁茶馆武师茶聚。

我听有位老师说：民国时期还珠楼主写的《蜀山剑侠传》好热闹，剑仙手发剑光、隔山打牛……比现在远程炮弹还霸道。

侯仲约笑眯眯地摆了个清朝末年，发生在成都的“剑仙”龙门阵，情节大致是这样的：

宣统末年，赵尔丰任四川总督。某天，武林人士纷纷传说：有几个“剑仙”带一帮徒弟从外省来成都。为首的是三个人——一个和尚、一个道士、一个俗家人。他们自称是师兄弟三人，在文庙前街租房子居住。当时坊间奇谈不断出现：和尚、道士每天夜里在吞吐剑光“炼剑”。

于是，许多人晚上跑到文庙前街看稀奇。那时文庙街靠近老南门城墙，这些人登城墙高处远望。见和尚、道士等人住的地方，忽然一道白茫茫毫光，直射夜空……

这下子“剑仙”功夫如何了得的传闻，沸沸扬扬。不少人要去拜访“剑仙”。和尚、道士的徒弟们定下了规矩：凡拜谒仙僧、仙道一次，须送贽见纹银四两；要拜师，则另收拜师礼十二两。

三个“剑仙”深藏不露，仅由徒儿们传授基本功夫，每月学费是四两银子。

侯仲约说，如果这三个“剑仙”仅仅是为了赚点银子，也就罢了。他们还想在成都广收徒众，称霸武林。这便引起了成都达摩会中人的警觉。

王镜屏、侯坦等人商议：“‘剑仙’应为高人，当择徒甚严，焉能广收普教、处处要钱？疑其为骗局。”

王镜屏是达摩会中的“执法”，武艺高强且素不信邪，当下就直闯“剑仙”的住所。门前那些徒弟拦挡不住，便大吼大叫：“王镜屏来了！”王镜屏已闯入内室，只见和尚、道士正卧于烟榻之上，吞云吐雾，大吸鸦片烟。王镜屏跳上烟榻，以“千斤坠”腿法压住胖和尚，手锁其颈厉声喊道：“你快给老子放剑光！”

和尚挣扎难言，另一侧的道士厉声说道：“我等剑仙乃出家人，慈悲为怀，怎能轻易杀生？”王镜屏也大叫：“你要真能放剑光，老子甘愿去死！”道士怒气冲冲道：“你的武艺还不如我的门徒，何劳我来放剑光伤你？”王镜屏跳下烟榻，笑道：“好，我俩就来比试一盘。如果老子输了，我达摩会中人都拜你为师。”当下定于次日在成都陕西街韦驮庙中比试武艺。

听说有凡人与“剑仙”比武，全城都来看热闹。第一轮王镜屏连胜僧道徒儿两场，第二轮成都武师们便逼着要和“剑仙”僧道直接比武。突然，和尚、道士均跪地告饶，哇哇大哭，道破原委：原来这几个湖北武人武艺也还算高强。他们邀这个和尚、道士及俗家人，三人扮“剑仙”师兄弟。而那几个武人扮演徒弟，十余人结伙行骗。众人问：“那直冲房顶的‘剑光’，是怎么一回事？”和尚、道士哭哭啼啼地说了：是燃放硝黄、铂粉，类似现在小娃娃要的“冲天小火炮”。当时，成都受骗之人已有上百人，骗银约两千两，不是个小数目。

第二天，达摩会在安乐寺关帝庙前处置骗子。会首周腾蛟说：“所骗财物已被骗子挥霍，虽是受骗，但皆因被骗者自己迷惑怪诞而致。”被骗者皆羞愧难言。

周腾蛟下令：重责三个“剑仙”各四十大板。另外，三个为首的“徒儿”实为主谋，按武林江湖规矩应废其一臂。遂由王镜屏将三人各戳伤右眼一只，以作终身行骗致残标记。后将这些假“剑仙”一齐赶出省城，并书写榜文寄告全国武林界加以防范。①

侯仲约老先生在年近 90 岁时，对采访他的报社记者说：“一提到武功，大家脑海里浮现的总是‘降龙十八掌’‘九阴白骨爪’……实际上，

---

① 据成都著名武术家侯仲约先生 1983 年提供的武林史料，可参见侯仲约：《清代四川拳派活动拾遗》，《四川体育史料》1984 年第 5 期，第 53—54 页。

这些都是不真实的，越是真功夫越不好看（即表演性不高）。弄虚作假不是武术的精神。”

达摩会绝不能简单地被理解为一个单纯的武术组织，它是地方民俗文化中的重要组成部分，不能低估它在中国武术史中的意义——达摩会保留了门派传承、师徒凝聚、戒律礼仪、尊师重道、宣传交流等中国武术的民间传统精神。

据成都媒体多次报道，为挽救老成都民俗文化，推动武术发展，侯仲约的高徒、武术名家何伟琪，经过近十多年来的艰苦努力，取得了一定的成效。2005 年，中断数十年的达摩会在何伟琪等人奔走下，终于恢复。2010 年，达摩会已被列入成都非物质文化遗产名录，为四川武林增添了一张绚丽的名片。

图 5–4　2009 年成都第五届达摩会，一排右起：杨东林、何道君。中央展示“武林盛会天下友”者为何伟琪

◎ 清末民初西方体育对民间武术的冲击 ◎

西方体育入四川

误把体育当体操

1902 年，四川总督奎俊在成都昭忠祠（后迁北较场）设立四川武备学堂，课程主要为德式体操。这可以被视为官方在成都引进西方体育的开始，“兵操”也开始代替传统武术。

1904 年，清政府颁布《奏定学堂章程》，规定各类学校一律要开设“体操课程”（即体育课程）。这一章程正式确立了西方体育在中国教育中的法律地位。[①]

最先占据近代中国体育舞台的，是以兵式体操、德国体操、日本体操为主要内容的“军国民体育”。军国民体育思想，起源于古希腊的城邦斯巴达，要求对民众进行军事化训练管理，以达到全民皆兵的思想。

中华民国成立后，面对列强侵略，无数仁人志士探寻救国道路。中华民国首任教育总长蔡元培正式提出了有关“军国民教育”的问题。他

---

① 参见薛有才：《体育文化学》，航空工业出版社，2013，第 187 页。

说：学校“兵式体操，军国民主义也；普通体操，则兼美育与军国民主义二者”。[①]在民国早期，则普遍要求各类学校实行军事编制，开设以兵式体操为主的体育课程。[②]

清末民初时期，一般人都认为“体育”就是“体操”。

1903年，成都坊间刻有《认操图式》。1904年，成都官书局出版《体操教科书》《小学体操术、哑铃》《小学新体操》等教材。这批早期出版的教材，对西方体育在四川传播起了重要作用。

1906年，留学日本大森学校专攻体育的新津县秀才邓莹诗写了一封《四川新津县廪生邓莹诗呈请立体育学堂意见书》，上书到大清国学部（类似教育部）。邓莹诗对“体育”内涵的认识在当时已堪称先进：“夫其斯谓体育者，非特体操已也，有卫生，有运动，有休息，有营养，而教育、心理、生理、性育亦在其中。”[③]

图5–5　英国传教士陶维新1904年到成都教会学校，传播西洋体操（摄影：英国传教士陶维新）

① 蔡元培著，中国蔡元培研究会编：《蔡元培全集》第二卷，浙江教育出版社，1997，第135—136页。

② 参见舒新城：《中国近代教育史资料》下，人民教育出版社，1981，第1055页。

③ 邓莹诗：《四川新津县廪生邓莹诗呈请立体育学堂意见书》，《四川学报》第五册1907年第3期。转引自成都市城市科学研究会编《成都城市研究》，四川大学出版社，1989，第668页。

学部转发了邓莹诗的函件，表示将全力支持，并通令全国开办体操专修科或体育学堂。[①] 在中国近代体育史上，邓莹诗为四川增添了光彩。

从此，成都建立了四川体育专门学堂。此校原为省城高等学堂附设的体操科，自 1906 年 12 月起，独立建校。一些归国留日学生也曾办过一些私人体育学堂，如 1907 年邓莹诗在昭忠祠创办成都体育学堂。该学堂课程较为齐全，除各式体操外，还开设有修身、教育、生理卫生、心理、体育学、学校管理法等课程。[②]

清末时期四川两次全省运动大会

（1）1905 年首次四川全省运动大会

光绪三十一年十一月十九日（1905 年 12 月 15 日），四川第一次全省运动大会在成都北较场举行。[③] 大会由四川学务总理方旭任会长，武备学堂总办沈秉堃、会办陈宧任会场主任；留日返川的周道刚、张天培等人任审判员。

图 5–6　1905 年成都北较场举办四川第一次运动会的照片（摄影：英国传教士陶维新）

竞赛项目较多：比如普通体操、器械体操、徒手竞走、蛇形竞走、提灯竞走、球术竞走、传旗竞走、投轮竞走、传球竞走、

① 参见成都体育学院体育史研究所：《中国近代体育史资料》，四川教育出版社，1988，第 273—274 页。

② 参见邓莹诗：《四川新津县廪生邓莹诗呈请立体育学堂意见书》，《四川学报》第五册，1907 年第 3 期。转引自成都市城市科学研究会编《成都城市研究》，四川大学出版社，1989，第 668 页。

③ 参见罗时铭主编：《中国体育通史》第三卷，人民体育出版社，2008，第 139—146 页。

分柑竞走、一人一足竞走、武装竞走、投囊竞走、乘马竞走、哑铃体操、三人四足竞走、二人三足竞走等。

四川高等学堂、武备学堂等40个单位参加了竞赛，共有运动员8508人，大会工作人员约140人。大会对运动员的服装、参加单位的徽章都做了规定。会末，法文书院、华美、华英等学校做了运动表演。[①]

大会还发行了银质纪念章。纪念章径20毫米，重4克。纪念章正面外周环书“光绪三十一年十一月十九日”字样，中部刻有篆书“运动会”三字；背面为双龙抢宝图案，中部篆书“纪念”二字，制作精美。[②]发行大会纪念章，说明此次大会已经具有近代化运动会的性质。这次大会，在国内和国际都有一定影响。

（2）1908年四川全省运动大会

1908年秋，成都南校场举办四川大运动会，即四川省第二次运动大会，会长为教育会会长徐子休。

参加单位有：四川高等学堂、铁道学堂、通省师范、成都府中学、富顺自流井王氏树人学堂及重庆运动代表队等20多个单位。运动项目有：兵式体操、柔软体操，哑铃体操、球竿操、木棒操、木马、单杠、算术竞走、英文竞走、障碍竞走、高栏竞走、100米竞走、500米竞走、1000米竞走等。[③]这里的“竞走”，即田径赛跑，但许多研究者对此少有辨析（如今的体育项目有“竞走”，双脚不能同时离地“腾空”，跑步则可以有——这是竞走与跑步的主要分别）。

以上两次四川全省运动大会，完全把武术拒之门外。由此可见清末的中华传统武术，用“卑微”“可怜巴巴”等字眼来形容，一点都不过分。

---

①③ 参见孙仲达：《四川近代的运动竞赛》，载体育文史资料编审委员会编《体育史料》第六辑，人民体育出版社，1982，第9页。

② 参见黄岳明：《一枚清代四川第一次运动会记念章》，《四川文物》1998年第2期，第55页。

西方体育在四川兴起

1908 年之前，成都近代体育活动范围主要局限在新式学堂，运动形式也主要是由日籍教师及归国留日学生开展的日本体操。

美国的近代化体育开始逐渐传入到成都。1905 年起，美国基督教会先后在成都办起了华西协合中学（1905 年）、华美中学（1907 年）和华西协合大学（1910 年）等学校。这些学校都较早开展了田径、球类等运动。

在众多美国兴办的机构中，起重要作用的是基督教青年会成都分会。1910 年 7 月，美国人谢安道、霍德进来成都，与中国人杨国屏、杨少荃等在文庙西街发起并组织了“成都基督教青年会”(以下简称“青年会”)。

青年会以发展“德、智、体”三育为宗旨，大力发展“西洋体育”。青年会附近约有土地数十亩，青年会在靠君平街位置的汪家拐修建了一个正规足球场，此外还修建了网球场、羽毛球场、克罗克球场（有四个小门和中心柱，类似门球的运动）。

1913 年谢安道又与四川督军胡文澜协商，将旧臬台衙门后面百余亩地皮买下（即现在春熙路区域内），进行修建。基督教青年会还设立了体育部。1918 年，青年会在成都举办“四川第一次夏令会”，活动项目主要为球类和游泳。[①] 至今春熙路尚存青年会一小部分当年的典雅建筑，但大部分人早已不知其来历了。

图 5–7　1910 年，华西协合大学学生在打棒球

四川另一支引进西

① 参见成都市人民政府外事办公室编：《成都市外事志》，世界知识出版社，1996，第 186—187 页。

方体育的力量，是1905年后由毕启、陶维新、启尔德等人联合发起筹建的华西协合大学，它于1910年正式开学。学校当时具有成都最好的足球场——华英足球场。此外，还开展了棒球等西方体育。1916年，华西协合大学华美学院的路易斯网球场建起，这也是成都修建的第一个网球场。

军阀杨森推动武术与体育融合

近代体育在成都初期传播的完成，大致在1925年。

督理四川的军阀杨森，非常热爱体育活动。他大搞"杨森语录"，如"赌钱打牌壮人会打死；打球、打猎弱人会打壮！"[①] 1925年，四川省运动会在成都西校场举行，杨森任大会会长。武术和射箭列入了这次运动会，则全倚赖杨森。很少有人知道，杨森也是一位杰出的武术家。

图5–8　1920年的杨森

杨森（1884—1977），字子惠，四川广安人。他90岁时回忆自己出身武术世家，本人自幼酷爱武术：

> 余父廷安公，幼嗜武艺，尤娴骑射；在箭道中，鸣弦试射能百步穿杨，为邑武庠生（郑按：即武秀才）……余因伯叔兄弟习武者多，亦尝于闲暇时从之习武，骑射杂技，皆能渐臻熟练。[②]

杨森的叔伯兄弟习武者众多，端午节家族骑射比赛，杨森总名列第一："余大显身手，为他人冠。"

1924年，杨森升任川军第2军军长，北京政府任命他督理四川军务。

---

① 杜重石：《杨森的"新川政"》，《〈纵横〉精品丛书》编委会编《民国政要百志》，中国文史出版社，2002年版，第191页。

② 杨森：《九十忆往》，中国台湾龙文出版社，1990，第2页。

1925年，四川省运动会以学校为单位参加，竞赛项目有：田径、球类及团体操、兵式操、武术表演、射箭表演等。

1932年，杨森驻军家乡广安县，创办广安“四川体育专科学校”，兼任校长。他又在新南门外南园坎上开办广安国术训练班，聘有著名国术家李仿尧（军部副官）、何玉龙、马玉森等为教官；招收青年学生80人集训6个月，训练拳、棍、刀、枪、短打等武术，毕业后任各营国术教官。[①]

概括而言，近代体育在四川的初期传播，经历了两个重要阶段：

第一阶段：1902年至1910年前后，以日本体操占主要地位，主要依靠日籍教师和留日学生进行。第二阶段：1910年成都基督教青年会成立，至1925年举办四川省运动会，以田径、球类为主的西方新式体育占主要地位，主要通过基督教青年会进行。[②]

武术成为体育项目的前因后果

武术、体育的概念界定

你或许是武林高手，或许是体育学者，但如果有人问你，什么是武术？武术是体育项目吗？你很可能一时难以回答。

其实你根本用不着惭愧，因为至今也很少有人能准确回答。武术专家和相关专著至今也为武术的定义（概念）各说不一，争吵得热闹。

比较权威的解释，如《现代汉语词典（第7版）》说：武术是“打拳和使用刀枪剑棍等兵器的技术，是我国传统的体育项目”。体育大学教材中说：武术是“以技击动作为主要内容，以套路和格斗的运动形式，注

---

① 参见政协广安县委员会文史编委会编：《广安文史资料选辑》第八辑《杨森在广安专辑》，1997，第23页。

② 参见韩磊：《近代体育在成都的传播》，载成都城市科学研究会编《成都城市研究》，四川大学出版社，1989，第675页。

重内外兼修的中国传统体育项目”①。

解释的重心都把武术说成一种体育项目。

如果再问一句：“什么是体育”，会让人更加糊涂。如《现代汉语词典（第 7 版）》的解释是：“以发展体力、增强体质为主要任务的教育，通过参加各项运动来实现。”“指体育运动。”

然而，世界各国对类似“体育”的定义，也并不统一。

据资料记载，“体育”这个词，最早出现在法国思想家卢梭于 1762 年出版的教育论著《爱弥儿》一书中。而国际体育名词学会出版的《体育名词术语》则认为：体育（physical culture）“是广义文化的组成部分，它综合各种身体活动来提高人的生物学潜力和精神潜力的范畴、规律、制度和物质条件”②。体育学院通用教材等，则做如下中国话语式解说：“体育是一种特殊的社会现象，它是以发展身体、增强体质、娱乐身心、丰富生活、拼搏进取、超越自我为基本特征的教育过程和社会文化活动。其实质包括学校体育、社会体育和竞技体育三方面内容。”③

体育史学者周西宽曾专门辨析“体育”的概念。他认为，中国是世界文明古国，历史上有着绚丽多姿类似“体育”的人体活动。但是，中国未能形成一个可以概括所有体育活动，并且与今天的“体育”完全相当的概念或术语。关于中国“体育”一词的由来，至少有二十种不同的说法。④

纵观中国近代以来，“体育”概念主要有两个：“体操”和“体育”，二者都是直接从日本传入我国的。

---

① 参见全国武术馆教材编写组编写：《武术基础理论与基本功、基本技术》，北京体育大学出版社，1997，第 1 页。

② 中国大百科全书出版社编辑部编：《中国大百科全书·体育》，中国大百科全书出版社，1982，第 351 页。

③ 参见谢香道、刘贺余、刘国荣主编：《大学体育教程（第三版）》，立信会计出版社，2009，第 3 页。

④ 参见赵凌河、王纯菲主编：《中国体育文学研究》，辽宁大学出版社，2011，第 16—17 页。

"体育"一词传入中国，稍晚于"体操"。如1902年《杭州白话报》曾连载译著《国民体育学》（日本人西川政宪原著），是最早使用"体育"一词的中国出版物。

民国初期，"体育"的使用频率远不如"体操"一词。1922年北洋政府颁布"新学制"（即"壬戌学制"）后，随着美国教育学说和体育理论传入，中国学校的"体操"课才逐渐改为"体育"课；内容由先前的普通体操、兵式体操，改为田径、球类、徒手操、技巧运动和游戏等。

此后，"体育"这个语词才逐渐为中国人普遍接受。[①]

中国武术不等同于西方体育项目

武术史学者旷文楠说："在博大宏富、源远流长的祖国传统文化中，中华武术是一枚奇葩。武术不仅具有精深的哲学思想、系统的技击理论、完整的锻炼系统和神奇的健身与攻防效果，而且与多种文化形态，如军事、宗教、卫生、娱乐及社会心态、风俗民情、健美观念等，均有着相互渗透的密切关系。"[②]

中华武术在不同的时期曾有过不同的名称，如古代有手搏、武艺、拳棒、拳脚、相扑、角抵……近代有技击、国术、国技、功夫……

尽管这些名称在含义上存在一定差异，但都蕴含了武术文化性质。这种文化围绕"武"的本质属性和内涵价值，它也存在和延伸在多种文化之中。

我始终认为，从几千年中国武术发展的脉络来看，有两个最根本特征（也可说是武术的本质）：第一，外观须有"格斗搏击技术"为表现形式；第二，蕴含了中国多种传统文化及人文色彩。

中国武术是五千年中华文明的重要组成，有丰富深厚的历史内涵，是中华民族独有的、完整的一种文化体系。它有很多非西方体育价值系

---

① 参见周西宽：《体育概念古今谈》，《四川体育科学学报》1982年第3期，第14—15页。

② 旷文楠等：《中国武术文化概论》，四川教育出版社，1990，第1页。

统所能涵盖的东方文化精髓，这才是至今最吸引世界各国和引人入胜的武术核心价值。

所以，当今世界任何一种体育项目都不能包容中国武术。说得更直率一点，博大精深的中国武术绝不是一种单纯的体育项目。

现代将武术纳入体育的原因

然而，现代为什么会将武术纳入体育范畴之中呢？

出现这一现象的主要原因是冷兵器时代结束后，武术的实战功用大为削弱，更多的只体现在健身、表演、比赛等方面。民国时期，中央国术馆和各省市县国术馆的建立，虽然在一定程度上还能保留“蕴含中国多种传统文化”这一特征，但很多中国人也大都将其视为中国体育。

最重要的时代背景是对武术的管理。新中国成立后，武术已逐渐被纳入国家体育部门。例如，1952 年 11 月成立的国家体育运动委员会（简称“国家体委”，1998 年 3 月 24 日改组为国家体育总局），是国务院主管全国体育工作的职能部门，中国武术协会只是其中一支下属机构。

所以，现代人说的“武术”，只能是“现代武术”的定义。而“现代武术”，也可称之为“体育武术”或“武术体育”，充其量只能说是中国武术在当代过程中的某种形态。就像树叶不能代表一棵树一样，百来年的体育管辖范畴内的现代武术，也绝不能代表有几千年悠久历史的传统中国武术。这个道理是不难理解的，奇怪的是，这个道理却又鲜为人知。

近几十年来作为体育形式的武术，主要就是官方的竞技武术模式。

中国武术历史悠久，植根于民间，直到现在中国传统武术的精髓依然在民间。民间武术具有格斗、健身、医学、修性、娱乐等多方面功能，并不仅是参加比赛，获得一块奖牌。

民间武林藏龙卧虎、高手如林。假如这些高手去参加现代武术体育比赛，他们长期坚持训练的传统武术中的某些“狠招”“绝招”“毒招”，以及古朴实用的传统养生套路和功法，将在现代武术比赛种种规则之下吃大亏，甚至根本难登现代武术比赛的大雅之堂。

比如，练四川“高桩拳”的拳师，他们只讲究快捷实战，一辈子就是不练丢卡子（劈腿）、腾空跳跃，难道就说人家不会练拳？为了参加比赛，一些民间拳师就只能舍本逐末——舍弃传统特色去迎合现代武术体育比赛的规则，“削足适履”就被迫成了民间武人虽然痛苦但是又必需的选择。

20 世纪 80 年代，我曾采访过一位广元地区专门练“蛤蟆功”的武师。他从不打套路，他的“蛤蟆功”练得很精深：四肢爬地或者下蹲，吞气蓄势，可猛然纵跃一丈开外，力道凶狠地以头及双掌袭击对手。武林内行人对此赞不绝口。

他却自卑地对我说：“去参加表演或比赛，人家说武术套路必须有‘弓、马、仆、虚、歇’五种步型，你趴在地上学‘癞格宝’（郑按：四川方言，即癞蛤蟆），怎么能叫武术？我连报名资格都没有，还遭人挖苦得惨，说我根本不懂武术。”

民国时期郫县犀浦镇的武林高手赖华川（人称“赖边花儿”），就擅长类似的“蜞蚂（青蛙）拳”，时蹲时跃招式怪异但尤具特色，最为宝贵。

巴蜀武术中还有很多像“高桩拳”一样，并不很讲究“弓、马、仆、虚、歇”的步型、定型的民间武术，它们动作流畅、独具一格，体现了中国武术必须重视实战的技击性。但在武术比赛规则下，这些民间武艺难登体育竞赛的大雅之堂。这也是几十年来，很多优秀传统武术失传的原因之一。

武术学者马明达评论说：“多年来，官办武术出现严重脱离武术文化本位的非武术化倾向，造成传统武术岌岌可危的传承危机，这使得许多民间武术家忧虑不安……理论上的浅薄和悖谬，滋蔓已久，积重难返。”①

---

① 马明达：《说剑丛稿》，兰州大学出版社，2000，第 368 页。

20 世纪 20 年代“土、洋体育”之争

马良与“中华新武术”

百年前，中国武术想要在体育项目之中占有一席之地，也历尽了千难万苦。

民国初期，西方文化涌入中国，中华传统文化岌岌可危。在体育界也有人提出“保存国粹”的口号。民国时期，体育教育家王健吾对于武术，提出了以下观点：

> 华北改良国术之运动，当首推马良所提倡之中华新武术……教材教法，均受瑞典式体操之影响。现在国术在中原各学校能占体育教席之一角，皆受此改良运动之赐予。①

在这一时期，许多武术家也对武术进行改良，马良就是其中的代表。马良（1878—1947），字子贞，回族，保定清真寺街人，行伍出身。北洋武备速成学堂、日本士官学校毕业。曾任北洋军第一混成协参谋长、边防军第二师师长等。马良酷爱武术，青年时期师从平敬一，学习少林拳和摔跤术。在任济南镇守时，他组建了传习国术的技术队。②

中華新武術　發起教育者 馬良
發起總說
良生性不敏。體力不強惟知嗜勤以補拙。而盡
為人之職分。於家學時。因慕武士道之自信優
游。於是從學於保陽冠絕一時之武士。敬一
平老先生。宗尚少林派。係傳自直隸南宮孟家

图 5–9　1918 年，《中华新武术》的《自叙》部分

马良还创编了“中华新武术”，即从风格各异的传统拳械套路中，提取基本动作，再按照武术套路的基本原理，编成新式武术法传授。

① 王复旦：《民众体育节期之建议》，《体育研究与通讯》1936 年第 4 卷第 1 期，第 44 页。

② 参见保定市地方志编纂委员会编：《保定市志　第四册》，方志出版社，1999，第 676 页。

1911年，马良担任陆军第九协协统驻扎山东潍县（山东潍坊）时，邀集武术名家编辑武术教材，定名《中华新武术》，包括《率角》（初名《柔术教范》）、《拳脚》、《棍术》和《剑术》四科。

1914年，马良时任陆军第47旅旅长兼济南卫戍司令官，再次广邀各派武术专家修订《中华新武术》。当时，为之作序的人有黎元洪、冯国璋、徐世昌、梁启超等政要名流。马良推广新武术，口号是“强种强国”“使碧眼黄发者流，不敢以‘病夫’二字为四万万同胞之私谥”①。

马良创编的“中华新武术”采取分段分节的方式并配以口令，遵循由易到难、由简到繁、由单练到对练的循序渐进式原则，适合对初学者进行集体教学，受到了教育界的欢迎。1917年，马良的“中华新武术”被陆军部规定为军警必学之术。

1918年秋，关于是否在全国学校推广“中华新武术”曾在当时的国会中反复辩论，最后表决通过了“以‘中华新武术’定为全国正式体操”课程的决议。这对于继承和发展中国传统武术，起到了一定的积极作用。

但也有武术家批评：这样做割裂了传统武术，徒袭皮毛，全失武术本意。②

然而，马良创编的“中华新武术”也有不少缺点：它以西方兵式体操为模式，技术上生硬呆板；训练中也有立正、稍息、开步等内容，这就如同“穿西服戴中国瓜皮帽”。

因为马良的军阀身份，近几十年来他创编的“中华新武术”也受到了更多的批判。但是不少学者评论：“它为传统武术的近代化转型做了有益的尝试，也为武术进入学校提供了一种较为可行的形式。”③

武术学者马明达评论：马良所倡导的“新武术”的建构简捷可行，

---

① 马良：《中华新武术》，载浙江体育学会体育史专业委员编、浙江体育史工作委员会办公室《中国近代体育史文集》，浙江教育出版社，1992，第131页。

② 参见王健吾：《华北之体育》，《体育季刊》1935年第1卷第2期。

③ 林小美等：《清末民初中国武术文化发展研究》，浙江大学出版社，2012，第34页。

对“武术”一词的确立有重要影响。[①]

除了创编“中华新武术”之外，马良还建议使用三等九级的武术等级制，这一举措促进了武术的普及推广。但同时这一等级制也长期被批判为：“发扬封建性的武德、武风、借以抵制近代体育在中国的发展。”[②]

20世纪80年代，武术专家如吴彬、张广德等人曾撰文《建立群众性武术等级制的设想》，认为此举是“顺从民意、大得人心的一项意义深远、可行性较强的工作”，“群众性武术等级制，我们认为，分为三级九乘为宜。”杂志编者也称：这一制度是“作者们提出一个重要设想”[③]。

直到近年，仍有人说设武术段位制是了不起的创新。其实这是太不了解历史的表现：马良早在100年前就提出过类似设想。至今，各种武术训练班、武术学校到各级武术协会，无不把“考级考段”作为头等大事来进行。

马良用口令分解的模式传授拳套，就是现今各种武术学校仍然大体沿袭口令分解的教学模式。

鲁迅和武术家陈铁生关于宣传武术的争论

民国早期，“武术”一词已为学术界、新闻界通用。如1922年，美国人麦克乐应《申报》之邀，写出《五十年来中国之体育及武术》。这是一篇外国人以客观的态度，描述清末民初中国武术生存状况的纪实文章。

麦克乐（1886—1959），1913年至1926年以美国基督教青年会体育干事的身份在中国开展活动。麦克乐热爱中国传统文化，他肯定了武术的文化价值和民俗悠久传统。麦克乐指出，中国重文轻武和武人封闭保

---

① 参见马明达：《武学浅论》，《体育文化导刊》2003年第8期，第24页。

② 龚飞、梁柱平主编：《中国体育史简编》，西南交通大学出版社，2010，第117页。

③ 参见吴彬、张广德等：《建立群众性武术等级制的设想》，《中华武术》1989年第5期，第32页。

守的历史陋习，致使中国武术始终缺乏完整的史学记载：“惜乎中国缙绅俊秀，以文章为高雅，鄙武事为粗俗……殊少公开之研究，发挥而广大之。”

麦克乐还对1900年义和团后朝廷禁武，致使武术衰微进行了总结：“当时社会人民，颇以武为危事而咸怀戒心……科举废既各省遍设学堂，武术遂弃而不用……凡事争效西法。”①

民国政府和一些教育家（如章士钊、蔡元培等）对此很赞赏，将它列入中等以上学校的体操课程，成为教科书。一些高等学府还成立了武术组织，如北京大学就成立了“技击会”，师生中参加者甚多。

一些人则坚决反对“保存国粹”，主张将中医、武术及几千年遗留下来的“旧文化”，当作“封建国粹”全部抛弃。

此中代表人物为著名文化人鲁迅。1918年11月15日《新青年》第五卷第五号，发表鲁迅的《随感录三十七》，这篇文章以他特有的辛辣笔调嘲讽道：

现在那班教育家，把“九天玄女传与轩辕黄帝，轩辕黄帝传与尼姑”的老方法，改称“新武术”，又是“中国式体操”，叫青年去练习。

鲁迅反对将“新武术”用于“体育”上的观点。他嘲讽道：“据说中国人学了外国体操，不见效验，所以须改习本国式体操（即打拳）才行……那自然只好改途去练‘武松脱拷’那些把戏了。”②

鲁迅尤其反对提倡、普及武术，他在《随感录六十四》中再次写道：

北方人可怜南方人太文弱，便教给他们许多拳脚：什么“八卦拳”“太极拳”，什么“洪家”“侠家”，什么“阴截腿”“抱桩腿”“潭腿”“戳

---

① ［美］麦克乐：《五十年来中国之体育及武术》，载国家体委体育文史工作委员会等编：《中国近代体育文选·体育史料》第17辑，人民体育出版社，1992，第110页。

② 鲁迅：《杂感三十七》，载《鲁迅杂文全集（上）》，群言出版社，2016，第67页。

脚”，什么“新武术”、“旧武术”，什么“实为尽美尽善之体育”、“强国保种尽在于斯”……直隶山东的侠客们、勇士们呵！诸公有这许多筋力，大可以做一点神圣的劳作……我们改良点自己，保全些别人；想些互助的方法，收了互害的局面罢！[1]

认为传播中国传统体育武术，是“互害”——鲁迅这一偏激观点，今天读来仍令人人吃惊。

当时立即有人力加驳斥。驳斥者并非鲁迅讥讽的“那一班”提倡打拳的“教育家”，而是热爱武术的武林中人。

鲁迅在1919年发表《随感录三十七》后，《新青年》杂志即收到署名陈铁生的驳斥文章：《驳〈新青年〉五卷五号〈随感录第三十七条〉》。

陈铁生是近代武术史上有相当影响力的人物，这里将陈铁生的驳斥文章略作归纳。

首先，他反对鲁迅把“拳匪”（义和团）弄神搞鬼的“神拳”，同中国传统武术混淆起来，把中国拳术一概斥为“鬼道主义”。其次，陈铁生以自身经历，认为武术健身祛病功效远胜过西洋体操，故他极赞同蔡元培的话——“（中国）拳术决不可废”，而让仅得中国武术皮毛的日本武士道大出风头。最后，陈铁生反对已有枪炮就可以不要武术的论调，他认为无论中外，打仗冲锋时，技击术总是有实战意义的。

1919年3月2日，鲁迅又写了一篇名为《关于〈拳术与拳匪〉》的文章做公开答复，他在文章中写道：“陈先生因拳术医好了老病，所以赞不绝口；照这样说，拳术亦只是医病之术，仍无普及的必要。”鲁迅还认为即使拳术可用于军事，也“当在陆军中教练，正不必小学和普通中学都来练习”。总之，鲁迅坚持反对“大有中国人非此（指武术）不可之

[1] 鲁迅：《杂感六十四》，载《鲁迅杂文全集（上）》，群言出版社，2016，第83页。

概”，即不应在中国人中宣传、普及武术这一“国粹”[①]。

所谓“国粹”，既可以泛指中国的历史和文化之精华，又可以指中国文化的民族精神与特性。[②]然而，在20世纪20年代，“国粹”一词却成了许多人嘲讽的对象。精武会创办人陈公哲曾悲凉地概括了当时武术的艰难状况：“武术之流行，多在少受教育阶级中，偏武无文。故世人莫不视为下流末技……于是父禁其子、兄诫其弟，不许练习矣。”[③]

上文所说的鲁迅认为传播传统武术是中国人的“互害”，就是最典型的言论。这是标准的“为倒洗脚水把婴儿都泼掉”。1925年，鲁迅甚至主张：“我以为要少——或者竟不——看中国书，多看外国书。”[④]

陈铁生和鲁迅这场笔墨官司，实质上是20世纪20年代中国“土体育”和西方“洋体育”之争的典型事例。

鲁迅后来对武术、中医等看法发生了一些改变。1928年11月，中央国术馆在南京举办第一届“国术国考”。此时鲁迅写了一篇名为《“这回是第三次”按语》的文章：

> 在五六年前，我对于中国人之发“打拳热”，曾确反对过，那是因为恐怕大家忘却了枪炮，以为拳脚可以救国，而后来终于吃亏。现在的意见却有些两样了。……为生存起见，也得会打拳！无论你所做的事是文化还是武化。[⑤]

我曾为这段历史写过约两万多字的长篇论文《鲁迅与武术、气功——中国近代体育史上一段重要的史实》。此文最初发表于著名武术专业刊物《武林》（1992年第2期），2003年经过修订之后，连载发表于中

① 以上参见《陈铁生致鲁迅》，载周月峰编：《新青年通信集》，福建教育出版社，2016，第451—452页。

② 参见郑师渠：《晚清国粹派：文化思想研究》，北京师范大学出版社，1997，第7页。

③ 陈公哲：《精武会50年》，春风文艺出版社，2001，第27页。

④ 鲁迅：《鲁迅杂感选集》，贵州教育出版社，2014，第145页。

⑤ 鲁迅：《鲁迅作品全集（下）》，新疆青少年出版社，1995，第2704页。

国体育核心期刊《体育文化导刊》(2003年第10期、第11期)。本文影响较大，被很多专业文章引用，具权威性的《中国体育通史》也引用了此文。[①]

1932年，刘长春代表中国首次参加奥运会，预赛阶段就遭淘汰，引发了关于土洋体育孰优孰劣的争论。

1932年7月，北平《世界日报》批评洋体育过于崇尚“竞技”。1932年8月7日，天津《大公报》发表社评《今后之国民体育问题》，提出：“请从此脱离洋体育，提倡‘土’体育！……请决心负全国民保健之责，使数十年后，全世界向中国求养生之道！……卫国治产，为土体育之目的；却病延年，锻炼筋骨，则土体育之内容。”

这其实就是“官方竞技体育”和“民间群众体育”，哪一种更值得政府重视的一场大争论。这种争论至今没有正解，也没有平息。

① 参见罗时铭编:《中国体育通史》(第三卷)，人民体育出版社，2008，第240页。

第六章

各级国术馆及“省考”和“国考”

◎ 国术馆是官方武术组织 ◎

中央国术馆建立的时代背景

孙中山反对废止武术

1910年，陈公哲、陈铁生、姚蟾伯、卢炜昌、陈士超等人在著名武术家霍元甲病逝后，在上海创立“精武体育会”。创办精武体育会的目的在于利用武术使中国人德、智、体“三育俱备”，摘掉“东亚病夫”的帽子。①

就在陈铁生同鲁迅争论的这一年（1919年），陈铁生为纪念精武体育会成立十周年编著《精武本纪》。

孙中山亲自为《精武本纪》作序，并题字：“尚武精神”。《中国体育通史》评论：

尤其是在当时的中国体育界，存在着唯西方体育为佳和盲目搬用外国经验的倾向，许多人言必称希腊，总是认为本国的体育不足为

① 以上参见《精武会五十年武术中兴史》《陈公哲事略》，《武林》1985年第8期。

图6–1　中央国术馆《国术周刊》，刊载孙中山题写的“尚武精神”，及弘扬中华武术的相关文字

取……针对这一情况，孙中山先生痛切地指出：“我国人曩昔，仅袭得他人物质文明之粗末，遂自弃其本体固有之技能，以为无用，岂非大失计耶。”①

武术成为体育项目的利弊

清末民初，西方体操在中国体育界称霸一时。于是，有人把几千年来的中华武术也附入体育之中。

1919年，北京体育研究社在呈教育部《请定武术教材文》一文中陈述了中华武术进入学校的优点：“我国拳术以美术技能之兴趣，引人入胜锻炼身体，能使全体内外身心二者平均发育”，是“最良好之运动法”。还有人认为：“拳艺者，体育之最上乘也”，呼吁应该把拳术作为中国人的最佳体育形式②。

民国初期，还有人批评西洋现代体育，是“偏于肉体的体育，而非全面的体育”，没有或缺乏对精神修养的要求，因“外强中干”而有损健康……

学者高瀚湘在《再谈国术》中论述武术运动是老少皆宜的：

我国国术，为吾国所独有之至宝也……耄耋者习之，可使筋骨舒泰，以增其寿；少壮者习之，可使身心刚健，易成伟业。无论男女，习之一日，则一日可以神爽，习之终身，则一生人于康乐……数尺之地，亦可

① 参见罗时铭编：《中国体育通史》（第三卷），人民体育出版社，2008，第193页。

② 参见王岗、王铁新：《民族传统体育发展的文化审视》，北京体育大学出版社，2005，第178页。

练习，获得健康之效。①

当时许多中国人都认为发展体育，必须从国情出发。有学者对此评论：

> 按照近代体育的原则，去发掘传统体育形式的体育意义，并对其进行改造……部分传统体育形式才找到新的立足点，成为近代中国体育教育的一部分内容。②

这确实说出了一个历史事实：民国以后，中华传统武术逐渐被西方体育语言改造，使之“成为近代中国体育教育的一部分内容”，中华传统武术才有了在体育界立足的一席之地。

尽管武术成了体育项目，但是中华传统武术的大文化特点，却已经被淡化或消失。

中央国术馆的创立

1910年以后，中国出现了一批著名武术机构和组织，例如：1910年，陈公哲、陈铁生、姚蟾伯、卢炜昌、陈士超等人创办的“精武体育会”；1911年创办的“天津中华武士会”；1912年创办的“北京体育研究社”“北京剑术研究会”，北京的“中华尚武学社”及成都的“四川武士会”；1918年创办的上海“中华武术会”；1919年创办的“重庆冀蜀国术馆”“青岛中华武术会”“山东武术传习所”……③

从1927年开始，中国武术走上了“借助西方体育模式自我改造”的近代化发展进程。重要标志就是1927年中央国术馆的成立，并在全国建

---

① 林小美主编：《民国时期武术运动文选》，浙江大学出版社，2012，第229页。

② 王岗：《民族传统体育与文化自尊》，北京体育大学出版社，2007，第23页。

③ 参见林伯原：《民国期间民间武术组织的建立与发展》，《体育文史》1994年第3期，第14页。

立国术馆系统。

1927年，张之江、蔡元培、李烈钧等人，向南京国民政府申请将“武术”改称为“国术”。张之江等人认为将武术改为国术，可以使长期被视为江湖末技的武术登上民族文化之大雅之堂，可以与国旗、国歌、国画、国徽齐名。从此，“国术”一词由此开始流行，成为中国民族体育的专称。[①]

民国首脑人物都很支持发扬国术。如1935年，民国政府主席蒋介石到成都，并在孙中山纪念周集会上发表公开讲话：“今后教育，应力倡武艺，文武合一，德术兼重。”[②]

近几十年来，武术理论较为混乱、模糊。如晋升段位的必读教材《武术段位制理论教程》(国家体育总局武术研究院出版)，在“武术的概念”一节中说：“民国初期称‘国术’、‘功夫’。新中国成立后统称为武术。”

如前所述，“武术”一词在民国初年就已经流行。张之江等人1927年向国民政府请改“武术”为“国术”，本身就证明“武术”在前，“国术”在后。

武术学者马明达认为：“我以为当前最迫切的，还是需要从澄清基本史实入手，首先弄清楚究竟什么是‘国术’。进而再同今天的武术，特别是官办的‘竞技武术’进行比较。”[③]

1926年下半年，张之江以西北军总代表的身份被派驻南京国民政府，并任政府委员。张之江大力宣扬“自卫卫国、自强强种”的主张，并于同年12月，与李景林、钮永建共同在南京创建了“武术研究所”，后改为“国术研究所”。

1927年，陈公哲、陈铁生等人，也积极在中国各地设立精武会分会。陈公哲后来叙述：

---

① 参见余水清编著：《中国武术史概要》，湖北科学技术出版社，2006，第155页。

② 林小美主编：《民国时期武术运动文选》，浙江大学出版社，2012，第229页。

③ 马明达：《说剑丛稿》，兰州大学出版社，2000，第383页。

1927年春，陈晓东、林震东、林旭初等，于四川顺庆县（郑按：即今南充市）发起筹办四川精武第一分会及精武学校，一时加入者数百人，会务甚为发达。1928年，黄楚湘、林应琮等，在涪陵又组成四州精武第二分会。黄君精技击，曾任沪会武术教员。林君为沪会师范生。两君皆热心社会，致力精武者。①

此时，陈公哲、陈铁生、姚蟾伯奔赴南京，向国民政府呈请成立全国性精武会组织。呈文既上正在审议中，冯玉祥旧部张之江来南京，也要求政府设立武术总组织。

这就意味着，陈公哲和张之江都同时要成立一个全国性的武术机构，在争夺"首创"地位。②结果令陈公哲等精武会人士大失所望。

1927年3月，张之江呈请相关部门批准，又联合钮永建、蔡元培、孔祥熙、何应钦、于右任、李烈钧等26人共同发起，在原有国术研究所的基础上，正式组建了中央武术馆，同年6月改名为中央国术馆，由张之江任馆长，李景林任副馆长。经费由国民政府拨助。

图6–2　中央国术馆馆长张之江

张之江（1882—1969），河北盐山人。22岁加入冯玉祥部队，历任排长、旅长、师长、绥远都统、西北边防督办。曾任南京国民政府委员、国民政府军事委员、国民党中央执行委员等职。中华人民共和国成立后，曾任第二届全国政协委员、民革中央委员。

张之江提出"武术救国"的口号，他在《同胞们速练国术备赴国难》中说："国难危急，兴亡有责，凡我同胞，分当救国。救之以道，任侠尚武，发挥国宝，拳勇技击。"②

①② 参见陈公哲：《精武会50年》，春风文艺出版社，2001，第97—98页。

③ 参见林小美等：《清末民初中国武术文化发展研究》，浙江大学出版社，2012，第37页。

曾任中央国术馆筹备主任的庞玉森回忆：

“在张之江的大力宣传、倡导下，各省市纷纷建立了国术馆。馆长多由各省市首脑兼充，副馆长由武术专家组任。由于依靠政府支持，武术得以顺利推广。”[①]

图 6–3　中央国术馆副馆长李景林

南京国民政府通令各省、市、县（区），甚至村、里，都要相应设立下属机构。据不完全统计，截至 1933 年底，全国有 25 个省、市和 300 多个县成立了国术馆。各级国术馆受上一级国术馆和同级政府的双重领导，从而形成了一个自上而下、层层节制的国术馆系统。[③]

从 1928 年到 1937 年，中央国术馆主要从科学化、民众化、军事化等三个方面，推动了国术的转型和发展。

四川省国术馆成立的来龙去脉

1912 年成立官办组织四川武士会

民国时期四川的武术活动，很少有正式文字记载。本章节所叙内容，绝大部分至今都鲜为人知。

四川可查最早的武士会是武举人李达于 1889 年在泸州小市创建的“泸州武士会”。1912 年，裁泸州置泸县，更名为“泸县武士会”，1929 年改组泸县武士会，建立泸县国术馆。[②]

① 参见庞玉森：《张之江与中国武术》，载天津政协文史资料研究委员会编《天津文史资料选辑》第 49 辑，天津人民出版社，1990，第 40—41 页。

② 四川省地方志编纂委员会编纂：《四川省志·体育志》，四川科学技术出版社，1998，第 41 页。

1912年1月1日，中华民国成立。中国北方第一个由政府倡办的民间武术社团是中华武士会，其前身是武术家李存义、李瑞东、张占魁等人于1911年创办的民间武术团体中华武术会。1912年6月16日，张继、王法勤、顾德保等八十多个发起人，在天津三条石直隶自治研究会总所，成立了中华武士会。[①]

1912年，居住成都的武林名手马镇江、马宝、刘崇俊等，以提倡国粹、强国强身为名，在成都忠烈祠正街正式成立官办四川武士会。推选省都督尹昌衡为名誉会长，马镇江为会长，刘崇俊为副会长，尹昌衡的镖师"铁人"马宝实际负责。

这是近代中国最早的新兴武术社团之一。

四川体育史专家孙仲达先生，叙述成立四川武士会的一些情况：

每日早晚都有少数人在那里练习拳术、棍、刀、枪、剑等，由马宝等人任指导。在练习中技艺较精者，先后充任四川军队中的武术教官或下级军官。当时一般人认为这是变相的招兵。是时，各大街亦设武棚，由武术出众的人士担任教师。[②]

至于四川武士会成立于1912年的哪一天，未见史籍明确记载。

四川武士会成立后，它便取代了旧式武棚、达摩会等民间武术组织，更多地向现代体育组织转化。这使得武术由自发、个体、小规模状态，向群体、官方、大规模的社会化文化形态方面转化。

四川省国术馆的发展史

1912年，四川武士会成立；1925年筹建四川省国术馆。前清状元骆成骧任馆长，刘崇俊任副馆长，后任具体负责馆务工作的教务长。

---

① 参见杨祥全：《津门武术》，山西科学技术出版社，2013年版，第27—29页。

② 孙仲达：《四川传统体育》，载成都体育学院体育史研究室编《体育史文集》，1983年7月，第210页。

据民国时期史料记载："刘崇峻（郑按：即刘崇俊）先生，设武士会及国技学校于成都。"[①]

国术馆任教者有喻德安、侯万里、颜联武（满族人，善枪术）、周海泉、杨建堂（善射）、陈玉安等人。刘文辉、刘湘、杨森、王缵绪等川地领袖都曾兼任国术馆馆长；范绍增、郭勋祺、陈书农等军政显要，皆曾捐助。学员中，有后来享有声誉的刘学渊、刘玉书、詹品三等。

图 6–4　四川武士会内江分会会员徽章（正面）

图 6–5　四川武士会内江分会会员徽章（反面）

1928 年，四川武士总会改组成立四川省国术分馆，尹昌衡任馆长，孙兆鸾任副馆长。1929 年 5 月，四川省政府遵照国民党政府所颁《省市国术馆组织大纲》电令，在成都半边桥街少城公园（今人民公园）成立四川省国术馆。

我在文物市场以重金购得少量第一手珍贵档案史料。1934 年，南京中央国术馆办的《国术周刊》，详细刊载了《四川省国术馆概况调查》。这是极为珍贵的档案史料，实录如下：

四川省国术馆。地址：四川成都少城公园。

成立日期：本馆由"四川武士总会"，于民国十七年（1928 年）改组为"四川省国术分馆"。民国十八年（1929 年）九月，遵中央明令取缔"分支"字样，改组成立"四川省国术馆"。

主管姓名：正馆长，刘湘[②]。副馆长，陈国栋[③]。

---

① 吴志青、金铁盦：《查拳·醉八仙拳谱·武艺精华》，山西科学技术出版社，2012，影印本第 17 页。

② 刘湘（1888—1938），字甫澄，四川大邑县人。1935 年任四川省主席。

③ 陈国栋（1879—1954），字益廷，四川郫县（今四川成都郫都区）人。川军将领。1925 年退出军界，1927 年开始在成都经商、办学和慈善活动。

经费情况：前由刘文辉[①]正馆长，按月在24军军部，拨给本馆经费大洋400元。现由刘湘正馆长，在“成都善后总办行署”，拨给本馆经费大洋200元。

经过情形：前四川武士总会，由骆成骧任会长。改组四川省国术分馆，推尹昌衡任正馆长；孙兆鸾任副馆长。（今）成立四川省国术馆，推刘文辉任正馆长；陈国栋、冷遇春，任副馆长。嗣刘文辉、冷玉春离省辞职，乃推四川善后督办刘湘兼任本馆正馆长。陈国栋仍任副馆长。

最近工作：设立国术专门学校。先后毕业约500余人。均分发各县馆，或转其他机关任用国术教官。每年就劝业会便，均成立国术比赛（郑按：即有名的成都青羊宫打擂），以资观摩提倡。

将来计划：一嗣川政就轨，扩充学校，普设民众练习所，以资倡导。[②]

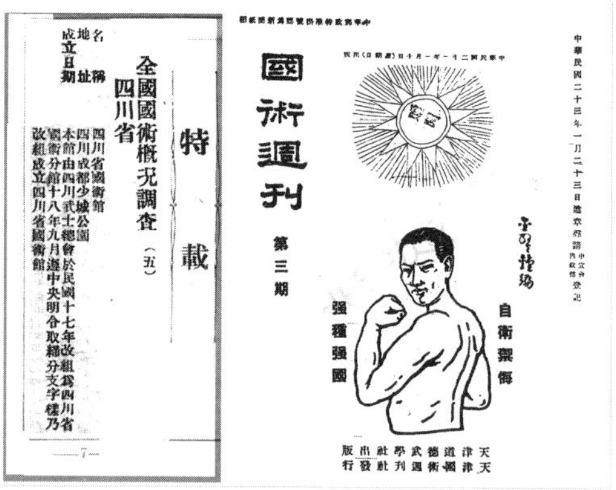
特載

全國國術概況調查（五）

四川省

名稱 四川省國術館

地址 四川成都少城公園

成立日期 本館由四川武士總會於民國十七年改組爲四川省國術分館十八年九月遵中央明令取締分支字樣乃改組成立四川省國術館

—7—

图6–6　南京《国术周刊》刊载《全国国术概况调查（五）•四川省国术馆》

以上正副馆长尹昌衡、孙兆鸾、刘文辉、陈国栋、冷遇春、刘湘等，为四川军政首脑人物，多为挂名或名誉性质。实际负责国术馆工作的，多为武林中人，如刘崇俊等。

相关史料还记载：四川省国术馆有董事会，下设馆长、副馆长、总务科、编审科等。董事会推定彭植先继

① 刘文辉（1895—1976），字自乾。刘湘的叔叔，俗称“刘幺爸”。第24军军长，于1928—1934年担任四川省主席。

② 《全国国术概况调查（五）·四川省国术馆》，南京《国术周刊》1934年第133期，第7—8页。

任，聘陈玉安为总务科长、刘崇俊为教务科长、彭兰村为编审科长、陈子猷为教育长。

自 1934 年 1 月起，按月在四川善后督办署领补助费，自 10 月起在川西北教育经费收支处增领补助费。

馆内办有女生教授班、妇女班、儿童班、练习班等教授科目，馆内还设有国术研究会一所。每年以打擂台形式进行武术比赛。[①]

四川省国术馆的历史细节

四川省国术馆馆址及练习场情况

成都有条半边桥街，南起陕西街西头，北至西御街西口。半边桥跨金水河，桥西南为少城公园后门。后门内西侧（今人民公园湖边到君平街一线），即为四川省国术馆区域。馆门两边有对联——“仁者必有勇，君子无所争”，是刘崇俊亲书。

1931 年秋，曾设抗日义勇军训练班于馆内。[②] 在训练班设立之前，此间国术馆为多占地盘，还发生过一次争端。

1930 年 6 月，国术馆负责人授意馆内花工李树森，在国术馆外东南隅草坪开挖种草栽树。少城公园管理人员去过问此事，国术馆主任教官陈玉安“声称种花”。公园管理人员说：“种花只能在国术馆墙垣以内，何得在墙外乱挖？”陈玉安说：“是本会会长陈国栋将军吩咐主办。”过阵时间又说：“是本会副会长黄润宇旅长吩咐主办。”少城公园负责人不买账，认为：“该馆此举大有觊觎此空地之心。”于是将花工李树森扭送到警察局关押。

---

① 参见中国武术大辞典编辑委员会编著：《中国武术大辞典》，人民体育出版社，1990，第 398 页。

② 参见四川省文史研究馆编著：《成都城坊古迹考》（修订版），成都时代出版社，2006，第 211 页。

国术馆为此向市政府发函，请求放人。1930 年 12 月 29 日，市长黄隐回函对所称“该馆界址本不明确”，市政府“无案可稽”“种树编篱之李树森已令取保释放”[①]。

这虽是小事，但可见成立四川省国术馆的艰难历史细节。

四川省国术馆不时有武术比赛较技，以此卖票筹资。这在成都文人刘竞成于 1930 年写的竹枝词《国术馆》有反映：“馆开国术角红拳，男女功夫仔细研。虽要普通人去看，入场券卖一元钱。”

图 6–7　民国时期少城公园半边桥大门，进去不远处就是四川省国术馆

少城公园国术馆墙外，还有一个周记药酒馆，专门卖豆腐干、花生米……品种多达十几个。姓周的老板懂武术、会拳脚，在国术馆擂台上还得过银章。他配制的药酒可以舒筋活血、强筋壮骨，顾客大多数是拉黄包车的苦力。因为拉黄包车的整天东奔西跑，体力和精力消耗都大，花几百文喝上一杯药酒，第二天才能起床劳动……这也是与四川省国术馆有关的趣事。

图 6–8　1929 年国术馆武人合影的风貌

① 参见《公函：函复国术馆为该馆界址本府无案可稽园地种树编篱之李树森已令取保释放一案文（十二月二十九日）》,《成都市市政公报》1930 年 第 25—27 期合集，第 148—149 页。

创办国术班和武术推行到中小学教育

1931 年 6 月，省主席刘文辉，以四川省政府名义，向各州县发出训令公牍：《为准四川国术馆呈通令各市县政府提倡宣传国术》。

1938 年，四川省国术馆在公园内创办国术班招收市民学习：以 50 人为一班，三个月为限，毕业发予证书。教授时间定于每天早上的 5 点到 7 点。至 1939 年，共办了两期。

1940 年初，又开办了第三届国术班，期限缩短为两个月。训练以拳术、剑术、刀枪等传统项目为主，另加授举重、掷远、球类、器械等现代体育科目，训练时间为早上 6 点至 7 点。

1940 年 4 月，又开办了第四届国术班，“报名者极为踊跃，已达百余人之多”。此次仅招收 60 名学员。这届国术班邀请了成都市国术名家刘慎旃、詹品三为教官，教授六合拳、六合刀及太极拳等科目。

1941 年仍然继续举办国术班。国术班的开办，吸引了大量民众。毕业生之中，有军人、学生、商店店员、茶馆茶房等普通民众……可见这项运动较为容易在民众中推行，这就为抗战作了良好的体质准备。[①]

图 6–9　民国初期少城公园的体育场，是成都最大的公共体育场。照片左侧，是四川省国术馆区域

① 参见李光泉：《抗战时期成都市全民体育健康教育探微》，《成都体育学院学报》2008 年第 6 期，第 36 页。所引档案见《民国时期成都的社会教育运动》，《四川档案》，2001 年第 1 期，第 43 页。

1943 年，四川将武术训练大规模推行到中小学教育内容。省政府向各州县发出训令公牍：《四川省中小学实施学生国术训练注意事项》。[1]

推行国术的代表人物——刘慎旃、马德洪

刘慎旃（1903—1966），四川涪陵县凤来乡（现属重庆市武隆区）人。1923 年毕业于杭州体育专科学校，担任过重庆西南体育专科学校校长，第 20 军军部体育处长，南京《中国日报》《新民报》等报纸的教育版和体育版专栏主编，被国民政府教育部聘为第一次全国体育会议专家委员，曾经担任四川省教育厅体育编审兼省国术馆馆长等职务。

他积极从事“体育革命”的理论探讨和实践，将文章汇编成《体育革命》出版。在学校体育教学中，他主张将“国术、体育、童军，军训四者打成一片，创造出适合国情与民族新体育”。

1937 年，他在重庆市第一届运动大会上表演太极拳，并于 1938 年将太极拳编成“太极操”。在私立树德中学女生部试教取得成绩后，被四川省教育厅采用为体操教材。

这是迄今为止的史料中，四川最早把太极拳引入大中小学教育的记载，值得重视。然而这段历史却鲜为人知。2011 年后成都市开始“太极进校园”活动，有人认为是新创，这是不了解历史。

鉴于当年农村体育设施贫乏，刘慎旃还独创了一套以板凳为器材的“板凳操”，编印成《太极操、板凳操、八段锦合编》一书。[2]

马德洪（1886—1942），也写为马德鸿，字维馨，天全县城厢镇人。1905 年入四川陆军速成学堂，与杨森、刘湘、潘文华为同学。1909 年毕业后在川军第 20 军、第 21 军供职，历任四川兵工厂总办、21 军中将参

---

① 参见《命令训令—教育—教 4 字第 17215 号：令各县市政府、武隆及旺苍设治局等：为令发四川省中小学实施学生国术训练注意事项仰遵照并转饬所属学校遵照》，《四川省政府公报》1943 年第 148 期，第 25—26 页。

② 涪陵地区体育志编纂委员会编：《涪陵地区体育志》，1990，第 169 页。

谋长等职。1929年淡出军政。1929年在成都开办维馨国术馆，并捐资慈善事业。

1929年，四川省国术馆成立了四川省立国术专门学校。马德洪任馆长兼校长，邀请刘文辉任董事长，聘请胡杰为学监。学校聘请了十几位负有盛名的拳术家做教师。武术课分门别类，同时也开设军事学。1929年招第一期，1930年续招第二期，1931年又招第三期。

1930年，四川全省举办青羊宫打擂。该校学员李可读以短打获金章奖；还有五名学生获特别章。比赛前，由学校的侯万里和八十高龄的杨老师首先登台表演“单刀破矛”，随后由李玉安教官表演“法化刀”。

学校只办了两年半，1931年底在四川形势紧张中停办……[1]

彭元植先生是四川省国术馆的过来人，他回忆说：“当时学校可算办得生机勃勃……分为专门班、练习班，练习班又分为成年组、妇女组、儿童组。每次招生专门班50名，练习班每组各50名……我也被选入国术研究班学习，有幸得到了名师侯万里、张海门等人的指点。同学们差不多都是省考的‘武士’‘壮士’。川省国术界第一流好手蓝伯熙、李位常、胡昆、刘子卿等这时也来国术研究班……

图6–10 民国时期四川省国术馆和彭县国术馆证章（周继厚供图）

“老师中我最喜欢的是侯万里。侯万里的老师姓谢，人称谢打滚。侯兼通南北派拳术，尤擅从谢打滚那里学来的九滚十八跌地姿（即地躺拳）。又因为他姓侯，与猴谐音，人便呼他为猴打滚。他多次担任金章赛的评判长，没有真功夫，任此职是难以服人的。

① 参见二匀：《马维馨和四川省立国术专门学校》，《天全文史资料》第7辑，1988，第11—12页。

“在研究班的半年，大家都获益匪浅。研究班毕业后，同学中除个别的立私棚子开武馆授徒为业外，多数都被推荐进入军队和学校任教。我便到了刘文辉的第 24 军担任国术教官。”[①]

另据相关史料记载：

四川省国术馆主要传习形意、太极、劈桂、摔跤、军操。特殊科目有弥陀功、八大劲功、岳门拳、赵门拳、射箭、器械体操等；学科有文、史地、国术源流、生理卫生、政治、公民、体育学等。[②]

---

① 彭元植：《四川武林和我的习武生涯》，载四川省政协文史资料委员会编《四川文史资料集粹》第六卷，四川人民出版社，1996，第 77 页。

② 吴兆祥主编：《体育百科大全 39》，安徽人民出版社，1998，第 171 页。

◎ 传统武术转向近代化体育 ◎

国术的“省考”“国考”真况

1928 年四川第一次国术“省考”

1928 年，为参加南京“国考”，以四川武士会刘崇俊等人为首组织了“四川国术省级考试”，简称为“省考”。

比赛规则、方式都效法擂台“打金章”，各门各派一时高手云集。

我艰难地查找到了一篇刊登于 1928 年 8 月 14 日成都《民力日报》的文章，题目是《国考结果高中者欢天喜地》，详细地报道了这次国术考试的情况：

此次四川省举行考试，实为自民国成立以来所未见者。当昨最终榜示揭晓后，所有榜列前三名者——国术馆中杂役，以及素以吃此种喜金为生活者——于是对于榜列前三名者之亲友，以及各机关各主试、考试、监试、襄试、委员长、（委）员，莫不遍送其报条。

至报条方式经多人研究而得，仍以红纸上大书金字，共分三行：

第一行为“恭报〇〇〇令门生〇〇〇经”等字；第二行为“四川省第一次国术省考考试委员会取录”等字；第三行为“(　　)等(　　)士一名”及“强国强种”四大字。

闻对于本市共发出此等报条，约有数百张。全市景象，又为一新云。

此次省考国术馆所有取中各员，自应先行由考试委员会发给证书。闻该会现已将此种证书印制完善，系仿中央国术证书模式，极为精美，定于本（月）十三日举行发给证书典礼；并闻是日举行授证书典礼。经考试委员几经会议，始行决定，极为隆重，以严肃云。

中央国术馆考试条例。凡经各省举行国术考试时名列甲等者，应由中央给以“武士”头衔；名列乙等者，应由中央给以‘壮士’头衔。

此次四川举行省考国术，现已终场，共取中甲等十八名，乙等二十二名。现国术分馆定于日内分别呈请中央照章给予“武士”“壮士”头衔，以符定章，而资鼓励云。（记者）孙甲。[①]

成都武林前辈彭元植回忆：“省考”名次取前40名……第一名是蓝伯熙，第二名是李位常，第三名是胡昆。出于门派纷争及经费等原因，“武士”“壮士”未全往南京。

1928年重庆市在机房街成立了重庆国术分馆，它通常不受四川省国术馆领导，有一定的独立性。1928年秋，重庆市也为“国考”举办了考试。在参加的男女共127人中，录取“武士”10人、“壮士”12人。

录取的“武士”有：余鼎山、张永隆、杨伟功、周燃植、马德龙、陈棣斌、郑长安、许焕文、黄楚湘、李春薇。

录取的“壮士”有：胡洪图、石席儒、余德馨、吴洪南、谭普莲、李光耀、朱泗海、杨其平、蜀江生、樊炳全、彭海云、赖重常（女）。

重庆市从考中的22人中，挑选8人赴南京参加国术“国考”，据说

① 孙甲：《国考结果高中者欢天喜地》，成都《民力日报》1928年8月14日，第4版。

“成绩颇佳。从此国术一科，便在市内各校风行起来”①。

1928 年南京第一届国术“国考”

民国时期国术竞赛大致分为两类：一类是专门性国术比赛，如 1923 年全国武术运动大会、1929 年举行的浙江国术游艺大会，以及 1928 年和 1933 年的第一、二届国术“国考”；另一类是综合性运动会，如民国时期第三、四、五、六、七届全国运动会所设的国术比赛，以及十七、十八届华北运动会所设的国术比赛等。

国术“国考”有些仿照清代武科的童试、乡试、会试。第一届“国考”于 1928 年 10 月 15 日至 20 日举行，考试地点为南京市立公共体育场。

赛场布置颇为壮观：“横联写‘中央国术馆国考试场’，警察每队 8 人分站两边，考试场内设有柏枝五彩牌楼一座，高悬‘国术重光’横幅，两旁分悬对联‘术有师承风虎云龙瞻手段，人以类聚海天河岳见心胸’。”

上午 11 时举行开幕式，到场有蒋介石、冯玉祥、戴季陶等政府要员 19 人，与考试选手共 333 人，各机关代表嘉宾和观众将近 3 万人。②

图 6–11　1928 年国术考试大会会场前门，牌坊门上大书“国术重光”四个大字

考试内容及方法，仿前清武科的外场（试武）、内场（试文），设术科和学科两门考试。

术科以拳脚、率角（率同摔）、持械（枪棍刀剑）三项为主课，持械任选一种

① 参见李定开：《抗战时期重庆的教育》，重庆出版社，1995，第 141 页。

② 国家体委武术研究院编纂：《中国武术史》，人民体育出版社，1997，第 340—343 页。

图 6–12 1928 年第一次中央国术馆“国考”预试及格证书

无限制。实行预试和正试，预试不及格者即淘汰。预试，多为个人表演拳术和器械，以显其武术水平。正试，即上述三项的对抗赛。

学科，即笔试（考文化），考试题目如：1. 何谓三民主义？试略言之。2. 卫生为人生必要，试略言之。3. 中国国术起于何时？试举所见等。[①]

考试委员长为张之江。评判委员长为李烈钧、马良、姚以价。评判委员为马福祥、刘崇俊、吴志青、李雅泉。评判助理员为李献文、厉志山、刘德生、马永胜等。

这次“国考”基本上是一次全国擂台式比武，宗派门户之见严重。精武会领袖陈公哲曾叙述：

> 武术比赛于 1928 年冬在南京举行，面戴铁丝罩，拳打脚踢，俱无限制，十人一组之连环比赛无人加入，组织不成。改用抽签，点名上台搏斗，于是血流被面者有之，断筋折骨者多人……[②]

原先规定：

> 国考凡徒手持械列一、二、三名者，授以国士称号，以下授以壮士称号。省区特别市考中选者，授以武士称号，县市考中选者授以勇士称号。[③]

---

① 参见《试卷选存》，《第一次国考特刊》，1928 年，第 61—63 页。

② 陈公哲：《精武会 50 年》，春风文艺出版社，2001，第 102 页。

③《国术考试条例》，《中央国术馆汇刊》1928 年第 1 期，转引自释永信等编《国术期刊文献集成》第 8 卷，中国书店出版社，2008，第 415 页。

但在后来发生了变化，原因据称是：“查本届国考系属初创，重在提倡考试……勇士等位号，自未便轻易拨与……系按照最优等、优等、中等三项给以证书。”[①]

图 6–13　1928 年国术考试委员长张之江（右）与评判员马良

“国考”正式比试在 16 日开始，通过预试的 101 名较为优秀的选手分组比试。比试开始之前，先进行武术表演。10 月 17 日进行拳术表演比赛。最先表演者是 86 岁的潘世晃，拳术和刀剑都异常精彩，还有“年仅 6 岁的少年李幼德，少林拳术甚佳，极博彩声”……最终决出 28 人为最优胜者。

图 6–14　中央国术馆第一次“国考”优等奖全体照。第一排右起：朱国祯（右一），朱国福（右二），朱国禄（右三）

正式比试是两人对战拳术三回合，由裁判当场评判胜负。17 日的比试中一度出现混乱：“正午在第二次比赛时，有孟唐春失败不服，猛咬与赛者之面，鲜血淋漓，台下应试者群起攻击，声势沸腾，秩序几乱。”[②]

1928 年 10 月 19 日，“观众来宾大约五万余人。”上午 9 时开始比试。“随后考试三

① 《国术考试变通录取办法》,《中央日报》1928 年 10 月 27 日第 2 张第 3 版。

② 《中央国术考试之第三日》,《申报》1928 年 10 月 19 日第 9 版。

图 6–15　冯玉祥颁发的第一次“国考”优胜纪念锦标

民主义、中国国术史、地理等科，不能进行笔试的考试者，改为口试。”

最后录取最优等 15 人，依次是：朱国福、王云鹏、张长义、马裕甫、张英振、窦来庚、杨法五、杨士文、顾汝章、王成章、朱国祯、张维通、朱国禄、马承智、胡炯。其中，朱国福年龄最大，时年 38 岁；张维通年龄最小，时年 24 岁。朱国福获最优等第一名，时人称之“武状元”。

10 月 19 日 15 时行闭幕礼，主要由“中央党部代表戴季陶训词，希望由强健身体而达到一等民族；国民政府代表何应钦训词，希望国术不仅为自卫，而且要振起民族精神”。闭幕式结束后，由各省武术家自由表演各种技艺。10 月 21 日下午 3 时，在中央国术馆举行颁奖典礼。张之江馆长致辞，他说，“本次国术国考纯属提倡性质，设置评定等级只是稍加区别而已”①。

我藏有一本珍贵的《中央国术馆汇刊》1928 年第 1 期。里面第 118 至 124 页上，有全部《考试录》人员名单。上面记录：

最终评出优胜者 134 人，最优等 15 人，优等 37 人，中等 82 人。四川双流县人刘玉书（28 岁）、四川资中县人蔡大猷（25 岁）、四川资中县人僧焕然（32 岁）、四川郫县人韩永信（岁数

图 6–16　中央国术馆颁发的“国考证书”

① 庞玉森等编：《中央国术馆史》，黄山书社，1996，第 46 页。

图 6–17　1928 年南京第一届国术“国考”后纪念照片

缺)，均获中等。

所有获奖者，均由李烈钧和张之江颁发荣誉证书和奖品。同时，不管优胜者，还是无得奖者，“均有国术考试纪念章”。①

1928 年第一次国术考试，既借鉴了传统武术擂台赛模式，又融入了现代体育比赛理念。它以文化学科和术科为考试内容，采用预试和正试；以评判员“合议制”新模式……是中西文化（即所谓“土洋体育”）交融的时代产物。②

1930 年第四届全国运动会后，国术正式成为中国体育比赛项目。

1929 年“浙江省国术游艺大会”擂台赛

1929 年，又举行了近代中国的一场盛大擂台赛。这次大会，很容易同 1928 年第一届国术“国考”混淆。

1929 年 11 月 16 日“浙江省国术游艺大会”开幕。会长由当时浙江省政府主席张静江担任，大会评判委员长由李景林担任，副委员长由孙

① 《南京快讯　国术国考行闭幕礼》，《民国日报》1928 年 10 月 21 日。

② 参见李臣、郑勤：《南京国民政府时期第一次国术国考及其影响》，《甘肃社会科学》2016 年第 3 期。

禄堂、褚民谊担任。大会还成立了 29 人的评判委员会和 37 人的监察委员会。

大会会场设在杭州镇东楼前清旧抚台衙门面积 30 亩的空地上。擂台用水泥砌成，高 4 尺，长 60 尺，宽 56 尺。中间以白粉画出一个直径三丈的圆圈，作为比试范围。

项目分为表演和比试两大类。10 月 16 日至 20 日为表演赛（17 日休息一天），参赛选手有 345 人。第一天除了上海中华体育会张介臣、郑德顺（即郑怀贤）的武当对剑，肖仲清、郑德顺的单刀对叉外，其他表演均为拳术。

10 月 21 日开始国术比试（擂台赛），参赛选手注册的有 240 人左右。参赛选手来自全国各地。年龄最大的是奉化 68 岁的阮增辉，年龄最小的是温州 7 岁的林标。实际报到者 109 人，共分为四个组，前三组每组 32 人，第四组 13 人。参赛选手身着统一灰布短装，腰系红、白两色腰带。第一声笛声响，双方站立在台中划定粉圈里；第二声笛响，双方鞠躬行礼；第三声笛响，比试正式开始。每对选手比试时，都有两位监察委员持红、白旗在台上监督，以便必要时及时终止比赛。

比赛规则简单，除不准挖眼、扼喉、打太阳穴、取阴外，其他百无禁忌。与第一次“国考”一样，采取三局两胜，每次以三分钟为限。比赛采取淘汰制。规定双方以点数多少决定胜负。一天的比试下来，进入第二轮的选手超过半数。之所以会出现这种情况，是因为比赛规则有漏洞——有一条是双方不分胜负的，均可进入下一轮比赛，自然就会出现双方“假打”。大会评判委员会紧急讨论，将这一条规则改为“战成平手者，双双作负”。

有报社记者发现对打场面的精彩程度丝毫不逊于武侠小说情节：

“往往扭作一团，互相蛮打，与平常人之相打，丝毫无异……还有你打一巴掌，我打一巴掌，打得口血淋漓，打斗之声不绝于耳。现场服务的医护人员，仅医治吃耳光者就忙得不亦乐乎……”

由于规则不明晰，场上竟然出现了死不认输、拒不下台之人！一时间竟引得台上台下一片对骂。

后面的几场比赛，双方均不留情，导致受伤之人很多，而且大多是头部伤。于是，评判委员会又补充规定：不准连续多次攻击头部。这导致在第三天的比赛中，攻击下盘的动作多了起来，技巧性加强，气氛更加紧张。

10 月 27 日，决赛决出 30 名优胜者，前几名均由中央国术馆出身的选手包揽。其中前十名被评为最优等，依次是：王子庆、朱国禄、章殿卿、曹晏海、胡凤山、马承智、韩庆堂、宛长胜、祝正森、张孝才。第一名王子庆获奖大洋 5000 元。

10 月 28 日下午，在浙江省府礼堂举行闭幕式，晚上在杭州协顺兴、聚丰园设宴招待上层各要员及优胜者。至此，大会圆满结束。[①]

1933 年第五届全运会和第二届“国考”

1933 年 9 月，四川省国术馆向省政府呈送“国考”名单，拟去参加南京第五届全国运动会，及参加其后（10 月 20 日至 27 日）接着举办的第二届国术“国考”。

我收藏的原始档案中，规定四川参加人数不得超过 30 人。四川省选出周文、李仿尧、张明清、刘长庚、唐杰、周俊、李杰、赵德尊、朱鸿儒等人。领队为张理燊。[②]

第五届全国运动会国术比赛在 10 月 10 日至 20 日举行。四川队获国术总锦标第六名，唐杰获剑术中量级冠军，李仿尧获拳术亚军。

1933 年 10 月 20 日至 27 日，是全国第二届“国考”，地点在南京的

---

① 参见张大为：《武林丛谈》，当代中国出版社，2013，第 152—153 页；参见《摆擂西湖——1929 年的武林大会》，刊载于北京日报纪事采写组编著《纪事 2013》，北京日报出版社，2016，第 28—30 页。

② 参见四川省国术馆：《赴国考人数请予核转一案（中华民国二十二年九月）》，《四川省教育厅公报》1933 年第 19—20 期合刊，第 28—29 页。

江苏省公共体育场。全国共 21 个单位、427 人参加，其中女性 9 人，男性 418 人。四川参赛者 5 人，重庆参赛者 6 人。[①]

这次依照《国术考试条例》，按西方现代体育模式，将选手按体重分为 5 组，还规定比赛中可以使用护胸和护腿，并且点到为止。

图 6–18　1933 年第二届“国考”试场前门，防卫森严

会前动用了飞机散发传单、汽车彩幅、电台广播等形式进行宣传。开幕式上，航空署进行了飞机表演。宣传标语则强调国考及国术的作用，如“国考是旌表我们民族任侠武勇的精神。”

图 6–19　1933 年第二次国术考试，台上正在比试（来源：《东方杂志》1933 年第 30 卷，本书作者收藏）

这次考试，大致沿袭第一次“国考”的成法。国考成绩结算办法为：预试为单人表演拳械，其成绩以分数计。正试为两人比试，内分拳术、长兵、短兵、摔角、搏击五项，其成绩以胜负计。预试进行改进，有了评分细则；对抗比试有了统一的护具。还增设了搏击（拳击）比试，以及女子对抗比试。[②]

---

① 参见徐诚堂：《两次“国术国考”情况》，《体育文化导刊》2016 年第 11 期，第 181 页。

② 参见胥以谦：《第二届国考登记股经过概况》，《中央第二届国术国考专刊》，1934，第 16—17 页。

这次正试决出应试者等次，分甲、乙、丙三级。

图 6–20　1933 年第二次国术考试，台上正在比试（图片来源：《东方杂志》1933 年第 30 卷，本书作者收藏）

甲等名额占应试人数的 35%，共取甲等 43 名。其中拳术对试（散打）13 名，长兵 3 名，短兵 6 名，摔角 3 名，搏击（拳击）重、中、轻 3 级共 9 名。参加女子组正试 9 名选手，皆取为甲等，以鼓励女性习武。①

担任国考评判的吴图南提到：“每见比赛之际，或相与扭打，或拥抱一团，或蛮力相尚，或游逗不已。真能用国术之方法而挫敌于数步之外者，概不多见也。”②当年在中央国术馆工作的杨松山评论：“这次大会无论声势局面、应试人数，都不如上届。”③

图 6–21　1933 年第二届国术“国考”纪念章

四川武术界首脑人物刘崇俊是“国考”四大评判委员之一。这次“国考”，四川选手仍无功而返。国术“国考”只举行了两届，1933 年后并入全运会国术比赛。

---

① 参见国家体委武术研究院编纂：《中国武术史》，人民体育出版社，1997，第 344 页。郑按：刘靖根据《中央国术馆二十二年第二届国术国考术学科成绩册》说法稍异：“本届国考最终评出甲等共 34 名，乙等 39 名，丙等 91 名，共 164 人次，十八个单位获奖。”见刘靖：《中央国术馆研究——组织社会学的视角》，博士学位论文，上海体育学院，2013 年 6 月，第 155 页。

② 吴图南：《对于中央第二届国考之感想》，《第二届国术国考特刊》1933 年，第 219 页。

③ 杨松山：《旧中国中央国术馆忆片断》，载成都体育学院体育史研究所：《中国近代体育史资料》，四川教育出版社，1988，第 70 页。

重庆地区的武术活动和武术组织

民国时期重庆地区武术活动概述

学者刘鸿友等人粗略统计，民国中后期20年内，重庆市中区举行的各种武术活动约有11次。

1927年时的重庆，是刘湘的地盘。其部下潘文华、郭勋祺对用武术训练士兵很感兴趣，曾在珊瑚坝举行比武打擂。

余鼎山、张永隆等人作评判。参加比武的有白耀宗、杨伟功、陈弟彬、胡宏图、吴绍基、孙焕然等人。经过激烈争夺，吴绍基夺魁，孙焕然居次。大会结束前，大家推举余鼎山上台摆擂，两个多小时却无人上台应战，便由余鼎山表演一套“洪拳”，结束此次赛会。

1930年，重庆举行“武士壮士考试大会”，由潘文华主持，地点在三王庙（后为人民公园长亭茶园上面）。参加考试的多为余门弟子和三元门的佼佼者。最后评出余鼎山、张永隆、刘梓明、胡宏图、高迎辉、樊炳奎、杨伟功、周茂直等十五位“壮士”，其中十二人为余门弟子。

1932年农历五月，重庆市政府和重庆市国术馆组织了“重庆市春季国术观摩大会”。大会在市中区大梁子一园剧院（后为人民剧场）举行，由重庆市市长潘文华主持，参加人数众多，盛况空前。这次大会共进行三个组别的比赛，成年男子组参加者1 000多人，少年组参加者100多人，女子组参加者100多人。少年组由各小学选派代表参加，年龄在14至16岁。

成年男子组参加者除各武术流派人士，主要是重庆市国术馆的学生和军队的士兵。张永隆、余鼎山参加了评判工作。经过角逐，成年男子组刘梓明夺魁；少年组谭昌华第一，吴仕礼第二；女子组李清明成绩最优。

1933年，南京举行第二次国术考试。在赴南京之前，重庆市在市中区春民舞台进行选拔赛。经过选拔，由张忠利（后因故未去南京）、邓昌荣、耿燮之、刘梓明、陈弟彬、高迎辉六人代表重庆市出席南京国术考试。

1933年，重庆市市长潘文华主持“重庆市擂台赛”。擂台赛共分四组，每组设正擂主一名，副擂主两名。凡参加打擂者，须先与副擂主较量，获胜后才能和正擂主较技。

第一组正擂主是余鼎山，两名副擂主为刘梓明、胡宏图。第二组的正擂主是杨伟功，副擂主是彭海荣、高迎辉。第三组的正擂主是李春薇（赛前公推张永隆为擂主，因故更换为李春薇），副擂主为张忠义、邓昌荣。第四组正擂主为陈弟彬，副擂主不详。裁判有周茂植、饶志和。

第一、二、三组的比赛，挑战者都在与副擂主的比赛交锋中败下阵来。只有第四组的比赛，攻守双方打得难解难分，副擂主未能阻挡住挑战者，在擂主陈弟彬与攻擂者雷涛、陈志杰的比赛中，都以双胜结束。

1937年，重庆市国术馆副馆长朱国福主持“国术观摩会”，比赛地点在大梁子一园剧院。比赛项目有拳术器械套路表演、散打、摔跤等。采取自由报名的方式。由于当时朱国福来四川不久，重庆有许多不服气的拳师。所以，在比赛后期，蓝北熙就提出与朱国福较技。武术界人士认为“两虎相争，必有一伤”，许多名家，如张腾蛟等人多方斡旋。于是，朱、蓝二人各表演了一套拳术，方使风波平息。

图6–22　民国时期重庆武林人士练武术（陈涪生供图）

1937年6月，重庆市教育科与市国术馆共同主办武术选拔赛，准备参加同年10月在南京举行的全国运动会武术比赛。比赛在夫子池市国术馆摔跤场进行，采取抽签的方式进行比赛，按最好成绩录取。拳术组的代表第一名是吴仕礼，第二名是余镇东（当时精武体育学校学生）。后因“七七事变”，当年的全运会取消。

1940 年春夏天，“陪都国术观摩比赛大会”在川东师范（后为文化宫）举行。由重庆国术馆朱国福负责组织，比赛项目设有拳术器械套路表演、散打、拳击、摔跤等四项。

散打比赛争夺激烈，有的运动员特别是来自外地的，因各种原因在最后几轮都放弃比赛。最后由李斌承、谢雨樵斩获前两名。

1942 年，“陪都第二次国术观摩比赛大会”举行，张之江为筹委会主任，一切比赛事务由重庆国术馆朱国福负责组织，设有拳术器械套路表演、散打、拳击、摔跤等比赛项目。比赛规模盛大，来自全国各地的武林好手约 300 多人。散打比赛第一名的是徐俊，第二名江青云，第三名刘艮章。[①]

民国时期重庆地区武术组织

民国时期，重庆是四川另一个重要行政中心。

1927 年，大足县曾设生死擂赛比武。同年，又在宝顶香会期间设擂比武达一月之久。1937 年 2 月，重庆举行了首次全市武术竞技比赛。[②]

1928 年至 1946 年，重庆有以下主要武术组织：

扬武国术社（民间拳社）。1928 年创办于重庆。抗日战争爆发后停办，地址在重庆三王庙。潘文华任社长，教练为余发斋、杨伟功等。主要传授余门拳术、器械。

冀蜀国术馆（民间拳社）。1936 年由馆长张振江主办，设于重庆市牛皮凼，对象为一般市民，主要教授拦手门械、弹腿等。

武英国术馆（民间拳社）。1936 年设于重庆，由张振东（张振中）主办，他也是警察训练所的教官，对象为一般市民。

---

① 参见刘鸿友整理：《建国前重庆市的武术活动》，《四川体育史料》1984 年第 4 期，第 35—36 页。

② 参见周焕强总编：《重庆市志 · 民俗志》，西南师范大学出版社，2009，第 524 页。

辅光国术社（民间拳社）。1940 年创办于重庆，社址在北碚体育场。张应人任社长兼教务主任，副社长由杨志才、冯清云、赖奎龙担任，教导主任冯俊卿，副主任杨国忠。国术社共办四期训练班，三个月一期，每期 40 人。教学内容有形意、弹腿、四川南拳、蚕丝、太极拳等。1943 年停办。

陪都速成国术馆（民办武术社馆）。1940 年开办于重庆市长安寺，后迁址于重庆市关庙。董事长张永隆，馆长僧本立。副馆长廖大联（警察局督察）、谭鹏成，教务长张忠利，主任教师赵林（教授高级班）、文超雄（教授初级班）。每三个月为一学期，主要招收商界人士，每期学费 2 元，教学内容为三元门拳械。1949 年停办。

重庆市国术馆（官办武术馆）。1937 年 2 月 21 日成立于四川重庆机房街，先后由李宏琨、吴国桢、贺耀祖、张督能、杨森任馆长，副馆长由何北衡、朱国福担任（主管一切事务）。设有儿童班、妇女班、青年班、成人班、高级班、特别班、师资班。学习一期为半年，教学内容有形意、太极、八卦、八极、查拳、六合拳以及捧跤、拳击等。1949 年停办。①

重庆江北县国术馆（官办武术社馆）。1933 年开办，馆址设在江北县城文昌宫。馆长冯精一，副馆长王世民，教务长薛子余（河北人），教练张震中（天津人）。馆内设有高级师范班和初级班，教学内容为太极、八卦、形意等拳械，其中，张震中传授弹腿和拦手门的拳械。②

重庆奉节国术馆（武林人士民办）。该国术馆于 1937 年成立。江震南为馆长。县长易元明于 1939 年兼馆长，江震南任副馆长。1945 年，私立国术馆成立，馆长江震南，每年达摩会各派拳师聚集一堂谈武比武。③

---

① 参见中国武术大辞典编辑委员会编著：《中国武术大辞典》，人民体育出版社，1990，第 398 页；刘鸿友整理《建国前重庆市国术馆（社、校）概况》，《四川体育史料》1984 年第 4 期，第 33—34 页。

② 参见中国武术大辞典编辑委员会编著：《中国武术大辞典》，人民体育出版社，1990，第 398 页。

③ 参见四川省奉节县志编纂委员会编纂：《奉节县志》，方志出版社，1995，第 653 页。

四川各地国术馆及国术学校

《四川省县市国术馆与体育会调查》提供的相关概况

我收藏的《国术周刊》1934 年第 134 期，有关于《全国国术概况调查·四川省国术馆》内容，记载了四川各县市国术馆成立时间和国术馆馆长的人名。例如，宜宾国术馆的馆长是刘文彩。

我还收藏有 1937 年的《四川教育》，专载了《四川省县市国术馆与体育会调查》一文，相关情节如下：

> 中央国术馆系民国十七年……四川省国术馆于是年（郑按：1928年），由‘武士总会’蜕变成立。据最近调查……向‘省馆’立案者。已有 55 县。（未报案如重庆市国术馆等，均不在内。从 55 县馆报案年月而论，以乐山县国术馆报案最早……以全省县市而论，已占三分之一以上。[①]

下为 1937 年统计的四川省各县国术馆成立时间：

1929 年：乐山县、双流县、广汉县、简阳县、洪雅县、长寿县、眉山县、夹江县、邻水县。

1930 年：新繁县、荥经县、资中县、雅安县、巴中县、金堂县、古宋县。

1931 年：江津县、筠连县、富顺县、隆昌县、安县、安岳县、隆昌县、纳溪县。

1934 年：巴县、永川县、合川县。

1935 年：盐亭县、马边县。

1936 年：仁寿县、宜宾县、忠县、荣昌县、绵竹县、江安县、长宁

---

① 参见刘慎旃：《四川体育——四川省县市国术馆与体育会调查》，《四川教育》1937 年第 10 卷第 10—11 期，第 94 页。

县、遂宁县、崇宁县、合川县、蓬安县、自流井、大竹县、德阳县、越嶲县、崇庆县、中江县、华阳县、城口县、达县、新津县、三台县。

1937 年：灌县、石柱县、开县、茂县、温江县、叙永县。①

另据相关史料记载，20 世纪 20 年代初到 40 年代末，四川成立县级以上国术馆 94 个。② 值得一提的是，就连偏远藏区的康定也成立了国术馆。③

民国时期四川各地的国术学校

据各种史料，民国时期各市、县登记在档的国术学校，按校名、建校时间、学校地点，大致统计如下：

武靖国术学校（民办），20 世纪 30 年代初成立于成都守经街。校长李杰、指导员刘俊义、教务主任毛恭遽、训育主任邱百略，设训练班、研究班。该校有一定规模，且存在较久达十年以上。④

平民国术学校（1929 年前），原成都民办武术社馆，由杨石臣开办，校址设在成都九龙巷，以教授四川化派（化门）拳械为主。

1929 年 10 月 8 日成都《民力日报》载：

本市国术专家杨石臣，为化派之能手。历来狃于习惯，素主秘密。日前经多数人再四婉劝，请将所学公开。而杨乃应顺潮流，始于九龙巷私立平民国术校一所。并为贯彻“国术普及”四字，乃男女各生一律教授，并分别年龄及程度高低，授以相当法术。惟现在社会恶劣，教授女生，当表演时恐因观看者惹事（是）生非，是以将教授女生地点，迁往

① 参见刘慎旃：《四川体育——四川省县市国术馆与体育会调查》，《四川教育》1937 年第 1 卷第 10—11 期，第 94—96 页。

② 参见四川省地方志编纂委员会编纂：《四川省志·体育志》，四川科学技术出版社，1998，第 36 页。

③ 参见甘孜州志编纂委员会编：《甘孜州志（下）》，四川人民出版社，1997，第 1951 页。

④ 见成都《国民日报》，1943 年 2 月 26 日第 6 版。

四圣祠街小学校内。于是往求教授者，竟纷至沓来。现已开学，对女生之教授法，特自庄势基本动作开始云。[①]

“化门”是四川重要的武术门派。我所拜师父李孟常老师，跟杨石臣习武多年。1946 年，李老师在全省青羊宫打擂中获得金章。

四川省国术馆国术体育专科学校，成都。1929 年成立，并于 1935 年改名为“四川省国术馆国术体育专科学校”。

帏馨国术学校（1934 年前建校），成都。马德洪（字维馨、帏馨）所办。

宜宾国术学校（1928 建校），宜宾。

南充精武体育学校（1925—1929），南充。

隆昌国术学校（1929 年建校），隆昌。

泸县国术学校（1929—1933），泸县。

重庆市青年会露天武术学校（1930—1950），校址初设重庆市陕西街青年会馆，后迁大梁子公园路。1942 年，聘中央国术馆馆长张之江为名誉校长。1947 年，由温敬铭担任校长职务。

重庆市精武体育学校，1935 年开办，1938 年停办。校址设在重庆市中区储奇门药材公司大厦内。校长黄楚湘，教务长林济群。

重庆国术军事学校（1932 年前夕建校）。

武靖国术学校（1932 年前建校）。

重庆北碚女子国术学校（1935 年建校）。

万源国术学校（1930 年 6 月—1930 年 11 月），万源。

国立国术体育师范专科学校（1935 年建校），由南京 1941 年迁入四川重庆。[②]

---

① 见成都《民力日报》，1929 年 10 月 8 日第 4 版。

② 参见四川省地方志编纂委员会编纂:《四川省志·体育志》，四川科学技术出版社，1998，第 40—41 页。

四川传统武术转向官方化体育项目

受西方体育传入的影响，四川的武术逐步呈现出规范化、组织化、官方化的特点。这些特点首先体现在四川省国术馆的成立及其活动上。

清末时期，传统武术多为民间私下活动（私家武棚、拳社、门派等）。1912 年，四川武士会在成都成立，这是四川省第一个官办武术组织。1925 年，四川省武士总会正式成立，前清状元骆成骧被首推为四川会长。

1928 年，四川省国术分馆成立，尹昌衡任馆长，孙兆鸾任副馆长。

1929 年 8 月，成都举行了中华民国首届四川国术省级考试，并向甲、乙等获得者授予“武士”“壮士”头衔。1929 年 9 月，国民政府颁布《省市国术馆组织大纲》，并电令取消分馆，四川省国术馆正式成立，馆址设在少城公园。

四川省国术馆成立后，就开始履行在一年一度的成都花会期间举办武术擂台赛的职责。四川省国术馆历任馆长多为四川军政要人，如 1930 年前后，由四川省省主席刘文辉兼任馆长；1934 年，由四川善后督办刘湘兼任；1936 年，由四川省教育厅厅长蒋志澄兼任；1938 年，由四川省政府主席王缵绪兼任（省教育厅厅长杨廉兼代正馆长）；1940 年 11 月，中央国术馆函聘贺国光为馆长，省教育厅厅长郭有守、体育编审刘慎旃任副馆长；同年 12 月，贺国光调任宪兵司令，由省政府主席张群兼任省国术馆馆长。

这些特点还体现在武术专业学校的成立上。

1929 年，“四川省国术馆国术专门学校”创办，1935 年更名为“四川省国术馆国术体育专科学校”，这个名字足见国术开始向近代化体育靠拢。该学校课程除了设置拳术之外，还设有手球、跳高等近代体育项目。仅 1929 年至 1934 年，共培养国术人才 500 余名，输送至各县国术馆及机关团体担任国术教官。①

① 参见朱飞编著：《四川广记》，天地出版社，2008，第 442—444 页。

第七章

四川传统文化中的武术

◎ 川剧、射德会与武术的关系 ◎

武术和武戏的历史渊源

从秦代《斗牛》戏到近代的川剧武戏

本书的第一章提到，古代巴蜀“武舞”（如著名的“巴渝舞”）是四川武术和四川戏剧的共同起源因素之一，两者有着不可分割的联系。

四川的戏剧最早可以追溯到秦时反映李冰治水的《斗牛》戏。相传，战国时期蜀郡太守李冰在治水时遇江神（蛟龙）。为除水患，李冰化身为牛，跳入江中，和同样变为牛的江神打斗。此事见于《蜀典》卷五之《斗牛》戏。

熊志冲先生认为：“《斗牛》戏不仅是川剧，也是整个戏剧史上最早的一出武戏。”[①]

在唐宋时期，五代时期出现的神话武打戏《灌口神队》是在《斗牛》戏的基础上发展而来的，二者关系密切。近代学者任半塘评论，《灌口神

① 熊志冲：《川剧武戏与武术表演》，《四川体育史料》1986年第3期，第24页。

队》，即五代时之武剧[①]。川剧中有《拿孽龙》：“其源甚远，亦可证明类此《灌口神队》之戏，一直未废耳。”[②]

川剧又称川戏，于2006年5月20日列入第一批国家级非物质文化遗产名录。川剧与四川传统武术，都是巴蜀文化的重要组成部分，有着极其紧密的关系。

川剧有“唱、念、做、打”四大表演形式，通常分为文戏和武戏。“打”即武戏（又称武功欢、武技戏），武戏在很大程度上其实就是武术表演。原因在于，川剧界的武生、武旦、武丑演员，有的本身是武人改行为川剧演员；也有为提高武艺、增强表演的舞台效果，川剧演员拜武林人士为师。

《川剧人物小识》记载了清末到民国时期的史料[③]。书中记载，武戏艺人武功惊人。例如，清末光绪时期自贡有一名“臣字科班”的武生曹俊臣，史料说他：“（人称）曹黑娃……武功纯熟，手法敏捷，演《放裴》能连打旋子数十次……又精拳法。”

图 7 1　传统川剧有丰富的武功绝技，图为清末的武生演员

民国初期，成都川剧艺人组成“三庆会”。曾任会长的邛崃人康芷

① 参见任半塘：《唐戏弄》，上海古籍出版社，1984，第713—716页。

② 见中国戏曲志四川卷编辑部，成都市四川剧志编辑部编，戴德源辑录：《四川戏曲史料》，1986，第11页。

③ 唐幼峰是乐山人，其《川剧人物小识》，中华民国二十七年（1938年）3月出版，四川省川剧艺术研究所有藏本。

林，其“尖子功”精湛，随便一起腿靴子就踢上眉尖成“三只眼”；他的“偏尖子”，能够不偏不倚踢到太阳穴上。熊志冲先生评论：“综观川剧武戏的历史，上起周秦，下迄今天，二千余年的发展虽有盛衰起伏，然一直连绵不断，实为四川武术发展史上的一个重要范畴。”①

川剧武戏与巴蜀武术相互影响

武生演员为增强表演精彩性和趣味性，对翻腾扑跌及身腰腿之柔软性，要求更高。

戏曲武打与武术关系紧密，这在如今的四川武术界中仍有体现。例如，和我相识的武术名家肖清黄，自幼川剧科班出身，基本功极扎实。他是四川“赵门武术”代表性传承人，曾荣获世界武林散手道联盟“世界武林百杰”等荣誉称号。而“赵门武术”，曾在2019年成功入选成都市非物质文化遗产代表性项目。

武戏与武术关系密切，主要表现在两方面：

一方面，戏剧演员将武术中擒拿、格斗以及翻、跌、扑、摔等，使之更技巧化和观赏化。比如，至今常演的川剧灯戏《皮金滚灯》，主人公皮金翻滚中的摆腿，就将武术中的“地趟”腿法表现得活灵活现。

另一方面，戏剧武打又对武术套路的发展（尤其是表演艺术化），起到了重要示范作用，因而产生了不少新的武术优秀套路。比如，近代传统短打武生剧目《三岔口》，取材于《杨家将演义》。故事的主要内容是同门派的三位英雄——大将焦赞、店家刘利华、部将任堂惠，半夜因误会在旅店中摸黑混战。再如，川剧《三岔口》不仅有徒手对打，还有单刀、双刀表演，戏中有武、武中有戏。而在20世纪80年代以后，四川专业武术运动员曹科润的“夜行刀”，因师承民间，在全国比赛中获得单项冠军。

四川武术名家季筠更是将有名的川剧“变脸”和“夜行刀”相融合。

---

① 熊志冲：《川剧武戏与武术表演》，《四川体育史料》1986年第3期，第24页。

季筠身着表演所穿的黑衣，步法轻盈，飘然上台。突然，似路遇强敌掩刀细听，随即刀光一闪变脸藏身：墨黑面罩已盖于季筠面颊，只留双眼烁烁传神，观众惊得一片叫声。黑脸瞬间又变成白脸，刀声呼呼……突然，季筠又变出红脸，如怒发冲冠恶战，刀光飞舞如风卷残云。

季筠说："变脸和武术渊源深厚。古代侠士蒙面行侠，常戴面具；遇到对手，突然变脸会极强地威慑对手，从而利用这一瞬间克敌制胜。"

武术学者陈振勇评论："季筠推陈出新，创编出融合四川变脸绝技于刀法中的变脸夜战刀，被誉为'四川武林变脸第一人'。充分显示了川剧与巴蜀武术的联系与影响。"[①]

至于近几十年中，武术运动员上场比赛，其服饰色彩与服饰的装饰，更有艺术表演的味道。这也是川剧与武术的渗透与交融的表现形式之一。

古代武戏表演中，经常是真刀真枪上台。《宋会要辑稿·刑法》记载：四川灌县村民，长期有真刀真枪演"社戏"的风俗[②]。

清代的汪蔗畦担任清泉县令时就曾上奏朝廷：

> 近日梨园子弟竞尚新奇，多有搬演真刀，诩为绝技；偶或失手，即致伤生。卑职前见邸报内："四川省蒋天奇扮演肖氏忤逆父母、破肚抽肠一出：李荣贵扮鬼卒，持刀向戳，致刀尖误伤胸膛殒命。"此演戏用真刀伤命之明证也……[③]

川剧演员蒋天奇真刀真枪上台误伤人命一事，当时被朝廷《邸报》（清政府最高宣传机构）刊出。这则史料说明清代一些演员本身就是武林高手（"搬演真刀，诩为绝技"）。

四川著名学者任乃强也曾讲述他幼年观看川剧《搬目莲》时的惊心动魄：

---

① 陈振勇：《川戏剧中的巴蜀武术文化管窥》，《首都体育学院学报》2009年5期。

② 参见《宋会要辑稿·刑法》，转引自段玉明：《中国寺庙文化》，上海人民出版社，1994，第650页。

③ 焦循：《剧说》，载《中国古典戏曲论著集成》（八），中国戏剧出版社，1960，第207页。

> 四川有一部四十八天才演完的连台戏，叫《搬目莲》……这个戏连续多天都要打叉，两个叉手是用重金聘来的，一扮刘氏，一扮鬼王。刘氏为“滚叉手”，鬼王为“翻叉手”。叉随人转打出多次，皆近身着木而人无伤。最令人触目惊心的是刘氏奔抱台柱时，一叉翻来，正中颈侧，入柱甚深。又一次正中掌指之间。又—次刘氏面柱引衣领护头，叉中衣领，领入于柱，刘氏离衣逃去（柱上先钉固木板，叉中板上）……这些都是我亲见的。成都、重庆、自贡、南充、遂宁、丰都、梓潼、绵竹、青神、峨眉等城市，每年必演……①

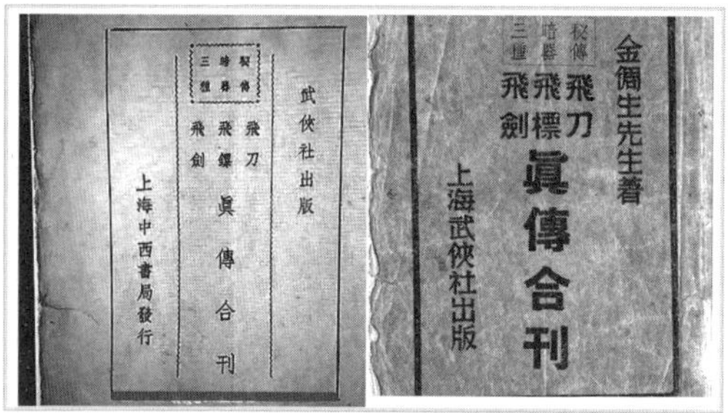

图 7–2 《秘传暗器三种 · 飞刀 · 飞镖 · 飞剑真传合刊》，金倜生著，1935 年

图 7–3　本书作者郑光路（右一）和川剧演员们同在剧组，摄于 1985 年

除“打叉”外，还有其他武功绝技：“小彩”“砍五刀”“拔钉”“倒窜火圈”“上高竿”“四方绳”“走大绳”“藏刀”等。例如“小彩”——用五件尖刀（匕首）、菜刀、飞镖之类的利器，类似上述“打叉”。

从上述可见《三侠五义》等武侠小说中，描写飞镖、飞刀等暗器神出鬼没，并非凭空捏造。我收藏有民国时期出版的《秘传暗器三种 · 飞刀 · 飞镖 · 飞剑真传合刊》一书，说明民国时期武术暗器还有流行。

然而，这些川剧舞台上

① 任乃强：《建国前南充体育情况回忆》，《四川体育史料》1984 年第 6 期，第 5、11 页。

的武功绝技，如今却大都湮灭无存，着实令人痛心。

极富巴蜀文化特色的射德会

文状元骆成骧促进四川国术发展

射箭早在2000多年前就列入了“六艺”（礼、乐、射、御、书、数）之一。

光绪二十一年（1895年），一名四川人夹杂在众多参加乙未会试的进士中，肃然走进北京紫禁城参加殿试。这名四川人叫骆成骧（1865—1926），四川资中县舒家桥人。骆成骧在试策中，针砭时弊，提出整军练兵、尚武强民……策中有“主忧臣劳，主辱臣死”之句，光绪皇帝看得几乎垂泪，当下钦点为头名状元。[①]

中华民国建立后，骆成骧不求高官厚禄，辞去省议会议长、四川筹赈局督办等官职，一心兴办教育。他一生清廉，人称“穷状元”，居住在成都文庙西街侧骆状元巷。

令世人难解的是，这位文状元居然酷好“讲武”。骆成骧常对人说：“孔夫子曰‘有文事者必有武备’，安能以小道末技视武艺者乎？”

图7–4　骆成骧像和状元牌匾

《骆成骧年谱（简要）》记载：

> 民国九年（1920年），骆成骧55岁。是年，被推选为成都武士会会长，筹资建国术馆于成都少城公园内……民国十二年（1923年），58岁，倡建射德会。[②]

① 参见萧源锦：《状元史话》，重庆出版社，1992，第200页。

② 《骆成骧年谱（简要）》，载《资中末代状元骆成骧》，1995，第130—131页。

骆成骧侄儿周叔平叙述："骆尝为人作碑文得千金，尽捐之武士会……川中武士阅风而动者甚众，学习柔术，比赛拳足，极一时之盛，骆亦勤习柔术。"[①]

还有史料记载："骆为武士会书写对联一副：'勉诸君体育、德育、智育，期万岁国强、家强、身强'。"[②]

少城公园半边桥旁修建的四川省武士馆，成立了四川武士总会。武术界公推骆状元为正馆长，刘崇俊为副馆长。我收藏的民国《啸海成都笔记》一书里面有一篇名为《武士会长》的文章，详细地记载了这段珍贵史实：

> 都中武士会成立，所选会长为骆成骧状元，闻者皆为诧异。以骆乃文坛领袖，今充武士班头，真千古未闻。骆实精于此道，且箭法神妙，曾见其当场较射。果然矢不虚发。尝函乞当道，请除少城公园隙地，成立国术馆。凡趋重技术者，无不捐金相助。[③]

据骆成骧的家族后人韦宗林先生回忆：

> 先生家中后院围房廊下，还布置了一段短短的箭道，竖起红心箭靶，为自己每日清晨操练拉弓习射之用。这位武士会会长常云："射以观德，不仅止于御敌强身也。"因之他把这房廊箭道，命名为"德华馆"。[④]

1926年，督办四川的邓锡侯赠其手书大横匾"射以观德"[⑤]。1926年夏，骆成骧病逝于成都文庙西街住所。

---

① 周叔平：《清状元骆成骧事略》，载四川省资中县政协文史资料研究委员会编《资中文史资料选辑》第12辑，1987，第83页。

② 叶运德：《重教兴学的骆成骧》，载《资中末代状元骆成骧》，1995，第48—49页。

③ 汪海如：《啸海成都笔记》，1937年成都排印本。

④ 韦宗林：《我所知道的骆状元》，载《资中末代状元骆成骧》，1995，第64页。

⑤ 参见李钦文：《七十年前骆状元》，载《资中末代状元骆成骧》，1995，第26页。

射德会雅趣——“雕弓较射”

1923 年，成都射德会成立。到了“雕弓较射”这天，鼓乐齐鸣，观者摩肩接踵，如同逛庙会一般，好不热闹！身着长衫马褂的骆状元喜滋滋地先射出一箭，此谓“开靶”。1928 年冬，四川射德总会正式成立，刘文辉、邓锡侯、田颂尧任会长。以后，刘湘、孙震、陈国栋、杨鉴堂、彭植先等军政要人，先后担任过会长、副会长。

成都少城公园专门设有射德会茶馆，馆址在辛亥秋保路死事纪念碑侧边一处瓦屋内。

邓锡侯对射德会颇有建树，射箭水平高。邓锡侯（1889—1964），四川省营山县人，曾任川军第 28 军军长、四川省省长。我收藏有一张极为珍贵的老照片，照片中邓锡侯（右一）、刘文辉（右二）两人正张弓欲射，地点就是少城公园射德会茶馆。

图 7–5　1926 年少城公园射德会，邓锡侯（右一）、刘文辉（右二）两人张弓欲射（来源：1926 年《图画时报》第 2 期，鲁文辉摄）

邓锡侯还在四川各州县发展射德会。比如，在 1933 年时，他还要求在四川公、私中小学校内，开展射箭活动。[①]

入会者汉、满、蒙、藏、回等各族人士均有，至 1937 年后，在川中已建立分会 30 多处成员数千人，影响甚大。据说，加入射德会还有两项“特权”：凡交纳一元会费后，可领到一枚铜质证章，上有“四川射德总会”字样和三位

① 参见《本厅命令：四川省教育厅训令第（中华民国二十二年九月）：令公、私立中小学校：准四川射德总会会长邓锡侯函请饬提倡射术令仰知照一案》，《四川省教育厅公报》1933 年第 19–20 期合刊，第 8 页。

图 7–6 四川射德总会徽章，上面有刘湘、邓锡侯、田颂尧三位会长的名字

会长大名，第一可不被拉夫；二是打官司时，可以免跪。于是后来很快吸引大批小市民、店员、学生、农民等普通民众参加射德会。①

射德会从 1925 年后开展“定期较射”，是具有传统文化性、竞技性、趣味性的射箭比赛。先是在每年的春季和秋季各举行一次，后来改为一年一次。“较射”的地点设在少城公园辛亥秋保路死事纪念碑旁边的“箭道”。

选手来自川中数十个地市县，多时有百人。较射之际，少城公园内鼓乐齐鸣，男女老幼赛手抱弓挟矢，次第登场较技。观众人山人海，市长、警察局长等也前来捧场，还不时有在华西坝居住的外国人前来参观。

比赛时，既有白发苍苍的古稀老翁，也有风华正茂的少年，还有巾帼英雄，真是“少长咸集，群贤皆至”。这项具巴蜀文化内涵的民间传统体育可称得上是雅俗共赏、男女老幼皆宜。

四川体育史学者安维胜先生说，赛手先较射蓝章，这相当于三等奖章。每位射手须射 5 箭，其名称为“生、老、病、死、苦”，这大概有佛家“苦谛”的含义，也含有射箭能驱病强身长寿之意。3 支箭中靶就可得蓝章，才有资格参加银章较射。银章射 10 箭，6 箭中靶可得奖。金章射 15 箭，中 12 箭以上才得奖。

图 7–7 射德会徽章，上书“四川清乡督办、骠威将军、陆军上将，邓赠”

① 参见安维胜：《四川射德总会史话》，《四川体育史料》1989 年第 2 期。

第四届比赛时，又添了“特章”，即特别金章。于是比赛遂分为四级。每次比赛大致奖蓝章30名，银章20名，金章3名。金章最初是银子打成，外面包金，在第三届时改用名副其实的金章，重量为3钱。特别金章重3钱3，银章用银子铸成。比赛还设有银盾、银杯、马褂、衣料、帽子、奖旗等奖品。

图7–8　图为20世纪20年代的邓锡侯

从1923年开始至1938年，射德会共举行过15届射箭比赛。[①]1950年后，射德会停止每年比赛。

2017年7月15日，由龚茂富等人牵头的四川省武术协会传统弓联合会，正式挂牌成立。四川省武术运动管理中心主任、四川省武术协会秘书长任刚担任协会荣誉主席，成都传统弓文化传承人张晓军担任会长，成都体育学院原体育史研究所所长郝勤、中国现代史学会副会长陈庭湘担任顾问。

如能真正重兴具有浓郁巴蜀地域特色的射德会传统文化，则是一大幸事。

① 参见安维胜:《四川射德总会史话》,《四川体育史料》1989年第2期。

图 7–9　新华网报道四川省武术协会传统弓联合会正式挂牌成立，左起：任刚、龚茂富、张晓军

图 7–10　四川省武术协会传统弓联合会挂牌成立，第一排左起：郑光路、郝勤、肖家泽、任刚、陈庭湘，右一为陈振勇；第二排中间位置，右二为龚茂富，右三为张晓军

◎ 闻名全国的青羊宫打擂 ◎

与巴蜀民俗文化紧密融合的青羊宫打擂

对四川近代史和武术文化史的重大意义

早在100多年前，成都就开创了中国最早，而且具备现代化特征的博览会——青羊宫庙会。

成都唐代以来就形成的青羊宫庙会与道教有关。传说道教道祖李老君生日是农历二月十五日，春光明媚的农历二月又是传统的“花朝节”，因此，青羊宫庙会又习称“花会”。这构成了历史悠久的巴蜀民俗文化。

1906年3月10日至4月13日，四川首届商业“劝工会”（后来又称为“劝业会”“花会”），在青羊宫隆重举办。这种巧妙地将庙会和大规模物资交流融为一体的博览会，具有里程碑的意义。到1911年，已经举办了六届。①

成都青羊宫是中国道教圣地。民国时期的青羊宫打擂，是“花会”

① 详情可参阅郑光路：《成都青羊宫“劝工会”的现代化特征》，《巴蜀史志》，2014年第3期。

图 7–11 1911 年青羊宫“劝工会”闭幕，由官员颁奖情景（摄影：[美]拿爱德，供图：王玉龙）

的重要组成部分，意义重大，影响深远。

1918 年，熊克武等四川军政当局要人，以“团结尚武”为号召，在青羊宫举行首次全省打擂。当时共设三组擂台，第一组擂主为省督军熊克武的查马长李国操，副擂主为唐伯坍、唐公辅。第二组擂主为余发斋，其子余鼎三为副擂主。第三组擂主为马宝。每组主台三日。比赛结果认定李国操武技精湛高超。①

骆成骧取得军政当局赞助，于 1925 年在少城公园半边桥边筑建四川武士馆，正式成立四川武士总会。1929 年 5 月，成都成立四川省国术馆。从此，青羊宫打擂每年春季按例进行，由四川武士总会或四川省国术馆主持。

青羊宫旁是被称为“猪市坝”（现今青羊宫外面一环路区域）的地方，它是由土筑成，三尺六寸高、三丈六尺（据说是取天罡之数）见方的一个大擂台。早期擂台四周有竹棚遮拦，形成了一个极大的圈子，门口大书“柔术场”三字。在我收藏的 1922 年《四川第三次劝业会日刊》② 中，登载了名为《柔术场参观志略》的文章。我收藏的“民国十六年第一次柔术场奖章”，则是 1927 年“成都、郫县、新都县联合武士会”颁发的

---

① 参见孙仲达：《四川传统体育》，成都体育学院体育史研究室编《体育史文集》，1983 年 7 月，第 209—210 页。

② 《四川第三次劝业会日刊》1922 年 3 月 16 创刊于成都布后街第八号昌福公司内，发行处位于二仙庵劝业会事务所首门。1922 年 4 月 22 日停刊，共出 38 号，几乎每期都有打擂的报道。

打擂奖章——这些都是十分重要的文物实证。

除了史料、实物印证之外，当时还有人作竹枝词记录这段历史：“‘柔术场’中技艺精，登台较手看分明。更有一言须记取，打擂来了女学生。”①

四川第三次勸業會日刊

柔術場參觀誌略

女士演技得紅多

图 7–12　1922 年《四川第三次劝业会日刊》，刊载《柔术场参观志略》《女子演技得红多》两篇文章

青羊宫打擂流程

20 世纪 30 年代后，青羊宫打擂则开始被称作“第 × 届国术擂台赛”。

早期的青羊宫打擂设擂主，打擂者轮番挑战，这十分具有传统中国武术打擂的特色。自 1928 年后，青羊宫打擂变更为分组淘汰赛，参赛不限地区、身份，死、伤自负，故参加打擂要报名注册。

比赛前，各路英雄纷纷而至。比赛方法是拈阄（或抽签）配对，不像现在的比赛要分重量级配对选手。也就是说，如果你体重一百斤，也有可能遇上一个体重两百斤的大汉。

图 7–13　民国十六年第一次柔术场奖章，是 1927 年“成都、郫县、新都县联合武士会”颁发的打擂奖章

比赛顺序是：先赛“资格”，再赛“蓝章”(类似现在体育比赛中的铜牌)。再复赛“银章”(银质奖章，类似现在体育比赛中的银牌)，取十名。最后复赛“金章资格”，分为打金章一选、二选、三选、四选……也就是名次排在后面的会被逐渐

① 参见林孔翼辑：《成都竹枝词》(增订本)，四川人民出版社，1986，第 269 页。

淘汰。打得“金章资格”者，发给他们证书，但没有金章。

取得最后的一选金章资格者，采取循环赛的方式，决出最后的名次：一至十名均算金章胜手，即金牌获得者。

据成都武林前辈彭元植回忆：金章有国术馆自铸的，但更多是军政要人或富商赞助赠送。除金章外，还有其他奖品，视社会人士赠送多少而定。前三名有时还赠以名贵宝剑之类。①

擂台后边或两侧，摆设有“长短十八般兵器”的“威武架子”，还有彩旗、彩幅，很有古代打擂台风貌。

比赛时，一名主裁判手拿小铜铃在台上，宣布比赛开始或暂停时摇铃铛；还有“执旗评判”执蓝白小旗二面，蓝胜举蓝旗，白胜举白旗。如赛手“打毛”光火、乱打胡扭，则上前用旗隔开。

打擂实行淘汰制，三打二胜。打擂过程中不准挖眼、锁喉、“摘桃”（抓下身）。“见红”（流血）、倒地（倒桩）、下台、“闭法”（即丧失打擂技法）则判为负。

打擂前，主办方要宣讲武德，说打擂目的乃为“强国强种”，非私人斗狠争勇，加之有一定防护措施（如裁判发现双方技艺悬殊，则不许强方乘胜击打）。所以当场打死人的情况十分罕见，但是筋伤骨折则时有难免。

主擂者多为四川武士会、省国术馆中的武林名手，或军政要人。但有时也邀请其他人士主擂。

刘竟成在1931年写过一首竹枝词：“男女红拳本不差，但无绝技动人夸。吾川赖有《新川报》，鼓吹云空与铁沙。”诗后附注《新四川日刊》新闻：“本报讯，湖北武当山云空长老约峨眉山铁沙和尚，

图7–14　由川军第24军军长刘文辉名义赠发的擂台赛奖章

① 参见彭元植：《四川武林和我的习武生涯》，载四川省政协文史资料委员会编《四川文史资料集粹》第六卷，四川人民出版社，1996，第65页。

不日莅省主擂……”[①]

除了打擂，有时还穿插有套路、器械等单人表演，行家叫“外场功夫”，以供交流和台下看客观赏。

青羊宫打擂的庙会风情

打擂之时，青羊宫还有庙会（也称“花会”）供观众游玩。庙会内有茶园，如“绿天”“同春”“浣花泉”……既有大酒家“承香楼”“五柳楼”“聚丰源”，也有卖“卤鸭醉虾青果酒、每馔不过二百文”的小酒店“崧记”“四座”等。还有卖各类日杂百货、竹木家具种种商摊货架不下几百家。无数卖糖饼关刀、“风吹吹”、瓜子、豆花等物品的小贩，穿梭叫卖于红花碧叶、春风杨柳之间。

观众进场看打擂须买入场券。圈子里设有茶座，观众品茗饮酒，喜笑颜开，“坐山观虎斗”。一些文人在酒酣耳热之余，诗兴大发，往往一边看打擂，一边摇头晃脑，即兴吟几首竹枝词、打油诗。

当时还有人专门作诗，生动地反映了当时的打擂情景。

如人称“怪物”的刘师亮描绘说：

今年劝业八回开，多少英雄摆擂台。手艺若潮休要去，谨防椿你下台来。擂台角艺抢金章，集合江湖打打行。柔术本来为国技，大家努力更提倡。

徐重蕃则在诗中写道：

登台较技问谁强？出手双方各主张。却怪旁观空展劲，说他起腿不相当。柔术场中尽教师，多少先生学打捶。劝郎莫向旁边立，防他言出手便随。

① 参见林孔翼辑：《成都竹枝词》（增订本），四川人民出版社，1986，第 212 页。

每年“花会”男女老少、各界人士倾城而出。这“会把眼睛都看花”的“花会”，确实是蜀中最具地方色彩、乡土风味的庙会习俗了。

而打擂又给“花会”增添不少趣味。台上龙争虎斗，打得不可开交。台下人声鼎沸，又是另一番景象：有的高谈阔论，饮茶品酒；有的观花拈柳、吟诗作对。三教九流在擂台下的茶桌间穿梭呐喊，寻食谋生……

图 7–15　图为青羊宫劝业会入口处，进去之后，左侧就是打擂台的地方

这一切，使人想起《水浒传》等古典小说描写打擂的场面；这一切，也给九里三分的古城成都，增添了不少古朴的巴蜀乡土风情。

青羊宫打擂的真实细节

夺得金章者和惨败者喜乐悬殊

青羊宫打擂时间一般持续两到三个月。打擂时间之长，因此就有众多赛手从春节后赶“花会”，并一直赛到将近端午节。打擂地点一般在青羊宫，有时也在少城公园省国术馆内举办擂台。

“上场不认父，举手见高低！”“擂台不认亲，只要拳头赢！”这是武林中人悉知的口头禅。比赛一开始，赛手们确实如文人描述的那样：“恶狠狠，豹眼怒睁，凶煞煞，钢牙咬紧；你进我退、拳来腿往；腾挪闪转、吞吐浮沉……”

夺得金章的赛手一跃龙门、身价倍增。在主持擂台赛者为其颁发金章后，金章赛手身披红色绸带，骑上高头骏马，按照一、二、三的次序，打马逛街，前呼后拥，一路上吹吹打打，鞭炮齐鸣，好不威风。还有专人前往获金章者的住处，张贴烫金大喜报——这是照搬清朝考中武状元、榜眼、探花时的“过场”。

获金章者的亲朋好友大多也要为其置办酒席，以示祝贺。获金章者也要向教授自己武艺的师父“封衣”（缝制全身新衣、鞋帽）或“封礼”（礼品或金钱），以表自己不忘师恩。

比赛失败者的情况却是截然相反：他们或垂头丧气、愧对江东父老；或皮肉受损，从此大彻大悟，再不争强斗狠；或怨天尤人，发誓待来年一雪前耻。

我所拜的一位师父李孟常，在 1946 年摘得擂台金章——这是他一辈子最风光之事。1949 年之后，他将金章变卖，在九眼桥附近买了两间瓦房。

1967 年的一天，李老师家里来了位客人。他半边脸畸形，牙床外露。李老师对我们说：“这位老师功夫很好，但打擂台时运气霉，抽签碰上莽大汉，即有名的‘朱贯锤’，被一贯锤甩成下巴骨折，把嘴巴打豁了！”这位老师也十分坦然地说：“当时老子差点儿被打死。”

“朱贯锤”名叫朱仲康，眉山县人，在武林中享有盛名。“朱贯锤”专练的“贯锤”（类似西洋拳“摆拳”）颇有杀伤力，在武术擂台赛上多次获奖。[①]

江湖恶习频现擂台

民国时期的军队，上至军、师级，下自连、排级，一般都设有武术教官，获金章者可以堂堂正正受聘去当教官，也可受聘于机关单位、大中学校，获得一个说起嘴硬的饭碗；还可被巨商大官聘为镖师。最不济者，也可以正大光明开设武棚教徒弟、收学费，不会被人说闲话。连续

① 参见四川省眉山县志编纂委员会编纂：《眉山县志》，四川人民出版社，1992，第 923 页。

两三年的打擂中都获得金章，还要将其大名刻于少城公园内四川省国术馆门外石匾上，以示褒奖。因此，许多习武之人认为“打金章”可以称得上名利双收。

要想在“打金章”中取胜，需要三种因素：“一打功夫”“二打运气”“三打人缘”。

所谓“一打功夫”，也就是武人常说的“比砣子硬”；“二打运气”主要指在抽签中存在运气成分。抽签存在偶然性，如果抽签碰上比你重几十斤重的壮汉，就有可能连资格赛都打不到；“三打人缘”和武林江湖旧习有关：过去，四川武林江湖旧习甚浓，许多事务都由帮派袍哥插手，赛手凭交情或“塞包袱”（贿赂）其他手段取得主持者的暗中偏袒。

我听一位吴姓老拳师讲过，有一年比赛，成都西郊有个外号“刘一锤”（形容拳头刚硬一拳就能获胜）的农民，在“打金章”抽签时和旧川军中一个手枪连长相遇。这个连长在比赛前一夜找“刘一锤”进行“私约”，要“刘一锤”输给自己，答应暗中重酬。然而“刘一锤”年轻好胜，次日在擂台上毫不相让，连长节节败退，只得认输。刚下擂台，“刘一锤”的师兄急忙报信：“哥子，情况不妙，台下有许多手枪连的丘八要生事！”“刘一锤”连忙跳出青羊宫高墙落荒而逃，才未丢命。可见要纯粹靠武艺获胜也难。

1933 年宣传抗日救亡的打擂

民国时期成都的武术打擂，其意义并不仅限于武术范畴。例如，1933 年 10 月 10 日，四川省国术馆举办的秋季国术比赛，就被赋予了“武术救国”的崇高意义。

国术馆门外用松柏枝条扎了个牌坊，贴满了彩色宣传画，其中一张宣传画中画了无数头骨，上面还写着几个醒目的大字：“要提倡国术，才能恢复东北失地！要解除国难，只有提倡国术！”

上午 10 点，爱好武术的各界名流莅临会场。政界有尹昌衡（民国初期四川都督）、蓝田玉（川军21军的炮兵司令），郭勋祺（时任21军旅长，1938年任50军军长），于渊（时任四川省警察局长，成都著名的“十二桥烈士”之一）等人。学界名流则有川大教授张和笙、林绍昌等人。

11点大会开始。到会嘉宾致词后，国术学校赖孔桢校长宣布：“国术开幕典礼表演开始！”

最先登台的是成都老武术家刁泽成、李飞龙、马善良、薛子安、俞德安等人，他们以大刀或拳术作开场表演。接着，女拳师冯叔侠、杨树芳、徐鉴清、范伯英、戴素卿等人也相继登台表演。随后，川东武林名家、大力士陈子杰登台，表演大红拳……在热烈的掌声中，开幕典礼收场。

10月11日上午10点，打擂正式开始。

评判员有成都著名武术家侯万里、马善良、刘玉书、周海金等，宣布“较技规则”十余条：“弘扬国术、讲究武德。较技不准挖眼、锁喉、摘桃等‘毒招’。流血、倒地、下台、闭法为输……”

共有郑世才、王怀应，张希俊、王德恺、刘全、张万宗、黄九思、卢尚之等十对武士对打。成都的《国民日报》于1933年10月13日进行了详细报道：

……第七对郑世才、王怀应交手，一以“白猿坐洞”相候，一以“白鹤钻天势”进攻，双方接近，手腿相迎，数十合不分胜败，评判以该二人拳法清白，判为双取，打二道资格。第八对张希俊、王德恺二人交手，一以“白蛇伏草势”冲进，一以“魁星独立势”相迎，两方交手数十合，结果张胜于王，判张为胜手。第九对刘全与张万宗交手，刘以“大鹏展翅”进攻，张以“猛虎摔尾”相迎，两人手腿相等，大战约百十合，判刘为胜手。第十对黄九思与卢尚之交手，一以“渔郎问津”相进，一以“仙人指路”相迎，双方交手数十合，评判以黄稍胜，判为胜手，卢保存资格再较。时已午后三点钟，休息，明日再较。（记者“东甲”）[①]

10月15日，打擂全部结束。夺得“金章”的周国才、叶奎武、杨兆南披红挂彩，骑上高头骏马，一路上吹吹打打，好不热闹。

20世纪40年代的打擂高手

1940年前男子打得金章者，不完整地粗略统计有蓝伯熙、丁世荣、周清云、步元凯、胡昆、吴志刚、锐朝阳、罗千文、田和、田清云、陈首魁、李斌成、刘才、王子成、易俊魁、覃克定、秦鹏（郫县人）、谭仲伦（温江人）、李成如（双流人）、周国才、叶奎武、杨兆南等人。

女子获得金章的有陈蜀华、张志清、荀银仙、李国良、雷兰芬、曾益君（新都人）、吴兰熙、李素芳等人。

以上除了标记县名的，其他绝大部分都是成都人。

这些金章获得者来自各个门派，几乎每一个人身上都有精彩的故事。例如，覃克定的师父张益民，是陕西到成都做皮革生意的，功夫精湛。重庆的武林高手周北涛，也是张益民的徒弟。覃克定的儿子覃云兵，至今所练的三原门红拳也非常出色。

20世纪80年代，我曾多次采访擂台高手景书堂，据他回忆：1942年是抗战时期，青羊宫花会的擂台赛停办了，但也在少城公园省国术馆打过两次擂。

1942年举办过两次。第一次在3月，比赛共进行了三天。参加比赛人超过60多人，取前三名。第一名景书堂，第二名张福全（成都人），第三名徐德（成都人，化门弟子）。景书堂说：“比赛都是真正对打，我直接打赢了五人。我得了一面三角形锦旗，上面有‘国术比赛冠军’字样。”第二次比赛在10月10日，在省国术馆内打了三天擂。同样也是

① 以上参见《秋季国术比赛》，成都《国民日报》1933年10月13日第6版。

60 多人参赛，取前三名。第一名杨会龙（成都人，僧岳门），第二名张福全（成都人，僧赵门），第三名景书堂。每人都得了一面锦旗。

1943 年打擂为期一个月，在青羊宫“花会”会场内举行，参加人数有 200 多人，取前五名。第一名梁绍武、第二名陈用和（郫县）、第三名张俊良、第四名吴柏林、第五名刘震南均获金章。女子组取前三名，第一名曾淑伟、第二名陈淑萱（郫县）、第三名尹国术（郫县）均获得金章。景书堂说：“这届我被打伤，没有取得名次。”

青羊宫打擂的消亡史

当年打擂者刘震南的口述

20 世纪 80 年代，人民公园绿荫阁茶铺武林人士聚会时，我曾听刘震南老师回忆 1943 年打擂的经过：

“‘打金章’是四川武林的一件盛事，当时全称叫作‘四川物产竞赛会国术比赛大会’。1943 年 4 月，正是传统的‘花会’期间，比赛大会又开始了。成都青羊宫擂台正面主席台上方高挂孙中山先生画像，一些武林老前辈和四川军政要员坐在画像下方。主席台上，摆满了各方人士所赠锦旗，红绸和‘金章’放在中央。

“我当时 31 岁，报名参加比赛后经过初选，从‘蓝章’进入‘银章’。‘银章’争夺也激烈多了。接着，我乘胜直下‘二选’和‘三选’，顺利进入了金章决赛。一番恶斗，我一个侧身偷步，用‘三边腿’将对方打下擂台，打得金章。领取金章后，披红挂彩，骑马游街，从青羊宫一直绕道西郊，再转进城里，一直到少城公园国术馆。人们簇拥着我，都是欢呼声。然后又热热闹闹地穿城而过，一直送我回到我在牛市口的家中。这是我第二次获得金章，离第一次已有七年了。

“可惜的是，我的两枚金章，一件被打成金戒指送与朋友结婚；由于家贫，另一件又在灾荒时卖掉买米，供全家吃了半年。只剩下了获奖证书和银章保留下来。”

青羊宫打擂的最后辉煌

1944 年打擂先在青羊宫。因参加人数有 300 多人，时间延长迁到省国术馆（少城公园内）继续比赛。这次比赛分军士组和普通组，每组取前五名得金章，前三名是赤金金章，后二名是镀金金章。

军士组第一名王俊杰，第二名王学如，第三名郑荣山，第四名何显荣，第五名张礼显。普通组第一名朱仲康，第二名景书堂，第三名陈相如，第四名刘文龙，第五名张福全。

这次比赛主要评判有四川武林名家刘学渊、颜联五、叶海波、王道宗、张益生、朱甫臣等。执旗评判是詹品三。名誉评判有太极名家李雅轩、查拳大师张英震及关宝光、朱国祯、郑怀贤、王树田、张长海、李斌生八人。

景书堂获得的金章上方写的是：“民国三十三年春季国术比赛大会冠军”，章中间是四个篆字“发扬国粹”，下方是“四川省国术馆赠”。金章证书内容是：“四川省物产展览会国术比赛大会金章第二名证书，右给景书堂，民国三十三年三月郭有守”。（郭有守是当时的四川省教育厅厅长。）

三名金章胜手各得大锦标一个，上写“技术超群”“民国三十三年春季国术比赛大会优胜”，后写“陆军十七师师长刘树成赠”。

1945 年青羊宫“花会”打擂历时一个月，参加人数有 200 多人，取前三名；第一名刘文龙，第二名吴世荣，第三名邵孝仪，均获得金章。因军阀杨森又赠金章三枚，共有 6 枚，故胜者都得“双金章”。

1946 年春青羊宫打擂，参加人数有 200 多人，也取前三名：第一名兰久成、第二名王兴安、第三名李孟常（我的师父之一）均获金章。

1947 年青羊宫打擂，第一名是黄刚明、第二名方金山、第三名陶光华均获金章。这年的打擂结束之后，随即而来的就是四川省国术馆举办的第二次全省国术选手选拔会。选拔会规定，参加者必须获得过青羊宫打擂金章前三名，故又称“特别组”。参加者共分为三个组：第一组是打擂；第二组是劈剑，又名击剑；第三组是扎枪，又名对枪。参加打擂的有王远罄、王子成、谭仲伦（温江国术馆馆长）、刘新吾（简阳县国术馆馆长）、张绍柏、王学如、温玉堂、张俊良、余克俭、吴柏林、景书堂等共 11 人。三个组共取四名——散打组取前两名，劈剑组取第一名，扎枪组取第一名。当时散打组的胜手是余克俭、景书堂，劈剑组第一名是王远罄，扎枪组第一名邓善堂。

1948 年后，打擂也终止了。

1950 年后青羊宫打擂的终结

1949 年 12 月 30 日，共产党领导的解放军第 18 兵团在贺龙的率领下进入成都。

解放军举行入城式的第二天清晨，天寒地冻。少城公园楠木林中，一个膀粗腰圆的精壮汉子脱去了棉衣亮出了赤膊，同他的学生彭俊臣一起开始晨练。这个汉子就是景书堂，他每天都要赤着臂膀撞打树子，以“铁臂”享誉武林。

20 世纪 80 年代，我在调研四川武术史时，景书堂老师曾对我这样讲述：

他们正用手臂狠打树身练功时，迎面走来了三个人，后面还跟着两个腰挂盒子炮的贴身警卫员。那个走在前面的、长着浓浓小胡子的人声音洪亮，问：“你在练功夫？你是武士会的会员吗？”

景书堂一抹汗水说：“过去叫武士会，以后改成国术馆，一直就设在公园内靠近半边桥的园子里。平时国术馆只有勤杂工二人。”

小胡子朗声说：“我们共产党是要大大提倡武术的，你去跟国术馆的负责人说，叫他们去军管会登记，以后好开展武术活动。”他还用手抚摸景书堂硬邦邦的手膀子，夸赞说：“很棒！”

这个进入成都第二天，就到少城公园了解情况的“小胡子”，就是大名鼎鼎的贺龙；另一个是王维舟，西南军政委员会副主席；还有一个是贺炳炎，后任原成都军区司令员、四川省体育运动委员会主任。①

1950年2月，青羊宫物产竞赛会开始了。四川省国术馆已名存实亡。因成都商会联名请求，国术馆原负责人委派廖泽、景书堂、谢春华、刘玉斌四人为代表，去找军代表马任弘，接洽办理打擂事宜。

这次参加的有200多人，取前三名。第一名张松林，第二名黎自根，第三名郭涛，均获金章。此后，四川省国术馆举办的打擂赛事宣告终止，国术馆也被解散。

1953年农历六月十三日，成都市举办六项体育选拔会。其中的民族体育较技（即打擂），可以说是青羊宫打擂的最后余波。

这次打擂和以往几届的最大不同是，本届打擂是戴手套打中国式的拳术。打擂共分五打三胜，分轻重点计分。主办人是成都市市长李宗林，评判长是郑怀贤。地点在成都市体育场，中心设置一张木制擂台，分男子组和女子组，每组取前三名。经过激烈的角逐之后，分别产生了男子组和女子组的前三名：男子组第一名景书堂，第二名胡绍义，第三名张绍清。女子组第一名冯素霞，第二名邱桂贞，第三名曾俊成。景书堂回忆说："这次打擂，是我打得最激烈、最勇猛的一次，有三人受重伤……此后，西南区的体育选拔会就将此项目取消了。"

四川省国术馆等武术组织，从此被官方单项体育协会，即武术协会取代。此后，武术作为体育竞赛项目，由政府职能部门管理。

至此，四川传统武术与近代化体育完全接轨，近代名闻中国的成都青羊宫打擂赛成为绝唱。②

---

① 参见景书堂：《贺老总关怀四川武术》，《四川体育史料》1983年第4期，第31页。（郑按：景书堂铁臂功练得很好，小臂硬如牛皮任人用牙齿咬而他毫无感觉，我亲试之。）

② 以上关于四川青羊宫打擂和武术家详情，除正文注释外，主要根据刘新吾、景书堂、李孟常、刘震南、彭元植等老武术家给本书作者提供的口述史料。还可参阅郑光路：《解放前闻名全国的青羊宫武术打擂》，《体育文化导刊》，2003年第1期；郑光路：《四川近代武林人物》，连载于《体育文化导刊》2003年第2、3、4期。

1950年后，由于民间武术受到限制，以上关于青羊宫打擂的历史，极少见于文字史料当中。1980年后，我曾向刘新吾、李孟常、景树堂、张力显、刘震南、彭元植等许多金章获得者请教，也采访了多名青羊宫打擂的知情者。

经过采访和调查，我整理并发表了大量关于青羊宫打擂的文章。例如，1983年11月19日，登载于《体育报》的《青羊宫擂台话旧》(第3版)；1983年第6期登载于《成都风物》的《扬武打擂话当年》；2003年第1期中国《体育文化导刊》，发表我写的论文《解放前闻名全国的青羊宫武术打擂》。此后又相继在各种刊物、书籍中，详考青羊宫打擂的种种史实。

图7–16 青羊宫打擂金章获得者李孟常(左)、刘震南(右)，摄于20世纪90年代初

青羊宫打擂从湮没到再现于世，这一过程在某种程度上也构成了武术文化史研究过程的重要组成部分，并为近40年来发扬巴蜀“打擂文化”，提供了历史根据和借鉴，具有极高的历史价值和文化价值。

◎ 武术与中国传统医学的关系 ◎

武医结合贯穿武术文化史

武术与医学的历史渊源

几千年来，中华武术和中国传统医学共同在中华文化大体系内相互渗透、相互融会，密不可分。中医理论对武术理论及武术具体技术层面影响巨大，所谓“拳起于易，理成于医”。意思是说：武术的发生、发展，离不开《易经》和中医理论。同样，在与中医的相互渗透中，武术也极大地丰富了中医内容。1987 年，我曾详细阐述武术与医学的关系，限于篇幅这里从略。①

综观历史上的武术名家，也有不少人是名医。例如，东汉时的华佗医术精湛，根据虎、鹿、熊、猿、鸟等动态，创编名为“五禽之戏”的武术。

历代蜀中武人多兼行医。蜀中拳谚云：“学武不学医，终是傻东西。”

---

① 参见郑光路：《试论武术与医学的关系》,《成都体育学院学报》1987 年第 1 期，第 28—33 页。

我所拜师、参师的十多位武术前辈，几乎毫无例外地都懂医道。武人在“跑江湖”时行医卖药，似乎很常见。奇怪的是，在中国武术史等相关专业著作里，关于武人行医卖药的记载，却几乎是空白。原因比较简单：很多史学家并不熟悉这些内容，或者不屑于这种下里巴人类的底层社会学研究。

要深入研究武术文化史，“跑江湖”的“武医”是不能回避的内容。我早年是受过高等医学教育的职业医师，接触的武医前辈大都是江湖中人。因此，下面的叙述，皆有根据。

“跑江湖”是指游走四方各地，利用各种技艺谋生。在四川，“跑江湖”又被称作“跑滩”。“滩”字，本指水浅多石、水流甚急的河床，暗含在外谋食的艰险；“滩”又与“摊”谐音，有奔走四方，靠摆摊设点求生存的含义。“跑江湖”的人，四川叫“跑滩匠”。刚接触“跑江湖”，叫“下海”；经常“跑江湖”，称“老海”。自古以来，平民百姓就有看病难、看病贵的问题。劳苦大众同“江湖医生”打交道最多，构成了不可忽视的历史现象。

清代至民国时期成都的“江湖医生”，有“文武”之分。例如，成都的文者，常在成都东门、北门的城隍庙及街头巷尾摆药摊子行医，江湖话叫作“做台面”“弹三弦”（切脉），也叫作“文四平”。

武者常在成都皇城坝等“扯谎坝”，或到各州县场镇“赶溜溜场”卖艺卖药，也就是所谓“卖打药”；也有摆桌凳搞些正骨按摩之类，称“武四平”。

文武“四平”大都要卖药，这里有更为详细的分类：专门兜售草药、中药者，谓之“做旱货”；专门兜售面面药（药散），谓之“耍末查子”；专门售卖打虫药者，谓之“耍肉汉”；专门售卖膏药者，谓之“耍砣汉”；专门售卖小包包药者，谓之“耍包坎”；先卖武艺，再兜售药物，谓之“做大棚”……五花八门，名目甚多。

历史上，江湖医生对保护底层民众健康和促进中国医学发展，作用甚大。中国医学史涌现的许多名医，例如扁鹊、华佗，其实都是地地道道的江湖医生。

江湖医生妙手回春的趣事很多。比如，宋朝文学家欧阳修患痢疾几乎丢命，请了个江湖医生，用车前子的方子治好了。宋徽宗宠妃患痰嗽症，御医李防御久治不愈，差点儿被皇帝砍脑壳，后来李防御在江湖郎中那里买了一帖验方，治好了宠妃，才保住官位。①

底层武人的悲苦生活写照——《卖膏药》

民国时期以来，有文字记载了不少武术家被迫卖药的情况。比如，有这样一段文字，记载了当时重庆地区武术家卖药、“跑江湖”的情况：

> 来重庆各厂矿演出过打拳耍棍的，在沙嘴拉小圈子表演，目的是卖开弓大力丸、跌打损伤膏药……他们的武术气功不少是真功夫……在沙嘴名气最大，后来在城里集资开打药店的有张三九、刘华两人。他们都不会唱戏，却常应川剧团之邀，参与《目莲戏》演出扮鸡脚神，对罪孽深重的恶鬼执行钉叉、掷刀的表演。在《三打祝家庄》结尾一段中，他们扮演石秀，掷叉、刀，战祝家庄恶奴……戏院还特别以广告宣传：“特邀飞叉太保张三九、刘华演出”，以此吸引观众。不待舞台落幕，便在台上摊开打药箱，趁热闹卖打药……沙嘴尚有表演硬气功、流星、索镖等武技卖打药的，他们都是打一枪换一个地方，不成气候……②

江湖行医卖药很讲究口才，内行叫作“操嘴钳子”。四川谐剧大师王永梭（1914—1990），本就是武林中人。他曾自述过自己卖膏药的经历：

“我曾拜郫县北派拳师、成都的‘四条龙’之一的李飞龙为师，有了国术根基。又由于长期生活在社会底层……决心为我们卖膏药的弟兄，画下一个朴素的影子。”“卖膏药者，时而口若悬河，滔滔不绝；时而拳

① 参见［宋］张杲（1149—1227）所撰《医说》。

② 杨耀健编著：《商界集萃》，重庆出版社，2006，第 165—166 页。

打脚踢，虎虎生风。装腔作势中透露出凄凉悲苦，威武雄壮里隐含着虚弱恐慌……我力图让人们从江湖流浪汉‘朴素的影子’，看到自己穷困、苦难和挣扎的‘影子’。”①

1939年，王永梭创作了成名作《卖膏药》，下为《卖膏药》节录：

卖膏药的：嗨，各位兄弟，今天初到贵龙大码头……须念兄弟多在山冈，少在书房，只知江湖贵重（竖出大拇指），不知江湖礼仪（拱手）……（有一个小朋友在场子边乱跑）小朋友，你好生坐倒起（耐心地把他安置在右方坐下）。

卖膏药的：（拍掌）嗨，各位！兄弟自幼练那吃也吃不得、穿也穿不得、用也用不得的（一个片马，落地摆出一个架式）国术！

说到国术（绕圆场），要分南北两派，南派叫短拳，北派叫长拳（配合架式）……嗨，各位！兄弟自幼在老师傅面前，站前立后拿烟棒茶，临别老师傅之时，赐了我一件防身至宝——什么？（胸上狠狠一巴掌，竖出大拇指）膏药！（郑按：下介绍膏药的江湖语言，略）……兄弟这个膏药，只有两种毛病医不倒：肚皮饿了医不倒，背心冷了医不倒，要是冷了能医，饿了能治，我兄弟也不得来卖膏药了（苦笑）。

兄弟今天要不要钱呢？（诚恳地）兄弟不要钱，兄弟绝不要钱！只是饭馆的老板要钱，栈房的幺师傅要钱，穿衣吃饭要钱，盘家养口要钱，过河渡船钱，走路草鞋钱，解渴凉水钱，站要站钱，坐要坐钱，前前后后哪一样又不要钱啰？……（无人买，看客们纷纷退走）

兄弟是在家靠父母，出门靠朋友……兄弟今天再减价欢迎，只卖五分钱一张，买一张，送一张，买两张，送三张。有钱难买一身安，无灾无难才是神仙……（无人买膏药，摆开架式又打拳，维持圈子。收拳一看，观众早已走光）

① 王永梭口述、刘卓鲜整理：《我的演艺生涯》，载内江市政协文史资料研究委员会编《内江文史资料选辑》第11辑，1994，第87—88页。

卖膏药的：（惊叫）吔，咋个尽都走嘎了啊！（喃喃自语）累了大半天，张都还没有开一个……（左前方熊保长在喊："快交摊子钱啊！"）

卖膏药的应声：熊保长，我就来交摊子钱哈……唉，药假，人不假嘛！（揩汗，惨然垂头）[①]

王永梭还创作有《李狗卖符》，内容是武戏艺人表演危险的《搬目连》打叉戏后，为生活而吼卖"灵符"（参阅本章提及的"飞叉太保张三九、刘华"）。"卖符的李狗同卖膏药者一样，都是白唱了半天，一张都没卖掉，反而被收账人收了摊子，这种令人心酸的人生境遇，正是当时江湖武术艺人的真实生活写照。"[②]

图 7–17　民国时期一个江湖卖艺者为卖"大力丸"，表演"力开强弓"

《卖膏药》《李狗卖符》与其说是谐剧艺术表演，不如说是底层武人悲苦生活的真实写照，是研究四川武术文化史的珍贵资料。

武林前辈讲述"卖打药"内幕

20 世纪 80 年代，成都武林前辈陈老师曾对我讲述："真实的武术功夫，表演性并不强。所以，武者就要表演一些吓人的假玩意儿。江湖话叫'上拖'，又叫'门子货'。"

陈老师讲述他早年"卖打药"的一些情景：

① 钟敬文主编：《中国抗日战争时期大后方文学书系第九编 · 通俗文学》，重庆出版社，1989，第 767—771 页。

② 杜建华：《寻找新的文化坐标》，天地出版社，1997，第 115 页。

卖打药时，哪怕你是国术高手名家流一身臭汗，观众也多不识货，讨不得几文钱。我这时就说："我今天横了心，亮几手亡命绝技！"吼罢，从箱子拿出一只破瓷碗，"咣当"一声摔得粉碎。就地拾起一把碎瓷片吼道："兄弟我为诸位表演'生吞瓷片'！说完把碎瓷片丢进嘴里嚼胡豆样咬得"毕拔"响，香进肚皮头去……众人就会惊叹。

我一抹嘴说："兄弟我再亮一招'利刀割舌'！"说完拿出雪亮匕首，左手牵出舌头右手持刀就往舌头上狠命一抹，霎时吐出一大滩鲜红的血水……众人往往大惊失色。我大口大口吐着血水，惨笑说："诸位休得慌张！兄弟我这里有祖传秘方"见血封喉九龙散"，立时止血收口！"说着蘸了些药面涂在舌尖，稍停片刻伸出舌头绕场说："诸位看仔细了，我舌头上还有伤么？"那舌头果然光滑如初……

这时我趁热打铁，再亮一招"活吞利剑"，拿出一把二尺长亮晃晃的短剑，传递给众人看是否有假？众人看了齐呼："没得假！"我在宝剑上抹了几滴菜油润滑，然后伸长颈项大吼一声，将剑慢慢插进咽喉，只留剑把子在嘴巴外头，仰头伸颈如同木偶一般，绕场行走让众人仔细观看……过了好久才慢慢从咽喉里抽出利剑。众人见那剑上沾满涎液，又有一丝丝血痕。很多人不忍心说："这个跑滩匠太可怜了！"就往场子中扔钱……唉！

陈老师仔细解说，这就是江湖武人表演中的真真假假。

"嚼吞瓷碗渣"是假的。摔碗之前，早就藏了些墨鱼骨头渣在手板心中，把真碗渣让众人看了不疑，用障眼法把藏好的墨鱼骨渣丢在嘴巴头嚼吞。

"利刀割舌"也是假的。偷偷往嘴里放了几颗中药"银朱"，然后装模作样割舌头，"银朱"融化之后，流出来的是染红的口水。

"活吞利剑"是真的。跑滩匠叫作"苦拖"（北方叫"苦刑术"）。其理同医院给病人插胃管一样。我收藏了一张民国时期武人江湖"活吞利

图 7–18　民国时期江湖卖艺表演时脚踩同伴的头

图 7–19　民国时期一个江湖卖艺者在表演“活吞利剑”

图 7–20　民国时期武人江湖卖艺表演“猴拳”，情景可悲

剑”的珍贵历史照片，照片中的武人尤为可怜。

陈老师还亮出了他的胳膊，只见胳膊上一条条陈年伤疤早已发黑。陈老师苦笑道：“为了证明我的药止血效果好，我还经常用刀划破自己的皮肤，追求流血不止的效果，然后用药止血——江湖上说的‘假要假得干净，真要真得扎实’，才能挣钱。唉，以前吃这碗饭，比当‘讨口子’还艰难！”

直至 20 世纪 80 年代，“卖打药”这种社会现象还有很多。

近代四川武医流派百家争鸣

成都满族、蒙古族武医圣手

清代在成都设有满蒙八旗驻防。满族、蒙古族是尚武民族，其医学（尤其是骨伤科学）形成了四川武医的一大鲜明特色。

清末到民国时期著名的武医有喜二爷（蒙古族）、颜联五（满族）、石继周（蒙古族）、何仁甫（蒙古族）等。

最著名者当数杜自明（满族），他武艺高强，曾于 1927 年成立“精益体育会”，地址为成都东西胜街少城小学内。体育会中担任教拳师的还有叶宝棠，擅长北拳、轻功、七星力；颜良武，精通南北拳，地泉枪尤妙；林季祜，精于内功养生术；薛子安，擅长昆仑拳及武当派擒拿法。以上诸位除了薛子安是汉人外，其余几位均为旗人（清朝八旗驻防的满族、蒙古族）。可称得上人才济济，颇具特色。

体育会创办初时招收学员 70 余人，自 1928 年后，人数不断下降，教员吃饭都成大问题，该会遂于 1929 年秋宣告停办。杜自明曾感慨：“旧时武术不受重视，武人谋生太难。当年我梦想‘国术救国’，不但救不了国，还弄得全家人饿肚皮，幸亏我及时改行搞医了。”

1987 年出版的《中国医学百科全书·医学史》是这样介绍杜自明的：

杜自明（1877—1961），现代中医骨伤科医家，四川成都人……1905年在成都正式开业行医。建国初年为铁路医院兼四川医学院特约医师。1956年调卫生部中医研究院，任骨科主任。[①]

杜自明逝世后葬于八宝山公墓，公墓碑文上写道：“杜自明先生：四川省成都市人，第三届全国政协委员，中医研究院骨科老中医；生于一八七七年二月，一九六一年十月十八日逝世，终年八十四岁。”[②]

有“骨伤圣手”“武医宗师”之称的郑怀贤

郑怀贤（1897—1981），又名郑德顺，1897年9月15日出生于河北安新县（今雄安新区）新安镇北辛村。他三岁丧母，八岁丧父，只读过两年私塾，后因生活困苦辍学，开始随两个哥哥务农。他13岁跟号称“飞叉王”的李二庆学飞叉，兼学接骨治伤。1918年，他又拜武术名家魏昌义为师，学习了三年的“戳脚翻子”。后来又拜魏昌义在北京的好友“铁臂”魏金山为师，研习“鹰爪翻子”拳艺。接着，魏金山把郑怀贤推荐给当时享有盛名的孙禄堂。

1928年，郑怀贤成为南京中央国术馆首届学员。1929年，郑怀贤独自闯荡上海滩。为了糊口，他曾每日去城隍庙、大世界等地献艺表演，还曾穿上印有商品广告的衣服，为五洲大药房等商家当活动广告。郑怀贤“舞飞叉”等武功高超，被上海各大报纸广为宣传，被誉为“飞叉太保”。经孙禄堂推荐，郑怀贤先后在上海交通大学、上海中华体育会、上海两江体育师范学校担任武术教员。郑怀贤还办了平民国术传习社。

参加奥运会后，国民党元老戴季陶非常欣赏郑怀贤，说：“我推荐你去黄埔军校当国术教官吧。”郑怀贤后到成都黄埔军校，任“军荐二阶国

---

① 李经纬、程之范主编：《中国医学百科全书·医学史》，上海科学技术出版社，1987，第153页。

② 张承平：《八宝山革命公墓碑文录》，改革出版社，1990，第226页。

术教官，授少校军衔”[①]。

1944年后，郑怀贤应聘到了成都体育专科学校（1950年后改为成都体育学院）。据郑怀贤的儿媳朱梅玲老师讲，郑怀贤几乎每天早晨都坚持在少城公园（现人民公园），教授民众操练太极拳等武术。

1953年，郑怀贤作为西南代表队武术总教练，率队参加全国民族形式运动会。成都体育学院在1958年创建武术系专业，郑怀贤任第一任系主任。武术成为体院一大特色，曾被时任国家体委主任贺龙元帅多次誉为成都体院的“一枝花”。

武术系的王树田、习云太[②]、邹德发、肖应鹏、兰素贞、叶道清、温佐惠、张选惠、周植模、彭英、邹蓉、龚茂富、艾泽秀、姬瑞敏等人，也相继成为成都体院武术系的骨干（优秀人才很多，恕不能全部列名）。

郑怀贤于抗战时期入川，定居成都。我收藏的《黄埔军校第十七期（1940—1942）》资料中，就记录了郑怀贤在那个时候居住在槐树街31号。

图7–21 郑怀贤古稀之年为群众表演“飞叉”绝技

他授武外还行医，在家门口挂黑底金字招牌，上书“北平郑怀贤”；下写两行小字“跌打损伤、接骨推拿”。[③]

我所拜师父李孟常曾在20世纪50年代前后同郑怀贤经常往来。

① 参见黎万友主编：《运动骨创伤学》，四川科学技术出版社，2010，第8页。

② 习云太，当代武术界代表性人物，唐山市人，中国武术九段，《中国武术史》作者。1995年当选当代中国“十大武术名教授”。2006年被评为“世界十大武术教育家”，2007年被评为“世界武林百杰”。习老师曾给我许多指导，在此顺致诚挚感谢。

③ 参见《中医骨伤科专家·郑怀贤》，载《中国当代医学家荟萃》第四卷，吉林科学技术出版社，1990，第420页。

图 7-22 图为郑怀贤20世纪40年代留长胡子的珍贵照片

听李老师讲：郑怀贤还曾在东华门、祠堂街、春熙南路等处开过伤科诊所，在树德中学任过教，在少城公园等处向成都武林人士传授武术。郑怀贤之子郑桂麟老师回忆：父亲早年习武从不留胡子，直到行医才留起长胡须。郑怀贤的儿媳朱梅玲老师，向我提供了一张郑怀贤留长胡子的珍贵照片。

郑怀贤医术高明、医德高尚。朱梅玲老师讲，20世纪50年代前后，在他们居住的光华街、槐树街，经常有从外地来看病的。赶上郑怀贤一家在吃饭，就留下病人一起吃饭。病人看完病之后，因伤病无法行走，郑老就把他背到黄包车上；遇到那些穷苦的病人，郑怀贤会把他们送到门外，还会拿些钱赠与他们。

1950年初夏，重庆大田湾体育场举行“五四”青年运动会。足球比赛时一名队员突然负伤，倒地不起。观看比赛的西南军区司令员贺龙，见一位长须老者健步走来为伤员按摩。不一会儿伤员站了起来，又参加比赛了。

当天中午，贺龙在礼堂吃饭时，开玩笑说：“这是青年运动会，怎么你长胡子也来参加？”郑怀贤说：“贺老总，你胡子也不短嘛。”两人哈哈大笑。贺龙说：“你医术很好，很宝贵，以后要多培养点人才！”后来，郑怀贤就不再蓄胡须。

1955年，时任国家体委主任的贺龙关车门碰伤右手。他到成都时专门请郑怀贤到金牛宾馆为其治疗。贺龙也喜好武术，在治疗过程中和郑怀贤畅谈武林掌故，很是投缘。回到北京，贺龙逢人就说：“我这手是成都一个土医生治好的。”

1958年，被称为“骨伤圣手”的郑怀贤创建了成都体育学院附属医院，担任院长达23年之久。1960年，郑怀贤创办了运动保健系（1978

年更名为运动医学系）和运动医学研究室，担任主任。

1962 年 2 月，郑怀贤的《伤科诊疗》出版。国家体委还专门举办了两期伤科训练班。郑怀贤培养了大批中医骨伤科和运动医学人才，遍布全国。

1963 年 12 月 14 日后，郑怀贤曾在 5 天内先后 6 次给周恩来总理治疗手伤。后来，郑怀贤也受到了周总理的关怀。

据郑桂麟说，郑怀贤晚年时患中风，一只脚瘫痪。他就坐在轮椅上为病人看病，直到临终前几天还在工作。1981 年 10 月 31 日，郑怀贤因心脏病在成都去世。

郑怀贤生前曾任中国武术协会主席、中华体育总会常委、四川省政协常委、成都体育学院运动医学系主任。①

日本飞机空袭成都后何敬廷等武医施救市民

何敬廷（1904—1995），四川广汉人。他在少年时拜师广汉武医名师姚九安（杜门），后再拜郫县薛得修（僧门）、彭县罗真海（卢林派）、中坝赵振烈（甘肃醉子门）、成都张寿成（赵门、岳门）等人为师。何敬廷融多师武学为一体，善技击术、内丹术，民国年间以绵掌、滚堂双刀等技艺享誉江湖，人称“双刀将”，其功法“铁汉碑”“穿心过剑”最为有名。

图 7–23　民国时期四川武医名家何敬廷先生照

1939 年，成都青羊宫擂台赛，何敬廷曾进入金章三选。然而他与旧军队中武人结了“梁子”，袍哥组织出面调解，他遂弃权不再参赛。1940 年，何敬廷在成都沟头巷行医开医馆。闲暇时，他常和邓跃龙、杨天鹏、杨松等人一起研讨武医。

① 以上除本书作者田野调查外，参见樊渝杰编《体育人名辞典》，海天出版社，1991，第 260 页；徐业安编《中华武林英豪谱》，武汉大学出版社，1984，第 75—82 页。

何敬廷之子何代谦（曾任广汉市武术协会常务副主席、秘书长）讲，抗日战争时期，成都提督街沟头巷等地点，汇聚了不少武医精英，如邓跃龙、张寿成、何敬廷、郑怀贤、杨松、杨天鹏。他们积极参与省政府在少城公园举办的“荣军会”。邓跃龙的飞叉、郑怀贤的滚叉、何敬廷的滚堂双刀、杨松的走线绳标……均登场义演，慰问抗日将士及家属。

每次日本飞机空袭成都之后，何敬廷都要到民众躲警报的地方摆摊设点，用秘传镇馆药方武医“跳骨丹”“舒筋和血散”等，施救空袭中受重伤的市民，尽自己的能力服务社会，这体现了民间武术家的侠义精神。

图 7–24　何敬廷先生之子何代谦习武照

1950 年何敬廷回原籍广汉创办达寿康医馆（广汉骨伤联合诊所），是广汉市第二人民医院的创始人之一。1995 年，何敬廷逝世，享年 91 岁。

此外，民国时期的四川许多武术名家大都也是名医，如余发斋、余鼎山、蓝伯熙、吕紫剑……人数众多，实难枚举。[①]

武医高手、化门武术名家李孟常

化门武术为典型的四川地方拳种，主要流传于成都、重庆一带。其起源据说有三：一是清光绪年间峨眉修德禅师所传，二是清末四川广安悦来场王钉峰所传，三是民国时期杨石臣所传。

此拳根据《易经》原理，结合击、打、跌、拿等技法自成一体。讲究掌不离腮、肘不离怀；特点是重单手、讲化劲，借力巧打、手轻脚快、善用寸劲；主要手法有探、挂、拿等；练功方法有弹板、四肢劲、太子

① 参见孙仲达：《四川传统体育》，载成都体育学院体育史研究室编《体育史文集》，1983 年 7 月，第 210 页。

功、石锁等；徒手套路有三十六闭手、化门单拳、四门拳、八化拳等；器械套路有双锏、白虎棍、擅杀棍、七步莲针棍等。[①]

化门武术的代表人物为李孟常，公开出版的成都市专业地方志是这样记载他的：

> 李孟常，1919 年出生于成都新都县（今新都区）唐家寺，峨眉派化门掌门人，成都最后一位民间武术泰斗。他于 2005 年 11 月 17 日逝世，享年 86 岁。
>
> 李孟常青年时代到成都拜师习武，练就一身过硬功夫。29 岁时，李孟常报名参加了全省武术擂台赛。他先打翻几名好手，打得“蓝章”，随后一路过关斩将，获得“银章”，最后打得“金章”。
>
> 李孟常是峨眉派化门掌门人……化门长于技击、单打手法。近几年成都传统的“打金章”擂台赛恢复，他多次应邀去当裁判。李孟常既是中国传统武术的著名代表人物，也是中国现代武术套路及现代散打运动的先驱者……[②]

1966 年，我正式拜李孟常为师。李老师体格高大、身强力壮，性情豪爽、言语诙谐。据他讲述，民国时期他曾向四川“化派”名师杨石臣学武多年（杨石臣 1929 年后在九龙巷创办私立平民国术学校），师兄弟中有李孝康、孙永辉、刘震南等。李老师后又从师多人如武术大家陈柱龙，师兄弟中有蔡永康、陈万川（陈柱龙之子）等。李老师教授我们的八卦拳及对打，即为陈柱龙传授。

1946 年，李老师在全省青羊宫打擂中获得金章。当时他住的房子，就是卖掉金章后所买。他凭借高超的武艺（尤其是搏击）在成都地区武林界享有盛誉，人称“李打手”。他房间墙壁上，还贴有 1946 年的旧报

---

① 参见中国武术大辞典编辑委员会编著：《中国武术大辞典》，人民体育出版社，1990，第 53 页。

② 成都市地方志编纂委员会编：《2005 成都大事记》，成都时代出版社，2006，第 386 页。

图 7–25　作者年轻时随李孟常老师（左）习武后合照（1979 年）

纸，是成都著名记者车辐先生描绘当年李老师打擂获金章的情景。

李老师的二儿子李德仁、三女儿李惠仁，都从小习武，功夫过硬。他家保留的一张 1963 年的《成都晚报》上面就有十来岁的李德仁参加武术表演，取得优秀成绩的报道。

李孟常同郑怀贤、李雅轩、张英振、刘兴吾、杨天鹏、刘震南等武林名家都有交往。1956 年四川省体委邀请历届金章获得者，举办民族形式比武较技大赛，就保存了一张摄于这次大赛结束后的珍贵老照片。

这张照片中的人物，都是 20 世纪 50 年代成都武术界精英、各门派代表性人物，他们大多也是成都地区的武医名人。

李老师是典型的行走江湖的民间武医名家，曾在阿坝川边等缺医少药地区，为各族民众服务，深获好评。他擅于用中草药治病，被群众誉为“李草药”。除此之外，他还自制一些药效奇佳的膏药、药酒等。

图 7–26　前排左起依次为：张英振、俞俊清、陈大章、石济周；后排左起依次为：曾俊成（女）、丁国基、李孟常、刘意臣（摄于 1956 年，供图：邹汉易、肖清黄、王益富）

20 世纪 50 年代，他一度在医院当骨伤科医生。20 世纪 60 年代，医院禁止他教授武术。我曾亲眼见他在太平南新街工地赤裸上身挥汗如雨，拉大锯“解木料”。此后，他长期在中和场等地，摆摊子行医卖草药养家糊口，受到当地民众欢迎。

李老师有很多弟子，如唐一德、胡启明、邹翰易、王学贤、刘梦元、吴兴隆、向永林、赵尔劲、王以富、杨火明、王玉林、薛万明、薛山。这些人大多很懂医道和武术健身。比如邹翰易，他曾在 2013 年后任四川省老体协太极拳专业委员会会长，为发展四川太极拳做出了贡献。

2005 年 11 月 17 日晚，李孟常去世。《华西都市报》《成都商报》等媒体曾专门报道。

2017 年吴大才创办武医研究会

吴大才，1939 年 2 月生于四川遂宁，满族。1962 年 8 月毕业于成都体育学院，专攻运动医学及中国武术，师承郑怀贤教授。毕业后在国家体委运动创伤研究所及成都体育医院从事临床与研究工作。四川省第六、七届政协委员。运动医学副教授、副研究员、副主任医师。

1997 年 5 月吴大才开办成都市达康中医药研究所，并开设大才骨伤诊所门诊至今，数十年以来治疗数十万人。先后发表专业论文 30 余篇。2016 年 9 月任世界中医药学会联合会脊柱健康专业委员会第一届理事会成员及顾问。多次应邀赴日本、韩国、美国等国家讲学和进行医疗活动。2017 年 8 月 10 日，四川省武术协会武医研究会正式成立，吴大才任会长，季筠任秘书长。

吴大才弘扬郑怀贤所传授的武医技艺，成就卓著。1987 年，我曾和吴大才一起应邀参加深圳举办的国际气功研讨会。吴大才在会上宣讲了郑怀贤武医事迹。

近代以来，成都武医界高手云集，邓跃龙就是其中的代表人物，成都八宝街医馆的老成都人对其十分熟悉。邓跃龙练有四川特色武术拳械——飞叉，在治疗跌打损伤方面也有自己的独特方法。他有两个徒弟：一个是刘家文，建立了东门街骨科医院（成都第一骨科医院）；另一个是杨天鹏，建立了东门骨科医院（成都骨科医院）。邓跃龙还是四川武术“蚕闭门”的代表人物。相关史料记载：“邓跃龙乃袍哥舵把子，公开职业是卖打药，在八宝街开了一间药号，因善使一柄钢叉，外号人称‘邓飞叉’”[①]。

对其他武医，吴大才也有评论。比如，李孟常拳械都非常精到，在中草药组方用药上有独特的风格。陈大章在武医方面也有所研究，武术方面擅长刀术……以上这些都是师传有序，在武医方面各有特色，且都是群众欢迎的成都骨伤名家。[②]

图 7–27 左起：龚茂富、刘德贵、吴大才、李太兵、郑光路（前），拍摄于 2018 年武医研究会成立

人们对“武医结合”的误解

不少人狭隘地将“武医结合”仅仅归为治疗跌打损伤的骨伤科范畴，

---

① 文枢、吴剑洲、崔显昌：《旧日成都的“人市”》，载《龙门阵选粹》，四川人民出版社，1992，第 146 页。

② 参见吴大才、宋明清：《武医流派及成都的发展》，2007 年 1 月 30 日（www.dacaigushang.com）。

这是不妥的。

1983 年，我在专业刊物上发表了《武医结合，造福人民》《论武术与医学的关系》等文，都产生了一定的影响[①]。我认为武术有实战搏击、表演艺术、医学健身三大功能，“武医结合”必将是医学界的一件大事，也是武术发展中的一项重要内容。我在文章中指出，应该稳妥慎重地在一些有条件的医院开设“武术医学科”。该文发表后，《武林》杂志在多期展开讨论，反响热烈。

1987 年，我被四川康复中心和珠海特区华侨康复中心聘请，任武医结合专业医师。1987 年前后，《四川日报》《成都晚报》等多家四川媒体，

明報・1987年8月19日星期三

人物專訪

四川醫師鄭光路 倡導武醫結合療法

＊小平

四川著名醫師、氣功師鄭光路，師承「峨眉道派煉丹術」，又是文革後醫科大學科班出身的。

他看來神采奕奕，氣度不凡。今年三十八歲的鄭光路，外表與廿多歲的青年不相上下，人們聽說他的兒子已十一歲，紛紛嘖嘖驚嘆，莫非這個氣功師身懷「練丹術」，使得青春得以長駐？

中國道家氣功源遠流長，歷代道家養生術中有一整套練功方法，期望從自己體內煉出長壽延年的「丹藥」來，稱爲「內丹術」。練丹派也稱爲「金丹道教」。鄭光路習練的「峨眉道派練丹術」，自漢代起便已廣泛傳授。四川是中國道教的重要發源地，亦是鄭光路的家鄉。

鄭光路說，這套「峨嵋道派煉丹術」，爲民國「同善社」川東會首之一的「鼎虛道長」傳出，其父輩師長得其親授，演練數十載後，把這套「煉丹術」功法傳給鄭光路。鄭光路自七歲起便習武練功，三十年長年堅持不懈。他每天早晨五點半至七點練氣功，下午打拳，晚上練峨眉派武術，其餘時間大都用於行醫著書，每天只睡五、六小時，但仍然精力充沛，不露倦態。他說，在特別疲勞時，閉眼小息十分鐘，便等於一般人睡一、二鐘頭的效果，這就是氣功的奇蹟。

鄭光路從小隨父輩師長學武術和中醫，中學畢業後正遇上文革，他亦上山下鄉勞動，期間一直練功、行醫不止。七一年，鄭光路被調往醫療部門工作，七八年考入大學，經[illegible]不[illegible]習四年的醫學專業，成了一位難得的武功界秀才。他現在能文能武能醫，近年來曾發表三十多篇論文，其中「武醫結合 造福人類」一篇引起學術界較大反響，他的「武醫結合」的構思和設想，受到各方重視，目前已被武術界、醫學界採用。

這位氣功醫師亦精通中醫，在他行醫過程中，留下不少「神醫」的故事和美傳。他甚至還在銀幕上大顯身手，在電影《草莽英雄》中任武術要角。今年二月，鄭光路在深圳國際氣功研討會上，表演「峨眉勁功煉丹術」功法和「少林梅花精拳」，并獲表演證書獎。

現在鄭光路任四川峨眉氣功研究會副會長，最近他與幾位四川醫師應邀到珠海創辦康復中心。

鄭光路與氣功激發系統　圖爲鄭光路（右）和中國科學院研制的「氣功激發系統」。據說，病人在氣功師和醫療器械的配合下可達到更好的治療效果。□小平攝

图 7–28　香港《明报》1987 年 8 月 19 日记者专访《四川医师郑光路，倡导“武医结合”疗法》的剪报

① 《武医结合，造福人民》发表于《武林》1983 年第 9 期，《论武术与医学的关系》发表于《成都体院学报》1987 年第 1 期。

以及广东《广东侨报》《珠海特区报》，香港《明报》《大公报》《商报》，澳门《澳门日报》《大众报》等曾多次专门报道。例如，1987年8月19日《明报》发表一篇题为《四川医师郑光路，倡导“武医结合”疗法》记者专访，介绍我开展“武医结合”的情况，并配有我的大幅照片。

第八章

近代以来影响重大的武林人物和事件

◎ 史实模糊的几位武术大家 ◎

张天虎、马黑子（马振江）①、马镇江、马宝

清末民初时期成都武术的代表人物主要有张天虎、马黑子（马振江）、马镇江、马宝。我们研究近代四川武术史都绕不开这几个人，然而我们却很容易把他们弄混。

北方赵门武术入川

赵门拳在清代传入四川后，分为直隶和三原（三元）两派，广泛流传于四川各地。直隶派以马黑子、马镇江为代表，其特点为大开大合，气势勇猛，以十二环梅花桩为功法。三原派以黄春魁等为代表，其特点是“定势每招慢、住势留半拳”，动作细腻，以十大盘功为功法。其拳路多奔跃腾落、舒展大方，多腿法，与南派“踢不过膝”风格迥然不同。

著名体育史学者孙仲达是这样描述马黑子和马镇江的：

---

① 灌县著名老拳师祁玉祥曾经提到，马振江长得体壮面黑，故常被武林人士称为“马黑子”，反而很少有人知道其本名是马振江。为读者方便阅读，本书用“马黑子”指代马振江。

甘肃回族的张天福（张天虎），于光绪初（1875年左右）与其徒马黑子来川，在彭县设“武棚”教徒，专授北派洪拳门。几年后张死于彭县。马黑子后又来成都设“武棚”教徒。他武艺甚好，尤以踢腿著名，人称为“神腿”。其徒马镇江深得其技，武术界称为“无影腿”，设棚授徒又兼任成都清军十营总教师。他传授的武术有大小洪拳、四门拳、小神拳、十八宿拳、杂技、九龙大刀、单双刀、梅花棍、梅花枪等。年八十余岁而卒。其徒较多，1949年后，尚有陈大章、胡子文等在医院作医生。①

马晓东先生在《回族武术宗师马镇江事略》一文中介绍，马镇江（1821—1920），本名马静源，号镇江（正江），回族，祖籍陕西凤翔，清道光年间随其父母入川，家住成都皇城坝金家坝街。曾任清朝四川荣县把总、茂县把总、清军十营总管等职务，授正三品武将头衔。据说，马镇江父亲的排打功高超，连鼻子也经得起板凳击打，人称“红鼻子马二爷”。马镇江父亲有个结义兄弟是马黑子，这样，马镇江就拜了马黑子为师，学习武艺。

马镇江艺成之后，走南闯北，博采诸家之长，自成一体，世称“马派”。因为马派功夫来源于直隶的赵门，所以马派又称“直隶马派”或“赵门直隶马派”。

当时成都武林高手马宝，人称“铁人”马宝，约马镇江较量。打斗中马宝用绝招铁头功向马镇江连撞三下，却被马镇江用掌连接打了三个“坐蹬”（坐在地上）。马宝心服口服，遂拜马镇江为师。在他晚年所收的弟子中，有马少（绍）堂、者昆山、胡子文、韩振江、马鹤亭、马鹤鸾、黎渊如、马国柱、马瑞图、傅金生、马玉龙、马宝、黑新源、陈大章、

① 孙仲达：《四川近代传统体育》，载体育文史资料编审委员会编《体育史料》第三辑，人民体育出版社，1981，第6页。

高知骄等人。[①]

武术界还流传着许多关于马镇江武德、武艺的事迹。有一年冬天下大雪，马镇江在街上看见一位衣衫褴褛的老人，便将自己新做的棉裤脱下，送给那位老人。

图 8–1　图中坐着的长者为马镇江，下坐脚凳孩童为其孙儿马驷高；站立四人为马镇江徒弟，其中左二为胡子文（马派主要传承人）（照片由马晓东先生扫描提供）

时至今日，赵门武术也有所发展。成都武林高手肖清黄于 2013 年 3 月成立四川赵门武术研究会，2019 年协会被批准为成都市第六批非物质文化遗产。此外，赵门武术名家数不胜数，仅成都一地就有刘德贵、曾碧鑫、汪刚、刘显勇等名家。

祁玉祥谈马黑子川西传艺

1974 年后，我在灌县（现都江堰）工作多年，曾多次听灌县著名老拳师祁玉祥讲武林掌故（1983 年灌县成立武协，祁玉祥为第一任主席）。

① 参见马晓东：《一代武林宗师马镇江》，载成都市政协文史资料委员会等编《成都文史资料选辑第 30 辑 · 成都少数民族》，四川人民出版社，1997，第 211—215 页。

据祁玉祥说，马黑子是他师祖，光绪二十二年（1896年）来灌县，在清真寺教授北派武术。当地武人最初不服气马黑子的北派功夫。当时，清真寺内有一棵非常粗壮的皂角树，武人们说：“马师傅，帮我们上树子摘点皂角嘛！”

马黑子走到树下调气运力，“嗨”地大吼一声，膀臂震击树干，皂角落地无数。武人们一看，佩服不已。马黑子的腿法最好，号称“神腿马老师”。马黑子在彭县文昌宫曾以一记“旋风脚”，把殿外粗柱子从石柱磴上打移几寸远。

另据祁玉祥在1984年给成都市体委提供的一篇史料记载：“1908年马镇江、刘崇俊等将马黑子接至成都家中，数年之后，深得马老师大小红拳、花打四门、小神拳、二十八宿、九龙大刀、单刀、双刀、八母枪、沥泉枪等真传。清宣统初年，灌县黎渊如、王贤如、胡子文老师与我师马国柱老师，始投于马镇江门下习武。马镇江老师武艺高强，但平易近人，为四川北派拳术的流传做出了贡献。”①

“绿林派宗师”——“铁人”马宝

马宝（1864—1941），字飞熊，后改为哲良，生于1864年秋，成都人。他原居乡下，清末才搬进省城。据马宝的关门弟子杨季冰老先生回忆，马宝出身贫寒，却自幼爱武。他没钱拜老师，就经常跑到场镇看江湖汉子卖艺，偷经学艺，回家后还比比画画。他还时常跑到河边举巨石练力气，沙滩狂奔乱跳，爬树取鸟蛋，树林中逮弄蛇虫，就是不肯正经读书，入私塾三年才念了一卷《三字经》，还不能背诵，只好停学。成人后身材高大、膂力过人，喜养雀、打斗、赌博。但是他对母亲很孝顺，因此乡里称他为“马孝子”。

他性情刚直暴躁，会对横行霸道的人报以铁拳，常愤愤地说：“如果

① 祁玉祥：《灌县北派拳术之源流》，《四川体育史料》1984年第5期，第41页。

你以后还是这样，老子还要打你！”故又有人称他为“怒马”。

后来他成为成都的武林名师刘扬廷的徒弟。据说刘扬廷是太平天国翼王石达开身边四勇将之一，身怀绝技。马宝随刘扬廷学了一身好武艺。后来，刘扬廷病故。这时，外号“金舵子”的黄二爷来川，马宝与新繁县的刁泽成一起拜黄二爷为师，深得其真传。黄二爷逝世后，马宝则披麻戴孝，竖碑埋葬师父。

马宝身高体壮，浑身筋骨钢硬尤善头功撞人，人称“铁人”马宝。马宝从师多人，绝艺在身，脾气又暴躁，终因惩治当地恶霸胡贡生爪牙，而误伤人命，只得化名外逃投军，后屡建战功，升至川北协镇千总。赵尔丰任四川总督时，调聘马宝为总督府镖客，待之甚厚。马宝曾在成都多次主擂，晚年还在四川省国术馆国术专门学校与刘崇俊同任教育长，为武林培养和输送人才。

图 8–2 马宝（中坐者）古稀之年和徒弟付元亨（左）、陈子庄（右）合影（照片来源：四川省体育博物馆、四川省武术协会、内江市武术协会、资中县武术协会等 2009 年 12 月编著出版的内部资料《峨眉盘破门》）

著名体育史学者孙仲达对马宝也是称赞有加：

> 光绪末年（1907 年左右），有个马宝，长于南拳，人称之为“铁人”。自谓其拳技系少时在北京当清王朝兵弁时，为一和尚所传授。辛亥革命后，任都督尹昌衡的镖师。后又在成都教徒传艺……马宝就是南派拳，且在成都教徒传艺，门徒不少，影响亦大。①

① 孙仲达：《四川近代传统体育》，载体育文史资料编审委员会编《体育史料》第三辑，人民体育出版社，1981，第 6 页。

马宝膝下一子二女，长女涤新，是一名教师，她在 1932 年的成都花会全省国术比赛中，获女子组银章。次子如龙，在边防军任上尉国术教官，七七事变后参加抗日，右头骨为弹片所伤，神经受损，导致健忘，后在四川水警总局任闲职。三女维新则一直教书。

马宝弟子众多，有杨季冰、胡澈超、刘宗沛、许文超、马石臣、罗伯华、朱仲康（“朱贯锤”）、付元亨、陈子庄等人。马宝到古稀之年时，形貌儒雅，已经到了“习武不显武”的高深境界。

1941 年马宝仙逝，时年 77 岁，葬于成都北门外肖家碾。作为一代宗师，马宝至今仍为四川武林人士常常提及。①

宝鼎、李国操、刘崇俊

形意拳宗师宝鼎与积健武术社

宝鼎（1860—1942），字显廷，回族人，陕西长安（今陕西西安）小毗园人。宝鼎青年时目睹天下动荡，遂弃文习武。他向当地武林高手回教阿訇安善卿悉心学习终南形意拳及内功，然后考取武秀才。后由名武师韩振选、马大有收其为门徒，传授内功“十三太保功”。随后，宝鼎遍游北方各省，卖艺保镖，又从师著名河南形意拳大家安大庆，学习形意拳两年。

光绪二十八年（1902 年），宝鼎以镖师身份随四川提督马维骐入川，授管带职务（类似营长），驻顺庆（南充）、保宁、潼川三府。他将北方形意拳、洪拳及查拳等传与同道。于是，宝鼎凭借“擅北宗、精内功”，名震川西北。

宣统二年（1910 年），他驻潼川（今三台县）。1912 年后，他任川北

① 参见杨季冰：《绿林派一代宗师——马宝》，《四川体育史料》1987 年第 1 期，第 53—54 页。

盐务管理局卫队队长，从此长住三台22年。

1921年10月10日，宝鼎在三台正式创办“积健武术社”。社章中写着：“古语云‘积健为雄’，国人体魄强壮，庶几可强种强国……”会员最多时达千人以上。优秀门徒有大弟子黎汉章、二弟子未崇安及林暄等人。1924年宝鼎受聘于国民革命军二十九军军部（军长田颂尧，驻潼川），任国术教导。1941年他被聘为东北大学（抗战时迁入潼川）国术教授。

宝鼎勤奋著述，所著《内功十三段图说》《形意拳谱》为武术界人士珍藏，还有日文版。1942年秋天，宝鼎病逝于成都新南门外寓所，终年77岁。

图8–3 1923年10月10日，宝鼎（站立者右五）与“积健武术社”学员合影

打擂高手李国操传授“洪门”拳术

李国操（1875—1960），湖北汉阳新隆镇（今武汉市蔡甸区蔡甸街道）人。他到20岁时，已是身高近2米的彪形大汉。他参加汉阳县武学考试，获案首（武秀才第一名）。1897年李国操至武昌参加武举乡试，临场作一马步两腿蹲裆上架，上搁600斤的石翅（石担），两臂还能开

300来斤的铁弓。观者无不为之惊奇。然而主考官却说："此乃神力，天生自有，无功可考。"未予录取。

1899年，有一个沔阳县籍的朝廷逃犯樊怡良潜居汉阳索河、肖家庙一带，从之者甚众。李国操见樊身形矮小、瘦骨嶙峋，对其颇为轻慢，坚请与之交手。樊再三谦让不得，请李国操先出招。李鼓起全身力气向樊怡良猛击一掌，他却犹如木桩毫不晃动。樊怡良抢上一步扭住李国操左膀如铁爪抓兔，顺势拐上一脚，李国操倒于地上。樊怡良轻声微笑说："小子不可目中无人。"李国操起立，即向樊怡良行三跪拜师礼。从此他勤学苦练三年，痛改以前恃强傲物、好勇斗狠的霸气。

1904年间，兴隆盗匪为患邻里，李国操夜里持械捕获二盗。乡里人坚持把二盗缚石沉于汉江。于是，李国操与群盗结怨，远去宜昌避祸，借住在一个族人开设的旅店。

李国操身高个大，食量惊人，族人认为他是拖累。正好这时有个新任四川忠州知府（姓名已不详），携家眷宿于该旅店。族人遂向知府介绍李国操身有武艺，可作护卫。知府应允。

知府一行离开旅店，走水路前往目的地。船行一周，因逆风回旋于黄牛峡。一天早晨，船队休整之时，十余个手持明亮大刀的强盗，沿着峭壁蜂拥而至，将船围住。知府吓得和妻小紧抱一团，齐声哀求饶命。

此时李国操已将常年束腰的绸带放置在水中浸泡。他蹲在船头，细声细语地说着江湖话："大哥们，高抬贵手。"为首强盗大喝一声："老子不吃你这一套！"跳上船来，朝李国操劈头一刀。李国操将水中绸带一抬，"扑通"一声，盗首连人连刀掉落水中，其他接连持刀上船的强盗均被李国操用绸带打倒。李国操揪住为首强盗说："我现将你们几个人的头，割下祭船。"岸上站着的强盗一齐大呼："勇士饶命！"知府也从后舱跑到船头劝说，李国操这才放走船上强盗。

忠州知府平安上任，视李国操为恩人，把他介绍给重庆的一位翰林，盛赞李国操武艺超绝、侠肝义胆。这位翰林极为器重李国操，推引他参加重庆的各界活动。在一次活动中，李国操结识了四川辛亥革命时期的著名领导人物熊克武。此后，他成为熊克武的贴身侍卫。

1916年后，熊克武一度执掌全川军政大权。李国操历任熊克武的查马长①、三军成都联合办事处（负责川军武术训练的机构）技术主任。

1918年，李国操在熊克武的安排下，参加了成都青羊宫花会擂台比武，任第一擂台主。他自知是客居他乡之人，不能过于高调，因此，在比武中多半是与对手打成平手。全川武术名手一致佩服他的超绝拳艺，李国操誉满全川。此时，李国操的官阶为上校级别。1923年，李国操还在刘伯承创办的政治学校担任过主任教官。

李国操后定居重庆传授徒众甚多，比较有名的有吕紫剑。袍哥界将李国操称为“仁义大哥”(荣誉称谓)。从此，李国操成为重庆著名的“李大舵爷”。1941年元旦，蒋介石在重庆宴请各国驻华使节，特召李国操在宴会上表演中国武术。当时他虽然已年逾花甲，但是动作仍然矫健，不减盛年。②

1950年后，李国操在重庆南岸玄坛庙寓所居住。1957年，他被选为重庆市武术协会副主席。关于李国操的门派特色，有资料说他是“洪门传人”:“其侄李茂堂承其技……（李国操）使洪门拳术成为巴渝武术的经典套路做出了突出贡献。”③ 1960年，李国操病逝，葬于南岸三块石山岗上，墓碑大书八个大字：“大拳师李国操之墓”。

刘崇俊与中央国术馆

本书在前面的章节（详见本书第四章第三节中的“亲历辛亥革命的

---

① 查马长，近代军事职官名称，掌管马匹喂养、考查马匹强弱等事宜。秩同守备，正五品。

② 参见李良安:《武术大师李国操》，载武汉市政协文史学习委员会编《武汉文史资料文库》第八卷，武汉出版社，1999，第572—576页；任一民主编:《四川近现代人名录》，四川辞书出版社，1993，第118页。

③ 吴必强:《抗战“陪都”时期的峨眉武术》,《四川体育科学》2008年3月第1期，第117页。

'袍哥'成员")中介绍过刘崇俊的习武经历,以及其在辛亥革命中的事迹,因此,上述内容本章不再赘述。我们在这一部分主要介绍刘崇俊在中央国术馆的经历。

中华民国建立后,刘崇俊凭借反清之功曾任营长、团长。1912年,四川第一个官办武术组织四川武士会在成都忠烈祠正街成立。四川都督尹昌衡为名誉会长,马镇江为会长,刘崇俊为副会长。1925年筹建四川省国术馆,前清状元骆成骧任正馆长,刘崇俊任副馆长及负责具体馆务工作的教务长。

民国史料记载:"国术一道,湮没不彰者久矣……北方则有李存义、李景林诸先生,设武士会于天津……刘崇峻(即刘崇俊)先生,设武士会及国技学校于成都。"①

1928年,南京举行首次国术"国考",刘崇俊为蜀中武人之首,领队赴南京。刘崇俊、杜心武、杨澄甫、吴鉴泉、孙禄堂、刘百川等29名国术名流皆为评判委员。刘崇俊也在会上表演"练步拳",深得行家好评。1928年10月,第一届国术考试后,中央国术馆张之江聘刘崇俊(史料中有人写成刘崇清)任教务长。②

刘崇俊的"练步拳"被列为馆内生员必修项目之一。国术名家吴志青将此拳整理成书流传全国。吴志清在序中称赞刘崇俊的"练步拳":

> 此拳传自川人武士会会长刘崇俊君。盖刘君久历秦陇河洛,探访名师益友……余叹未曾前闻。见习一过,觉与他拳相异,且刚柔相济,无太过亦无不及。恰似黄庭初写,始信龙拳之神妙也!

刘崇俊曾经从双流县王燕子那里学"攥剑",独树一帜。吴志青还编

---

① 吴志青、金铁盦编:《查拳·醉八仙拳谱·武艺精华》,山西科学技术出版社,2012,影印本,第17页。

② 参见冷传奇、史国生、孙永武:《抗战前中央国术馆主要人事任职情况考辨及补遗》,《南京体育学院学报(社会科学版)》,2017年第2期,第17页。

著有《国术教范七星剑》，1929年在上海大东书局出版。吴志青在自序中称：“此剑经四川武士会会长刘崇峻传给作者。”[①]

图 8–4　刘崇俊编写的《少林正宗练步拳》，被列为中央国术馆教材

1931年，刘崇俊返回四川，仍负责省国术馆工作。其主持四川省国术馆期间，成绩斐然。一次冯玉祥和中央国术馆张之江馆长到成都参观众武士演练，冯、张二人赞叹不已：“真是流派众多、风格迥异，想不到蜀中的国术如此兴盛。这和刘馆长热心‘发扬国粹’分不开。”

刘崇俊虽然为典型武人，但是学识渊博，其书画格调也颇为不凡。在抗战初期，他曾在成都举行募捐义卖，其所作的书画购买者甚多，可见其画技已经达到相当高的水平。乐山凌云山现存的摩崖石刻中，就有刘崇俊在1918年的楷书“虎”字石刻。“虎”字遒劲有力，一气呵成，字宽2.1米，高2.6米，距地面高38米。上款为“民国戊午（1918年）

① 中国武术大辞典编辑委员会编著：《中国武术大辞典》，人民体育出版社，1990，第501页。

季春月谷旦”，下款为“四川武士会刘崇峻书”[①]。

1938年3月3日，刘崇俊于成都病逝。出殡时有100多名武人争抬灵柩出葬，规模极为隆重。市民夹道观之，皆言：“旧闻孔夫子死时有弟子数十扶柩。今天抬刘崇俊灵柩的竟比孔夫子还多！”

当然，这同刘崇俊的特殊资历及社会地位有关，他不仅是有名的武术家，也是威名赫赫的袍哥首领。20世纪80年代，我常听见一些老拳师扼腕叹息：“虽然刘崇俊当时已经大有声望，但是现在其事迹却鲜为人知了。”

“火龙拳”钟润生父子和“盘破门”刘新吾

刘松云传授黄林派“火龙拳”趣闻

黄林派，也称为黄陵派，是典型的四川地方拳种。传说其起源主要有两种。

第一种：清嘉庆（1796—1820）时四川荣昌和隆昌两县交界处的黄林僧人（或黄林道人），观察群猴互斗及蛇兽相搏，效仿猴的机灵和蛇兽的柔猛融入拳术，创编而成。第二种：此拳由陕西传入四川，因黄帝陵在陕西故称“黄陵派”。此外，也有传闻说，黄林派还与陈抟老祖、火龙真人等有关，但均难以证实。

四川武术家邹德发的解说比较中肯：“火龙拳是峨眉武术高桩拳种之一。它有四个主要拳路：‘挨盘’（俗称火龙拳）、‘走盘’（俗称火龙滚）、‘蹲桩’和‘四平’（即南四平拳）……此外还有一些器械套路。”[②]

我从武林前辈口中得到的历史事实是：清光绪年间四川隆昌县人刘

---

① 帅秉龙：《凌云山现存摩崖石刻题记调查》，《乐山史志资料》1991—1992年，总第21期—第28期，第584页。

② 邹德发：《蹲桩拳》，四川科学技术出版社，1997，第8页。

松云擅长黄林派拳术。民国初年，刘传拳技于成都的宋鹞山、钟润生、张海门、钟俊芝等人。有资料为证：

有一天，钟润生与师兄宋鹞山及师弟余老幺在茶馆饮茶，其间免不了谈论武术，比比画画。邻座一个四十岁左右的汉子，身高约五尺，黄瘦脸皮、高颧骨，双目炯炯有神，身穿粗布短衫。这汉子听他们高谈阔论，微微哂笑，似有不屑之意。宋鹞山离座向那人抱拳道："你哥子一定是'打打行'的'内盘'，何不赐教？"

那时武林讲究以武会友，汉子当即走到茶馆外空坝中，对三人拱手说："你们一起上吧。"宋鹞山、钟润生、余老幺已是武林高手，听到这话大怒，就一窝蜂窜上去，拳来腿飞，纷纷进招。

这汉子身法敏捷异常，左右盘旋穿梭，双手或盘，或撩，或提，或格……那种防守"脱化"之法非常独特，守中有攻，他还用又狠又重的凤眼拳四面还击，三人未占丝毫便宜。猛然间那汉子向钟润生虚晃一招，倏地急转身，扭腰向宋鹞山猛扑。宋鹞山大惊，急忙连退数步，慌忙间将茶桌上的铁水壶撞落在地。那汉子眼明手快，左拳直点宋鹞山面门，右手却几乎同时将水壶拾起放回桌上，仍严守门户毫无破绽。只这一招，充分显示出他技艺的高超。

钟润生三人大为叹服，当即拜他为师。①

宋鹞山（宋跃山），灌县中兴场（今都江堰市玉堂街道）人。钟润生，生于清光绪三年（1877 年），四川温江（今成都市温江区）人，后定居于成都西郊马家寺（现属双流区）。其弟钟俊芝，比他小十来岁。钟家为武术世家，钟润生父亲曾任清代达县、峨眉县等地武官。

钟润生等人听刘松云讲黄林派武术的渊源。清嘉庆年间荣昌县黄林寺有一位黄林老道，将此派武术传给刘松云祖父刘教古。刘教古膂力甚

① 此段旧闻，为钟润生之子钟方汉向本书作者郑光路亲述。

大，能双手握住大牯牛的两角使其动弹不得，因此乡里人称他为“牛叫苦”。刘松云排行老幺，与其三哥自幼随祖父刘教古习武。尽管刘松云技艺卓绝，他却不以武艺谋生。清末时期，他就与同盟会有联系，中华民国建立后又与熊克武等四川反袁世凯的军政要人关系密切，进行讨袁活动。1915 年蔡锷组织的反袁战争前夕，刘松云随熊克武等人东渡日本，不久后得绞肠痧（也有可能是阑尾炎），死于山东，年仅 40 余岁。

成都地区“火龙拳”传承人

宋鹞山、钟润生等向刘松云学了“蹲桩拳”“四平拳”“火龙滚”等套路，还有“火龙对扣”（对练）：双方都站在一只长条凳上进行，这对桩功及灵活要求极高（两人要在几寸宽的长凳上边打边侧身相让、调换位置）。我曾见钟方汉在 81 岁高龄时还常与其孙练习“火龙对扣”。

火龙拳风格独特。凤眼锤（食指关节突起如螺尖）专点人要害穴道（如眼、喉、太阳穴、膻中穴等），出拳着力狠重。演拳身法上下左右，盘旋闪摆，吞、吐、闪、钻……若蛇龙之灵巧难测。

据钟方汉讲，在刘松云的诸多弟子之中，以大徒弟宋鹞山武艺最精。宋鹞山后在灌县中心场教授众人武艺。除了跟随父亲钟润生学武外，钟方汉还受到了宋鹞山的指点。

关于成都地区火龙拳的传承有很多说法，下面一种仅供参考：

刘松云主要徒弟有宋鹞山、钟俊芝、钟润生、张海门。后来，宋鹞山传徒侯万里、陈大力、钟方汉等人，侯万里传刘震南等人；钟俊芝传周开臣等人；张海门传张玉龙，张玉龙再传付思齐等人。

至此，火龙拳广为流传，形成钟、宋两家大同小异的火龙拳风格。本书主要介绍钟家火龙拳。

钟家火龙拳以钟润生、钟方汉父子为代表。

钟润生曾任川军田颂尧部屯植军司令部（司令长官为抗日名将王铭章）中主任武术教官。随后，钟润生留居成都教授王铭章的儿子。不久之后，钟润生便回马家寺务农。在闲暇时，他身背竹筐在田径中拾狗粪，也时常在苏坡桥等场镇设摊为人治病（跌打损伤），乡里人视其为“异人”。然而，成都、温江、崇庆、郫县等地，却有不少人常慕名前来拜师学艺，“钟家火龙拳”遂闻名于成都附近州县。钟润生于 1962 年去世，享年 85 岁。

钟俊芝为钟润生幺弟，武功精熟颇受时人好评。钟俊芝于 1976 年去世。

钟方汉生于 1903 年，1995 年 3 月去世，为钟润生独子，曾在川军中任职，教授武术，并随王铭章出川抗战。他谙熟多种武艺，如火龙拳、“九滚十八跌”及北方拳种等。抗战胜利后他归川，在马家寺一带收徒甚多。

钟方汉曾多次向我演练拳法，我也为他拍摄许多习武照片，写下不少评介文章，作为老拳师的珍贵资料，刊登在专业报刊。[①]

图 8–5　1983 年钟方汉（右）向本书作者郑光路（左）传授“火龙对扣”

① 如郑光路：《峨眉黄林派武术——火龙拳》，《成都体育学院学报》1984 年 01 期，第 25—27 页。

据《四川武术大全》介绍，黄林派代表人物有钟方汉、宋德炤、傅思齐、邓善堂、何绍清。[①]现在四川火龙拳的代表人物主要有武术名家傅尚勋、周直模、张汉斌。

周直模评论："黄林派是峨眉武术中较有代表性的一大流派。火龙拳是黄林派的代表性拳种，属峨眉武术高桩拳种之一。火龙拳的风格独特，演练灵活，步走蛇形，顺势借力，无大开大合动作，极具四川地方特色。"[②]

刘新吾精于"盘破"武术

刘新吾（1909—2001），又名刘兴无，四川简阳县贾家区人，8岁拜师习武，成年后考入四川天健体育专科学校（校址在合川县）。20世纪80年代，刘新吾曾向我叙述他的习武经历。

刘新吾曾拜著名的陕西三原县高占魁（绰号"鹞子高三"）之得意弟子、三原县名拳师刘永中为师。当时刘永中已经71岁高龄，他将其擅长的洪拳、子鹤拳，以及刀、枪、剑、棍、鞭杆、线锤等武艺，全都传授给了刘新吾。

刘新吾在壮年时期曾向青城山道人"吕嘉会子"学习"老聃吐纳法"，向峨眉山释明朗和尚学习佛门禅功。1940年，他又向青城山普照寺主持申寅和尚学习"陈抟睡功"。刘新吾还曾经拜河北著名杨氏太极拳家王月波为师，向他学习太极拳。此外，刘新吾还在四川资中县老拳师肖天禄、陈鹤皋处学习"僧门盘破"等技艺。

刘新吾酷爱技击术，善用"盘破（拨）手"招法。此法为四川武术中之精艺——实战时双手灵巧地与小臂劈响刁擒，集攻、防、擒拿术一

① 参见四川省体育运动委员会、四川武术挖掘整理小组编：《四川武术大全》，四川科学技术出版社，1989，第1183页。

② 周直模：《非物质文化遗产视角下峨眉武术"火龙拳"的保护与传承研究》，"峨眉武术在线"2012年11月11日。

体，还须配合灵巧身法步法、虚晃引诱，在实战中占据优势。

1928 年秋，合川县举行五县联办国术擂台赛。刘新吾时年 19 岁，获得金章第一名，此后他多次在各种擂台赛中获金章。1946 年四川省考武术特别组打擂比赛，参加者都是历届擂台赛中荣获金章者，刘新吾力克群雄，荣获该组金章。1948 年，上海举行中国第七届全运会，四川省曾举行包括技击散打、刺枪术、剑击等内容的选拔赛，刘新吾获第二名。随后，他与余克俭二人代表四川省出席全运会。在 1948 年 5 月 6 日的上海表演赛上，刘新吾获拳术第六名[①]（全运会未设打擂比赛）。赛后，赛会举办方赠与他一面锦旗，一把单刀。全运会结束后，他曾受邀，到上海大夏大学表演“连环刀”。

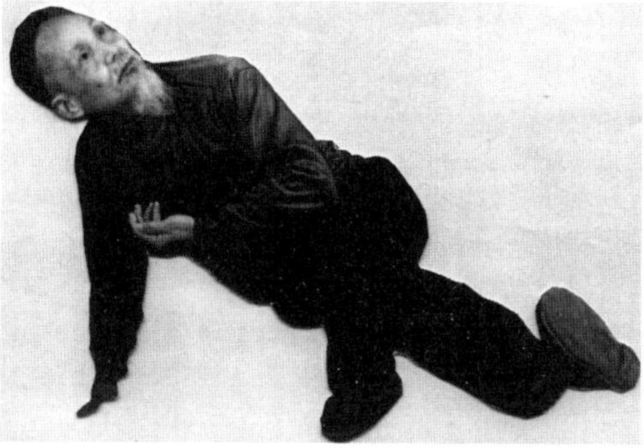

图 8–6　刘新吾古稀之年演练“子鹤拳”

新中国成立后，刘新吾在简阳一所学校任体育教师。1951 年调到贾家镇，相继在团和小学、古井小学任教。20 世纪 80 年代后，刘新吾多次应邀在全省老拳师表演会上演示拳械套路，其演示的“子鹤拳”套路，表现出了猴鹤相斗的情景，他年过古稀，依然动作灵巧，翻腾跳跃、跌扑滚闪不在话下，获得了专业人士广泛的一致称赞。

他家境清贫，居住在简阳县贾家场烟袋巷陋巷，我曾多次前去聆听其教诲。我写过关于刘新吾的文章，并在全国武术专业报刊发表。如《中国体育报》和国家体委主办的《体育文史》1988 年第 6 期《四川武林旧闻录》。

① 参见四川省地方志编纂委员会编纂：《四川省志 · 体育志》，四川科学技术出版社，1998，第 46 页。

1989 年四川省体委、省武协编撰出版《四川武术大全》记载，刘新吾是四川“盘破门”（盘破门武术现为四川省非物质文化遗产保护与推广项目）武术代表性人物。

2000 年后，一些德国、意大利等外国友人慕名登门求教，他热情传授，使四川武术传播海外。2001 年，刘新吾仙逝，享年 92 岁。

巴蜀文化滋养的国学大师南怀瑾

20 岁前所拜的师父多达 80 余人

1937 年，一个面容俊秀操江浙口音的青年出现在成都街头，他就是南怀瑾。南怀瑾（1918—2012），生于浙江乐清县。南怀瑾从小就好动，喜欢武术。他回忆道：“我自幼个性就好动，并嗜读武侠小说，刚到 12 岁时即开始习练种种武艺……因心慕飞檐走壁，自亦练学跳梁倒挂，有一天，不慎从梁上跌落到地，声震一室。家父听到巨大声响上楼察看，才知道我在偷偷习武……聘请武师到家教我武艺，这时我才正式开始习武。”

他于 1935 年去杭州浙江国术馆专攻国术两年。凡是遇有一技之长的人，他翻身便跪：“到20岁前，我所拜的师父，各门各派，多达80余人。所学范围包括南宗、北派、长拳、短打，乃至十八般武器，至少亦习弄过十四件左右，外加蒙古摔跤、西洋扑击等，真可谓‘样样统摸，般般皆弄’……中央国术馆于杭州国术馆主办全省性国术比赛，我亦参与其盛，以姿势优异而获冠军。”

他在浙江国术馆国术训练员专修班第二期毕业。当时杭州西湖一带武师甚多，他每天“跃马佩剑，臂缚铁环，腿绑铁砖”，活脱脱一副武侠模样。

据传杭州城隍山上有位“剑仙”老道，童颜鹤发。几番周折之后，南怀瑾终于见到老道。南怀瑾再三恳请和他学习，老道说："你暂且试练一下：每天晚上把门窗紧闭不点灯，使内室漆黑，仅点香一支，尝试用剑劈开香头，手腕着力臂膀不动。等练到一剑迅下，香成两半时，才进入第一阶段……"

这第一阶段的剑仙练法，就无异于登天之难。南怀瑾一心想到峨眉山学剑仙。1937 年，他只身入川了[①]。

南怀瑾入川遇到"剑仙"和"异人"

1940 年前后，四川名胜鹄鸣山住着一位名号王青风的道士，是传说中的"剑仙"。

南怀瑾回忆："一次他站在山头上，用手一指，数丈外对峰上的一棵老松即应手而倒。我童心未泯，尚惊讶地问他何以无光？他说：'我早已经告诉过你并无此事，欲练至有光，另有一番道理。'这时他的大弟子在旁边，也是道士装束，我请他表演，但见他用鼻孔吼气，便看到他站立之处，周遭山土转即成尘飞扬……此二次表演都是我亲眼所见，由此而相信中国武术，的确可练至甚高甚妙境界。"[②]

以上叙述确实过于神奇。对南怀瑾的回忆无论是正面理解还是反向思考，都为研究武术史提供了有益的史料。

那时南怀瑾在成都结识了一个人：此人个子高，背稍驼，戴一顶毡帽，面相特别，这人就是李宗吾。

李宗吾（1879—1943），四川富顺自流井（今自贡市）人，中国近现代伟大的思想家、教育家。1912 年他以奇书《厚黑学》惊动中国学术界，被誉为"影响中国文化的 20 位奇才怪杰之一"[③]。

南怀瑾入川两三年后，一位在杭州认识的和尚朋友死在了自流井。

---

①② 南怀瑾讲述：《太极拳与静坐》，上海书店出版社，2014，第 11—14 页。

③ 李宗吾原著，石赟编著：《厚黑学：活学妙用厚黑学》，中国妇女出版社，2009 年版，第 9 页。

南怀瑾同好朋友钱吉（也是个和尚）一起走了 8 天，才从成都到自流井。他们本来准备回成都，但是盘缠用尽。南怀瑾突然想起李宗吾老家就在这里，便登门拜访。

李宗吾盛情款待他们。酒足饭饱之后，南怀瑾开口向他借钱，李宗吾马上到里屋拿出 20 块大洋。南怀瑾后来感慨地回忆：“‘厚黑教主’的为人道德，一点儿也不厚黑，甚至是很诚恳、很厚道的。”[①]

饭后聊天时，李宗吾突然说：“你不是喜欢武功吗？这里的赵家坳有一个赵四太爷，武功很了不起，是个异人。”于是他们坐滑竿（四川一种简易竹轿）去拜访当时已 80 多岁的赵四太爷。据说他能飞檐走壁：

> 赵四太爷一笑之后，即疾行一里多路，又快步走回来。这时刚好新雨初晴，地上泥泞，老人脚上穿的一双白底新靴，一趟回来后，鞋底一点也没有被泥染污……他又问欲见走壁的身手否？随即见他张臂贴壁，亦未有任何架势，人已离地拔高，笑说：“你现在相信吧！愿学否？”若愿住三年，即可示教。
>
> 南怀瑾觉得三年时间太长，便婉拒了赵四太爷。李宗吾觉得遗憾，连说：“可惜，可惜！”[②]

当时李宗吾已年过六旬，名震中国。他与外省来川默默无闻的青年南怀瑾这段交往，堪称一段当代文化大师交往的佳话。

南怀瑾为什么在四川弃武学禅

南怀瑾入川后，便考入了中央军校研究班第 10 期。毕业后，他曾经任军校政治教官，实际上教的是武术，授少校军衔。[③]

南怀瑾在 50 多岁时说：“我对拳术……越到后来越怕动手，愈厌习武。文人自古相轻，武人从来不服输。好勇斗狠，粗暴骁勇，有时令人

---

①② 李宗吾：《厚黑学全集：插图足本典藏版》，九州出版社，2009，第 4、5 页。

③ 参见南一鹏：《父亲南怀瑾》上，浙江人民出版社，2015，第 97 页。

图 8–7　南怀瑾恩师袁焕仙

难忍，因此以后与习武朋友也就渐渐地疏远了……这也是使我弃武学禅之主要动机。”①

这时，他结识了袁焕仙（1886—1966）。袁焕仙是盐亭县古楼坪人，毕业于四川法政学堂。1926 年，袁焕仙任杨森联军总司令部军法处长。在 40 岁以后，他弃政从佛。

1942 年秋天，袁焕仙在红叶满山的灌县灵岩寺主持“禅七”盛会。南怀瑾特意休假，背着一把长剑来到灵岩寺。

袁焕仙对南怀瑾一生影响巨大。南怀瑾后来回忆：灵岩盛会时，袁焕仙对他的笔示、口授，比同学者多数倍！多年后“笔示幸能略存残纸，一读再读，汗泪交倾，此狮子一滴乳也！”

1943 年 5 月，南怀瑾毅然辞去军校教官职务——“不禀先生，不谋友朋，突然而逸”②，后至四川峨眉山大坪寺潜心研究禅学。身穿僧衣的南怀瑾暮鼓晨钟，与黄卷青灯相伴，斋戒素食，与僧侣为伍。他遍读《大藏经》三藏 12 部及其他梵文典籍。他在 1966 年写诗感慨：“长忆峨眉金顶路，万山冰雪月临扉。”③

图 8–8　南怀瑾大师峨眉“闭关”下山后照片

1949 年春，南怀瑾来到台湾。1984 年，他在台北为《少林寺与少林拳棒阐宗》一书写前介辞：

① 南怀瑾讲述：《太极拳与静坐》，上海书店出版社，2014，第 20 页。

② 参见袁焕仙、南怀瑾等：《灵岩语屑》，维摩精舍，1943，第 26、27、35 页。

③ 凯琳、杜萌、董霞编著：《国学书架》，山西教育出版社，2011，第 349 页。

有文治者必有武功，此及中国传统文化之名言……后世之习武者而大半不文，故于我国五千年来技击武艺细密深沉之史学，杳然而不可考矣。惜哉！余生自体弱多病，唯自童年即嗜好固有之技击国术，亦曾遍参南北诸师……壮年以后，心染世务，复厌倦于武林之不学无文也……故杜口而不言技击国术者，已五十余年矣……[①]

“九年足迹遍西川”的生活，对南怀瑾影响甚深，为他后来成为“上下五千年、纵横十万里、经纶三大教、出入百家言”的著名国学大师，奠定了雄厚基础。南怀瑾先后出版了 32 部专著，专著中提到四川之处不胜枚举。南怀瑾也是一位终生难忘的巴山蜀水当代武林奇人。

图 8–9　南怀瑾晚年教小孩子打拳

① 南怀瑾：《中国文化泛言（增订本）》，东方出版社，2016，第 244—245 页。

◎ 国术表演队赴奥运会真实历史 ◎

成员是怎样选出来的

1936年春，中华全国体育协进会负责筹备，决定派足球、篮球、田径、游泳、举重、竞走、自由车及国术表演八种运动队，赴德国参加第十一届奥运会。需要注意的是，当时通常不称“奥运会”，而称为“世运会”。

本书作者收藏有珍贵的原始档案资料：《参加世运举重代表及国术表演队预选经过》。其中记载，中华全国体育协进会在2月2日发出《国术预选简则》（以下称为《简则》）：“决定派男女选手六名参加世运表演，借以宣扬吾国固有武道之真价值。”《简则》规定凡报名者：年龄自20岁起，35岁止。要求如下：“国术表演，对于拳术及器械务须精，而且博。此外若兼擅摔角、弓箭、弹丸、踢毽等项者，为尤佳。”

截至1936年4月30日，各省市报名参加国术预选者，共有男女25人。1936年5月11日，在上海申园健身房举行预选。选拔委员由褚民谊（召集人）、张之江、沈嗣良、叶良组成。

国民政府考试院戴季陶院长，作为参加世运会的政府代表出席并监督。继而12日复选，“驻沪德（国）总领事亦到场参观”。褚民谊、张之江等人“精密观察各个（选手）态度姿势，及技术程度后，于13日下午在本会办公室讨论审定，正式选定出席国术表演代表名单”。

国术选手选出男女共9名（6名正取，3名备取）。

男子正取：张文广（南京），843分；温敬铭（南京），838分；郑怀贤（沪），810分；金石生（豫），809分。男子备取：张尔鼎（留日），797分；寇运兴（豫），780分。

女子正取：翟涟沅（南京。郑按：史料中又常写为翟涟源），858分；傅淑云（南京），819分。女子备取：刘玉华（豫），800分。

图8–10　第一排左起：金石生、郑怀贤、温敬铭、张文广；第二排左起：寇运兴、张尔鼎；第三排左起：傅淑云、翟涟沅、刘玉华

以上9名选手中有4名由中央国术馆选送，分别为张文广、温敬铭、傅淑云、刘玉华。[①]

郑怀贤是上海国技馆名义选送者。他在1936年时年近40岁，已经超出“35岁止”的报名资格。入选的原因很可能是技艺全面且精良。我收藏有郑怀贤等人出国前的照片，至今似尚未见有公开披露，非常珍贵。

参加奥运会的国术表演项目

南开大学国术教员郝铭（霍元甲的弟子）为教练兼队长，顾舜华为管理员，共11人组成国术表演队。这是近代首届中国国家武术队。

自1936年5月21日起，9名选手在南京中央国术馆集中训练。出国之前，国术队又在南京和上海公开表演，“任人参观”。《体育》期刊曾详细报道表演项目，其中，在南京公开表演的项目：

傅淑云：连环腿；张尔鼎：双刀；金石生：少摩拳；翟涟沅：查拳；寇运兴：小梅花拳；刘玉华：龙形拳；翟涟沅、郑怀贤：双刀对枪；张文广、温敬铭：空手进枪；寇运兴：春秋刀；郑怀贤：飞刀（郑按：原文如此，应为飞叉）。

在上海表演的项目：

金石生：少摩拳；刘玉华：大红拳；翟涟沅：四路查拳；张尔鼎：罗汉拳；寇运兴：梅花拳；金石生：昆仑剑；张尔鼎：六合双刀；刘玉华：子龙枪；傅淑云：太极拳；温敬铭和张文广：对拳；郑怀贤和张尔鼎：武当对剑；傅淑云：双剑；寇运兴：梅花刀；翟涟沅、郑怀贤：双刀对枪；刘玉华、寇运兴：单刀进枪；张文广、温敬铭：空手夺枪；郝

① 以上参见邦杰：《参加世运举重代表及国术表演队预选经过》，《体育季刊》1936年第2卷第2期，第207—210页。

铭：五行椎；郑怀贤：飞叉。[①]

以上就是到德国参加奥运会的国术表演项目，并请交通大学罗逸民博士翻译成德文。[②]以上史实如今鲜为人知，非常珍贵。

这次参加十一届奥运会的中国体育代表团，共有运动员 69 人，国术表演队 11 人，体育考察团 33 人，还有干事、秘书、指导、顾问多人，共 141 人。因经费不足，国术队员曾到南京大光明戏院卖艺筹资，足球队也先期到东南亚国家表演募捐。

1936 年 6 月 26 日 12 时 30 分，赴德国参加十一届奥运会的中国体育代表团乘坐意大利邮船“康梯浮地”号，起锚离开了上海黄浦港，于 7 月 23 日 9 时抵达柏林火车站——他们一共走了整整 28 天。

此届奥运会于 1936 年 8 月 1 日下午 4 时举行开幕式，16 日举行闭幕式。

国术队大显中华武术雄威

这届奥运会除了正式比赛项目外，也有各国民间体育选手带来的体育表演。抵达柏林休息两天后，国术队先到汉堡表演三次：

第一次是 7 月 25 日下午，国术队首先应邀赴汉堡参加万国音乐会，在万国拳术表演台表演。

第二次是 7 月 26 日，国术队参加汉堡万国体育团体游行大会。郑怀贤等人身穿古色古香的武术服，手持刀枪剑棍表演各种武功绝技，街道两旁的德国居民和各国观光者，齐声叫好。同样是街头献技，但今日不同于江湖卖艺，而是代表中国向世界宣传中华武术。顾舜华是中国国术

---

① 《我出席世运国术代表在京沪两处表演纪》，《体育月刊》1936 年第 7 期，第 24 页。转引自刘靖《中央国术馆研究——组织社会学的视角》，上海体育学院博士论文，2013 年 6 月，第 132 页。

② 参见《参加世运国术表演全部项目公布》，《申报》1936 年 6 月 26 日第 4 张第 16 版。

队管理员。他与手持“CHINA”（中国）标牌的中国国术队领队、天津南开大学国术教练郝铭，成为中国体育代表团的举旗者。[①]

郑怀贤、刘玉华等国术队员，手持大刀、单刀等紧随其后。

图 8–11　顾舜华手持“CHINA”（中国）标牌，郝铭是“举旗者”，郑怀贤等国术队员紧随其后

第三次是 7 月 30 日，国术队应德军营之邀请前去表演。翟涟沅表演踢毽，德国军人见所未见，叹为观止。[②]

1936 年 8 月 11 日晚，国术队在奥运会上作正式表演，地点设在可以容纳两万余人的露天剧场内。表演开始前，会场内播报了中国国术的历史起源及特点，并将译成各国语言的《中国拳术之概要》分发给在场观众。该文由郝铭编撰，向世界公开宣传了中国武术。[③]表演内容有：“首先是太极操，次为各队员之单拳对练，再次为器械飞叉表演，共分二十节，历时一小时，博得三万余观众热烈赞誉，鼓掌欢呼之声，响彻云霄。”[④]

① 参见上海市历史博物馆编：《都会遗踪》第 2 辑，学林出版社，2011，第 60 页。

② 参见中华全国体育协进会：《出席第十一届世界运动会中华代表团报告——中华代表团之部》，1937：30。转引自刘靖：《中央国术馆研究——组织社会学的视角》，上海体育学院博士论文，2013 年 6 月，第 132 页。

③ 参见郝铭：《中国拳术之概要》，《大公报》1936 年 8 月 13 日第 2 张第 6 版。

④ 成都体育学院体育史研究所：《中国近代体育史资料》，四川教育出版社，1988，第 576—577 页。

1936年8月25日，国术队受邀到法兰克福市大剧场表演。1936年8月26日，赴威斯巴登表演。1936年8月27日，与明兴体育会联合表演。国术队在出访表演时，还携带了太极操等书刊，在表演结束后赠与外宾，宣传国术。

相关史料记载：国术队表演“引起了德国武术爱好者的极大兴趣，他们几次站起来鼓掌，称赞不已。有要员表示‘没想到中国武术这么高超，真了不起’”。

德国政府还指派奥运会摄像队，专门为傅淑云、刘玉华、张文广、温敬铭等人的表演摄制了录像片并保存。当时德国的各大报刊都发表了报道和评论，称赞“中国武术功夫精湛卓绝，富有艺术性、舞蹈性，高超精妙，令人不可思议，它有一种难以写出的内在的旋律感”[①]。我收藏的当时中国出版的《第十一届世界运动大会画报》，就醒目地刊登了一篇名为《我国国术表演，各国观众甚多》的文章。

这是中国第一次在世界性体育盛会上宣传中华武术，在中国武术史、中国体育史上具有里程碑意义。

图8–12　国术队员在德国，第一排右起：张尔鼎、郑怀贤、张文广、刘玉华、傅淑云、翟涟沅

① 参见中央国术馆史编委会编：《中央国术馆史》，黄山书社，1996，第61—62页。

国术队归国前的酸楚插曲

1936 年 8 月 16 日，第十一届奥运会宣布闭幕。

中国体育考察团领队袁敦礼是北京师范大学体育教授，英语极好。他抽出几张外国报纸翻译说：“这篇是《中国女人虽不裹脚，预赛未终已遭淘汰》，这篇是《阵容虽然庞大，难除“病夫”之名》，这篇是《中国不如小瑞士，比赛未终成看客》……”

有张报纸只有寥寥数字，却印有一个拳头大的“〇”。袁敦礼说：“那一行字是标题《奥运会战果赫赫，中国队饱吃鸭蛋》，画的那个‘〇’就是鸭蛋。”

一些运动员听过之后，气得要撕报纸。袁敦礼忙夺过报纸，叹气说：“只能怪咱们自己不争气。报纸可不能撕，考察团收集这些报纸，还真算一项‘考察成果’呢！”

第十一屆世界運動大會畫報

海外征塵錄

我國國術表演

各國觀衆甚夥

中國國術隊，在德國表演數次，而觀衆不下三萬餘人，當隊員表演時備受華僑觀衆歡迎。在未表演之前，中國國術之歷史及其特長已由播音機，向觀衆明白宣布。此項運動表演之敏捷及演藝者身體各部控制之得宜，足以表现中國古代體育上之特長，同時亦博得觀衆景仰。

图 8–13 《第十一届世界运动大会画报》报道中国国术队表演很受观众关注和欢迎

许多运动员羞愧难当。田径选手林绍洲泪流满面，以拳击头，并痛骂自己：“不中用，给国家丢脸！不中用，给国家丢脸！”投掷选手陈宝球更气得伤心，当下找了把大剪刀“唰唰唰”地就把自己剪成大光头。他带着哭声，自怨自艾：“无脸见江东父老，去当和尚！去当和尚！”原来，在铅球比赛中，他只投掷了一下，连及格标准都没达到，就被淘汰了，实在令人痛心疾首。[1]

中国体育代表团在比赛中一无所获，运动员们都心情沉重。几天后，参加世运会的国民政府代表戴季陶说："这次中国在比赛中毫无成绩，倒是你们国术队出乎意料，为国争了些光。"

我收藏的《第十一届世界运动大会画报》，有一篇报道《我国国术表演——各国观众甚多》，文字虽短简短但信息量极大：

> 中国国术团，在德国表演数次，而观众不下三万余人，当队员表演时备受华侨观众欢迎。在未表演之前，中国国术之历史及其特长已由播音机，向观众明白宣布。此项运动表演之敏捷及演艺者身体各部控制之得宜，足以表现中国古代体育之特长，同时亦博得观众景仰。

代表团又乘上那艘票价打七折的"康梯浮地"号邮船，在大洋中将近漂泊了一个月，才回到了上海的码头。码头上冷冷清清，没有一个人来欢迎中国体育代表团。运动员们心里酸楚，只好黯然道别，各奔前程。[2]

---

① 参见王培、刘延兵、李瑜编著：《百年中国奥运之路》，华文出版社，2007，第100页。

② 中国参加第十一届奥运会过程非常复杂，限于篇幅本书仅简述，详情可参阅郑光路《中国武术走向世界的序曲——国术表演队一九三六年赴"奥运会"》，载《体育文化导刊》2004年第7期。

◎ 中央国术馆人士入川 ◎

1938 年，国民政府迁都重庆。各省武术家也纷纷入川，实际上将全国武术中心转移到了四川。

1945 年抗战胜利，许多入川的外省武术家返回家乡，又将四川武术带到全国各地。这就形成了前所未有的“各省拳种四川有，四川拳种省外有”的武术交流。

此后，四川武术在中国居于领先地位。这在四川武术史上意义重大。

在此期间，郑怀贤、张英振、朱国福、朱国祯、王树田等武林前辈定居四川。研究近代四川武术史，无法绕开这几位武林前辈。

查拳大师张英振

张英振（1896—1977），号俊卿，祖籍山东省冠县张尹庄，1896 年农历三月十八日出生于世代习武的查拳世家。其堂伯张其维，也是其师父。张其维要求张英振每天三更起床练功。凭借着刻苦的精神，张英振用三年的时间就学会了套路、器械、对练，以及流传在当地的洪拳、炮拳、腿拳、滑拳。

21 岁时，张英振在泰安三中任国术教师。当时的山东镇守使马良召集武林高手到济南比武。马良见张英振技艺高超，便将张英振调到济南，担任省政府武术教习。

1928 年，南京举办国术国考，张英振跻身最优等十五名中前五名，被授予“优胜纪念”锦旗一面，“道德剑”一柄。据张英振的徒弟、武术名家张国梁说，锦旗一面上书：“德高功深，孔武有力”，为冯玉祥所赠。

张英振在南京“国考”一举成名，被中央国术馆及黄埔军校聘为一等教授。在此期间，他还学习西洋拳击，每天早晨他和朱国祯一起训练。每天练下来，他累得连吃饭都张不开口。他曾经在国术馆内部拳击比赛中，获得第一名。

美国好莱坞米高梅公司来中国，拍摄了张英振与王子平合练“双手带进枪”的影片。在国术馆、军校的十几年里，他陆续获得奖章、奖旗、兵器等奖品达一百余种，培养了大批武术人才。

1938 年军校西迁，张英振一家也迁到成都。他在黄埔军校从 8 期任教到 20 期，有很多学员都成了中高级军官。后来他辞去武术教官职务，在成都一家军用被服厂谋了个差使，维持生计。

图 8–14 张英振打拳照，摄于成都人民公园（万玄堂、张铜霞供图）

张英振入川后收了一些徒弟，查拳这一大开大合的北方拳种，从此在四川流传开来。据张英振的徒弟、武术名家张国梁回忆：“我随老师练武多年，老师对我们要求很严，一招一式决不马虎。他身体力行做示范，每个动作都要求准确。他给我讲，一定要‘练、用、看’三位一体。‘练’就是强身健体；‘用’就是防身自卫实用；‘看’就是展示拳术要舒展大方美观。他特别嘱咐我，练武不是用来打架欺负他人的。他要求我们把查拳传承给更多的人，强身健体，利人利己。我牢记于心，与同门师兄弟秦育生、张宣勤及弟子李祥逸等人，多年来都为查拳的传承而努力。”1977 年农历八月初十，张英振逝世，享年 81 岁。①

张国梁、秦育生、张宣勤、李翔逸等，为弘扬张英振查拳做了许多努力，也取得了不错的成绩。2011 年 9 月 4 日，四川查拳研究会成立大会在成都市八里桥公园海盛轩举行。

张英振之女张铜霞、四川省武术管理中心主任任刚、四川省武术协会副主席肖家泽等出席，我也有幸参加。

图 8–15　2011 年 9 月 4 日四川查拳研究会成立，右起：秦育生（右一站立讲话者）、张铜霞（右三）、任刚（右四）、张国梁（右五）、肖家泽（右七）（张国梁供图）

① 参见张铜霞：《查拳名师张英振》，载成都市政协文史资料委员会等编《成都文史资料选辑》第 30 辑，四川人民出版社，1997，第 217—222 页；参见王志民主编：《山东重要历史人物》第六卷，山东人民出版社，2009，第 221—225 页。

称雄武坛的“朱家三虎”

朱国福（1891—1968），字果夫，号炳公，1891年1月5日生于河北省定兴县大朱庄。他在1904年拜晚清“小八侠”之一的形意拳名家马玉堂为师。此后还向孙禄堂、李存义习八卦掌、太极拳等各种功夫。朱国福在20岁时，就以形意拳、潭腿、刀术和六合枪闻名，开始了他的保镖生涯。

1915年，四川清末有名的官员周善培（号孝怀）旅居北京多年，想去上海。周善培聘请的保镖，就是朱国福。1915年，周善培一家人和73件贵重行李，在24岁的朱国福护送下，从北京顺利到达上海。朱国福便留在上海极司菲尔路（今万航渡路）15号的周公馆，当周善培的私人保镖。周善培一家对朱国福十分尊敬和信任，饭必同桌，周善培的儿女均叫朱国福“朱老师”。

我收藏了朱国福于1929年在上海出版的《形意六合拳撮要》珍本。朱国福在自序中提到：“民国四年春，作者承周孝怀先生和诸（武林）同

图8–16　朱国福1929年武学著作《形意六合拳撮要》

志不弃，邀我来沪、朝夕相聚……他们对于我所得的拳术，都非常羡慕，嘱我广为流传。”[①]

朱国福在周培善的资助下，创办了上海武学会公开授拳。

当时上海先施公司老板黄焕南，一次外出遇众流氓围攻，其英国保镖被打倒在地。正在危急关头，朱国福恰巧路过，救了黄焕南。此后，黄焕南多次拜访周善培，提出借人。周善培起初不舍，最后被黄焕南的诚意打动。1922 年，朱国福离开工作了 7 年之久的周公馆，来到先施公司。

当时的上海外国租界林立，西方拳击运动在上海极为盛行。1923 年，朱国福在上海基督教青年会的楼顶成立了中国第一支拳击队（共有男女两队），由此拉开了中国拳击发展的序幕。

1923 年 8 月，上海法租界巨艾达路国际竞武场，赫赫有名的白俄拳击手裴益哈伯尔连续十多天战胜了多位中外好手。朱国福决定报名比赛，与裴益哈伯尔一决雌雄。裴益哈伯尔体重比朱国福重 40 余斤，有关人士皆认为朱国福不是其对手。裴益哈伯尔要求与朱国福签订比赛中“打死勿论”的生死文书，并进行法律公证。

比赛约定六个回合，按拳击规则进行。比赛前三个回合，朱国福先采取“游斗之法”，后凭借八卦身步之法，使裴益哈伯尔所出重拳频频打空。到了第四回合，裴益哈伯尔明显动作迟缓，朱国福遂以形意拳之整劲出重拳，一下将体大如熊的对手击倒在地。朱国福越战越勇，又数次将对手击倒不起，最终取得比赛的胜利。场内观众欢声雷动。[②]

朱国福与其弟朱国禄、朱国祯、朱国祥，人称“朱氏四杰”。另有人把“福”“禄”“祯”称为“朱家三虎”。

1928 年，南京举行第一届国术“国考”。经数日的激烈角逐，最终

---

① 朱国福：《形意六合拳撮要》，上海文明书局，1929，第 9 页。

② 参见郝心莲、王国辉主编：《中华武林著名人物传》第 2 卷，百花洲文艺出版社，1998，第 560 页。

位列“最优等”的15人中，朱氏兄弟占了3人。朱国福名列首位，轰动当时武林。

朱国福后来被聘为中央国术馆教务主任，其三弟朱国祯被聘为技击队队长，二弟朱国禄为副队长。

1930年，国术馆馆长张之江率朱国福等人去日本考察，发现日本存在全民尚武之风。回国后，朱国福率先提出武术要“斥花架、重实用，练为战”的改革方向。1932年，朱国福离开中央国术馆，应邀任湖南凤凰34师军训所少将副所长。1935年，朱国福调湖南长沙，任湖南省国术馆教务长兼总教官。1936年，朱国福来到重庆，筹建了重庆国术馆，后改成了陪都国术馆。1941年，中央国术馆迁至重庆北碚，当时馆内仅剩二十多人。人们称赞朱国福，凭一人之力“复活”了中央国术馆。1949年10月1日中华人民共和国成立，朱国福一直在重庆大学体育系任教，担任全国武协委员、重庆武协主席等职务。朱国福积劳成疾，于1968年6月15日第二次中风后辞世，享年77岁。[①]

朱国福的一生，有很多个“第一”：第一个正规报纸报道打败公开设坛的外国拳手，第一个在世界上成立女子拳击队，第一个在中国引进和发展西方拳击运动，第一个用现代体育观念开展武术搏击训练教学……

朱国禄（1900—1972），幼从王桂亭习形意拳，20世纪20年代，在上海加入长兄朱国福创办的中华武学会，曾先后在国民政府江苏警官学校等单位任职。

朱国禄身高约一米九，脾气火暴，功力骇人。1928年10月，朱国禄在第一届国术“国考”中，和长兄朱国福、三弟朱国祯同时获得“最优等”。1929年11月，他又在杭州举行的浙省国术游艺大会中获得了第

---

① 以上除本书作者采访资料外，参见《中国人物年鉴1994》，华艺出版社，1994，第86页；郝心莲、王国辉主编：《中华武林著名人物传》第2卷，百花洲文艺出版社，1998，第563—567页。

二名。不久，他便被聘为南京中央国术馆教授、技击队副队长。抗战军兴，他又任贵州国术馆馆长。朱国禄在中年以后（具体年代待考）赴黑龙江省齐齐哈尔市，精通形意拳、太极、八卦、少林等功夫。

朱国祯（1904—1950），1937 年 12 月定居成都。其女朱梅玲老师对我讲述：朱国祯在 1938 年任成都中央军校少校级国术教官，同时兼任南虹艺术专科学校、成都市警察局消防队教官；1944 年任成都体育专科学校教师。

朱国祯常组织国术界名人到学校、机关或擂台赛上进行武术表演。为宣传抗日，朱国祯还让夫人在黑色表演服胸前，用白丝线绣上“强身强种，保家卫国”8 个大字，表演“满江红拳”。

其他常见表演项目有：郑怀贤的飞叉，朱国祯的“醉八仙”，李雅轩的太极拳，朱国祯与郑怀贤的对打擒拿，以及王树田的空手夺枪。当时，朱国祯年仅 5 岁的小女儿朱梅玲，也登台表演“绵拳”，引来掌声一片。

2012 年 5 月 12 日，缅怀“朱氏四杰”暨峨眉武学研讨会，在风光秀美的峨眉山大佛禅院举行。朱国福之女朱庆霞、朱国祯之女朱梅霞均与会。会上，四川省武协副主席肖家泽说：“我们要继承先辈爱国尚武的精神，不能忘记他们在四川艰辛传播北方武术的艰辛努力。”峨眉武术联合总会秘书长吴信良说：“朱国福、朱国祯等前辈，对当今巴蜀武术在健身、武学、技击上的发展，具有重大的贡献。”

德高望重的王树田

王树田（1918—2005），河北省新城县（今河北高碑店市）史家镇人。他 5 岁就随父亲王玉山赴上海以求生计，7 岁时在上海先施公司游乐场跟随表兄朱国福刻苦学习形意拳、摔跤、搏击术，成为朱国福的“八大弟子”之一。

朱国福对王树田异常严厉，天没亮便让王树田起床练习蹲桩、扎马。1928 年，王树田考入南京中央国术馆第一期专修班深造，师从朱国福、朱国桢、郭子平、马英图、高振东等名师。

1935 年，17 岁的王树田在擂台上一举夺得湖南省国术比赛大会搏击冠军和摔跤亚军，被武林界誉为湖南“小黑虎”。其后，他任教于湖南省国术训练所。

当时湖南国民革命军第四路军办有军事训练处技术研究班，王树田考入高级组学习。1937 年，他担任湖南长沙国立第八中学国术教员。在烽火连天的抗日战争中，王树田辗转进入四川。1939 年，他定居成都，受聘于成都空军机械学校任国术教官。此后，他参加新生国术队，受到成都国术界高度赞誉。

1950 年后，他担任成都体育专业学校（成都体育学院前身）武术教师兼教研组主任。1953 年，他作为西南代表队成员，参加在天津举办的全国民族形式体育表演及竞赛大会并荣获一等奖。1956 年，成都体育学院成立，他一直在此负责武术教学工作。1985 年，王树田荣获国家“体育开拓者奖”金质奖章；1988 年荣获国际武术节“武术贡献奖”；1996 年被国家体委评为“中华武林百杰”，被授予中国武术八段。

图 8–17　武术家王树田练习八卦散手刀

王树田历任成都市武术协会主席、四川省武术协会副主席、四川省武术队主教练等职务。他先后撰写了《八卦散手刀》《八极拳》《八卦连环掌》《形意对打》等武术套路，多次担任全国、省、市武术、摔跤比赛的总裁判长。数十年间，他培养学生和弟子达数万人，遍布世界20多个国家和地区，其中，有数十人在国内、国际重大武术比赛获冠、亚军。

王树田为人忠厚谦和，武德有口皆碑。我不止一次看到，只要是武林人士同他攀谈，无论对方是平辈、晚辈，这位武术界前辈从不会摆半点架子——他必然肃立而起，恭敬地向对方点头致意，然后再叙他事……他轻声细语言语不多，也从不多谈自己。

王树田的儿子王康宁和女婿项葆辉曾对我提到："老人家要求我们随时学习别人的长处。"弟子许成均说："师父武艺高，他的武德更高。这也是师父几乎受到所有武林同道尊重的原因。"弟子王学贤也说过："师父最反对争强好胜。"

在成都生活工作60多年的王树田，已成为中国武术界德艺双馨的楷模。2005年12月19日凌晨1时，王树田因病在成都逝世，享年88岁。

图8–18　王树田（左）指导徒弟许成钧武术训练

国内外武林人士纷纷表示深切悼念。

为继承发扬王树田的武学精神，2008 年四川隆重成立了王树田武学研究专业委员会，由武术名家肖家泽先生任会长。

李雅轩入川传授杨氏太极拳

2006 年 5 月，太极拳被中国政府公布为第一批国家级非物质文化遗产。太极拳有杨式、吴式、武式、孙式等流派。流传四川的太极拳，相关史料记载大致有以下来源：

1917 年，肖洪法师传“武太极”于四川资阳县。

1920 年，成都的陈柱龙在四川开县李清云处，学得三丰太极拳，1930 年陈受聘到屏山县创办国术馆，传此拳于宜宾地区。

1921 年，三台县潼川积健武术社的宝鼎，精习陈家沟长拳太极（兼形意风格），又称形意长拳太极、绵拳太极拳及太极推手。宝鼎传与宝麟、宝维贤（宝鼎之孙）、林暄等而逐渐流传。

20 世纪 30 年代，北京拳师丁世荣传孙式太极于重庆；抗日战争期间，郑怀贤入川也传孙式太极拳于成都（郑怀贤曾拜孙禄堂为师）。

1942 年至 1945 年，马岳良曾在重庆传吴式太极拳；山东人潘文斗、杨发武，也在重庆传授太极拳。

1950 年前后，陈式太极拳也先后传入四川。

在简单地梳理了太极拳在四川的发展之后，我主要介绍杨氏太极拳的代表人物——李雅轩。

李雅轩（1894—1976），原名李椿年，河北交河县（今河北泊头市）人。幼年家贫，只读过几年私塾。他 14 岁拜当地少林拳名师陈殿福为师。过了几年，他又拜傅昆庭为师，学习绵掌。1914 年他来到北京，被杨健侯老先生赏识，命李椿年向其子杨澄甫磕头拜师，并赐名“雅轩”。李雅轩在晚年回忆：“我追随杨老师十余年，没有离开过他的左右，行住坐卧都在一起。”

1928 年，南京中央国术馆成立，招考教授班学员，在 200 多人竞争中，李雅轩以第二名的成绩进入国术馆。1929 年，杨澄甫在杭州任浙江省国术馆教务长，李雅轩赴杭州追随师父，任该馆太极拳主任教员。1934 年，李雅轩赴南京任太极拳社社长。1935 年，他在南京国民体育学校任国术设计员，享受上校级军官待遇。

1937 年，李雅轩离开南京奔赴武汉，1938 年途经沙市、宜昌来到重庆，并于同年秋天来到成都。

李雅轩初到成都，人地生疏。他有一次在少城公园练太极刀，被喜爱武术的刘仲桥看到。刘仲桥是山东人，因抗战避乱到四川开纺织厂。刘仲桥请李雅轩到他在三瓦窑开办的工厂暂住，并封上 400 块大洋作见面礼，几天后刘仲桥正式把李雅轩请到公馆拜师学艺。李雅轩后来的徒弟何其松、栗子宜二人，都是刘仲桥的朋友，都是通过刘仲桥向李雅轩拜师学艺的。其中，何其松是湖北人，本行是摄影师。抗战爆发，何其松入川后在成都春熙路买了店面，开了“火星照相馆”，很有名气。

图 8–19　李雅轩打太极拳

1939 年底，李雅轩在成都北较场中央军校任太极拳教官。同年 12 月，省长王缵绪聘李雅轩为四川体育会设计员。1946 年，李雅轩任原国民党 28 军军官总队上校级教官，同年任重庆陆军大学任军简三级（与少将级相似）教官之职。

1950 年后，李雅轩为成都市政协委员，任市体委太极拳教练。1953 年，李雅轩、郑怀贤等武术家作为西南地区代表团成员，参加了天津第一届民族形式体育表演大会，李雅轩获优等奖。1957年，他参加全国武术表演赛，负责裁判工作。

1976年4月11日晚上9点8分，李雅轩在四川省人民医院逝世，享年83岁。李雅轩的弟子刘乐生当时居住在流水潺潺的西郊清坡堰旁边，李雅轩就葬于此。

1986年4月5日清明节，众弟子才在墓地处修建“杨式太极拳宗师李公讳椿年字雅轩纪恩碑”。我曾参加祭祀李雅轩的活动，当天有李雅轩夫人及李同俊、李兴白、李善铭、张汉斌、林文涛等人。我摄有李雅轩碑墓旧址的照片，此照片现在也堪称珍贵的武林文物了。李雅轩默默躺在这里近30年，2005年才由其后人将遗骸迁葬至莲花公墓。

图8–20　坐椅者为李雅轩的夫人，站立者右起依次为李兴白、李同俊、李善铭、张汉斌、林文涛、郑光路（1985年摄于李雅轩墓前）

2011年6月，李雅轩太极拳成功申报四川省非物质文化遗产，是国内第一个申遗成功的太极拳具体流派。

李雅轩大半生都居住成都，相对完整地保存了杨家太极拳、剑、刀、枪及推手、散手的纯正风格。李雅轩的女婿、太极名家陈龙骧先生曾回忆：“李师定居四川以后，在四川传播太极拳近40年，贡献卓著、桃李满天下，培养了整整一代太极拳人才，从学者不下万余人，名徒甚广。”[①]

李雅轩60余年如一日，爱拳成痴。其弟子张义敬先生也曾讲述过李雅轩的逸事：

> 他好学不倦到废寝忘餐的程度，常常在吃饭的时候，都会骤然放下碗筷，拉过纸笔来写他的灵感——练拳心得……他曾笑着对我说：“你看，我成了拳疯子了。学拳，没有点疯劲怎么成！”[②]
>
> 师诲人谆谆不倦，即在川中所成就之人才，如周子能、黄星桥、栗子宜、何其松、赵清溪、陈龙骧、付如海、贺洪明等，皆足传其技艺，为人师资，陈龙骧功夫尤深，栗子宜次之……师有一子，曰同俊，二女，曰惠弟、敏弟。[③]

张义敬口中的陈龙骧为李雅轩之女李敏弟的丈夫，曾在成都飞机工业公司（132厂）任专职体育干部。其功夫精妙，为人也谦虚谨慎。太极名家蒋家骏先生评论陈龙骧“为人雅量高致，有真才实学，不矜不伐，谦虚谨慎，恂恂如儒生”。陈龙骧酷爱读书，其书法“左右开弓”（左右手都能写）。陈龙骧著述，如《杨氏太极拳法精解》，被业内专家评论为“习拳的指南，太极拳著作精品”[④]，备受海内外拳友赞誉。

---

① 陈龙骧、李敏弟、陈骊珠编著：《李雅轩杨氏太极拳法精解》，四川科学技术出版社，2015，第98—101页。

② 张义敬编著：《太极拳理传真》，重庆出版社，1986，第37页。

③ 张义尚：《李公雅轩老师略传》，载季培刚：《太极往事：晚清以来太极拳的传承系谱》，中国商业出版社，2011，第61—62页。（郑按：张义敬为张义尚的弟弟。）

④ 参见陈龙骧、李敏弟、陈骊珠编著：《李雅轩杨氏太极拳法精解》，四川科学技术出版社，2015，第95—101页。

近几十年来，陈式、杨式、孙式、吴式、武式等太极拳，在四川生根开花、千姿百态。2013 年 6 月，首届世界太极拳精英赛在都江堰市举行，30 个国家和地区近 200 名太极高手云集成都。成都选手龙骄尔、王剑豪，分别在女子杨氏规定套路和男子自选太极剑比赛中夺冠。[①]

四川民间太极拳高手众多，仅成都就有肖德生、李善铭、王学贤、林文涛、黄天才、蒋勇、代良友、林友富等人，也有太极拳导引养生术的练习者，如韩海军、钱卫东……人数之多，不胜枚举。

---

① 参见记者盖源源：《成都选手首夺太极拳世界冠军》，《成都商报》2013 年 6 月 24 日。

第九章

20 世纪 50 年代后的巴蜀武术

◎ 民间武术面临传承危机 ◎

民间武术进入低谷和竞技武术一枝独秀

1953 年全国民族形式体育表演及竞赛大会

在当代中国武术史研究中，学术界通常划分为三个阶段。

第一阶段：1950 年至 1958 年；

第二阶段：1958 年至 1977 年；

第三阶段：1977 年后。

1949 年 10 月 1 日，中华人民共和国成立。1952 年 11 月 15 日，中央人民政府体育运动委员会（简称“国家体委”）成立，贺龙为主任，蔡廷锴为副主任。

1953 年 11 月 8 日至 12 日，全国民族形式体育表演及竞赛大会在天津举办，各省市共有 380 名运动员参加。① 大会设竞赛项目、表演项目、特约表演三大类。明确规定：“凡开石、开砖、排肋、油锤贯顶……违反

① 参见中国体育年鉴编辑委员会编：《中国体育年鉴（1949—1962）》，人民体育出版社，1964，第 41 页。

生理之项目不得参加表演”[1]。

图 9–1 1932 年湖南国术训练所技击高手顾汝章，表演“单掌开砖”（照片来源：1932 年《湘珂画报》第 35 期）

民国时期武术界搏击高手为了增强实战性和抗打击能力，常演练硬功绝技。例如，1932 年湖南国术训练所擂台技击高手顾汝章，以“铁砂掌”享誉中国武术界，他经常表演“单掌开砖”。又如，1933 年 7 月在青岛举办的中国第 17 届华北运动会，山东国术选手表演硬气功绝技“身碎巨石”（胸膛上放置大石块重达 300 多斤，让人用大锤砸碎大石板，“石碎而胸无损”）。

1953 年禁绝以上项目，使许多武术的武功绝技消亡。20 世纪 80 年代后，一些幸存的武术功法，以“硬气功”之名重出江湖。

图 9–2 1933 年华北运动会，山东国术选手表演硬气功绝技“身碎巨石”（照片来源：1933 年《良友画报》第 79 期）

1953 年全国民族形式体育表演及竞技大会的竞赛项目包括，国内流行的摔角（跤），国际流行的拳击、举重（杠铃和石锁两种）、步射（弓箭射准）和击剑（短兵）五个项目。大会规定，武术表演不得超过 5 分钟，民间体育表演不得超过 10 分钟。

武术评判组组长是温敬铭，

① 徐才：《创武术运动的新局面》，《徐才武术文集》人民体育出版社，1995，第 9 页。

评判员有郑怀贤、姜容樵等 15 人。

武术是大会的主要表演内容和压轴大戏，共有西北区、东北区、华东区、华北区、西南区、中南区、火车头体协 7 个单位的 143 名武术运动员参加，他们表演了 70 余种单练徒手套路，以及 140 余种器械套路。

西南区运动员共 32 人（男 27 人，女 5 人），由武术总教练郑怀贤率队参加。[1]具体参赛人员如下：

王树田、蓝素贞（女）、李雅轩、喻俊卿、张怀清、杨英侠（女）、关福全、刁良友、王之和、彭章全、熊延中、冯宝升、周国荣、周克钦、刘健龙、李茂堂、廖仲烈、周子能、黄炳南、李岚杰、刘天模、文昌雄、李毅立、张腾蛟、黄秀珍（女）、李春燕（女）、魏效候（女）、周北涛、肖应鹏、闵观宏、赵锦才、杨国忠。

西南区在这届大会上共有 19 人获武术优秀奖，名单为：

王树田、蓝素贞（女）、李雅轩、喻俊卿、关福全、王之和、周克钦、黄炳南、刘天模、李毅立、张腾蛟、黄秀珍（女）、李春燕（女）、魏效候（女）、周北涛、肖应鹏、闵观宏、赵锦才、杨国忠。

会后精选52个节目在北京（包括在怀仁堂）演出。1953年12月2日，在北京青年宫举行表演晚会。以下为西南区运动员节目单（武术是主要项目）：

李春燕的地躺拳；周克钦的定唐鞭；蓝素贞的自然剑；赵锦才的三节棍；杨国忠和李毅立的对劈刀；刁正中和刁良友的象脚鼓舞；黄秀珍的护头双钩；李毅立和魏效侯的武当对剑；蓝素贞的绵拳；彭章全和熊延中的三节棍进棍；郑怀贤和王树田的空手夺枪；郑怀贤的飞叉；肖应鹏的猴形拳。[2]

吴江平曾任这届运动会副秘书长（后任第一支国家武术队领队），他

---

① 参见曾宪刚主编：《当代中国著名教练员裁判员大辞典》，海南摄影美术出版社，1993，第 566 页。

② 参见杨祥全：《津门武术》，山西科学技术出版社，2013，第 368、369、372 页。

认为：“国术是旧中国、旧时代的名称”。他提出改国术为武术，得到国家体委领导的认可。[1]1954 年，开始在全国废除“国术”，统一使用“武术”一词。

图 9–3　1953 年中央新闻纪录电影制片厂《民间体育表演》海报。主画面是西南区选手黄秀珍表演“护手钩”

20 世纪 50 年代后对武术的整顿

1954 年后，一种根深蒂固的历史偏见起了主导作用，那就是韩非子说的“侠以武犯禁”。相关专业史料记载：

> 1955 年，在全国武术工作会议上，政府对基层组织采取了整顿和限制办法，并决定“工厂、企业、学校、部队和机关中原有的武术锻炼小组应加以整顿，没有的暂不建立。农村中坚决停止发展……不要被坏分子利用做坏事”[2]。

这就给武术定了性：武术是“坏分子利用做坏事”的工具。民间武术活动因而受到严重打压。

1957 年，中国第一次将武术列为国家体育竞赛项目，内容主要是官方竞技武术，即套路比赛。

武术史学者马明达是这样评论这段历史的：

> 在对所谓“唯技击论”的批判声中，将所有对抗项目一刀砍掉……只剩下形影孤单的拳械套路演练一种形式。进而又以体操为模式，

---

① 参见区雪儿：《传奇吴江平》，《中华武术》2005 年第 9 期，第 48—49 页。

② 国家体委武术研究院编纂：《中国武术史》，人民体育出版社，1997，第 361—362 页。

> 推出“国家规定”的以所谓“长拳”为核心的“竞技武术”体系，实际上是用某一两种民间通俗拳法的风格一统中华武坛，使武术进一步体操化、舞蹈化，以至杂耍化……传统武术备受压制。原属于“国术”范畴的许多内容消亡了。[①]

2019 年 8 月 5 日至 7 日，国家体育总局武术运动管理中心在浙江省杭州市召开武术套路竞赛规则研讨会，提出了“武术要去体操化和舞蹈化”的口号，意在为竞技武术套路进入奥运会创造良好条件。

从压抑停滞到扭曲变态的民间武术

武术被压抑停滞的境况

民国时期四川的拳师，主要出路有：在旧军队或政府机关当武术教官，在私立武棚授武谋生，行医（包括跑江湖“卖打药”），当学校老师或从事其他职业。

例如，民国时期的四川袍哥组织就广泛渗透于各行各业，武林人士几乎都和袍哥有联系。1949 年统计，“全川人口有袍哥身份者在百分之七十以上”；职业和半职业袍哥“有一千七百万人”。仅仅成都一地，“大小‘码头’以及分社、支社，就多达一千个左右。”[②] 就连许多推车抬轿的劳苦大众，也是袍哥成员。

1950 年新政权建立后，袍哥成为清扫对象。我接触过的很多武林前辈或轻或重地因为这个“问题”，被审查处理甚至入狱。换句话说，很多武林人士都被纳入了“坏分子”范畴。

---

① 马明达：《说剑丛稿》，兰州大学出版社，2000，第 376、378 页。

② 见成都市警察局编：《成都市袍哥团体调查报告书》，1950 年印。转引自赵清：《袍哥与土匪》，天津人民出版社，1990，第 66 页。

2017年四川省武术协会官方出版的《峨眉武术史略》[①]，书中对这段历史的评述，是很符合历史事实的：

> 民国期间峨眉武术中有许多传承人参加过国民党军队。其中的许多人在新中国成立后因政治原因被劳改、管制或判刑，在之后的几十年里他们一直都抬不起头来……为了避开当时的特殊形势，许多峨眉武术拳师不再公开收徒，也不再公开习练峨眉武术……这一时期的峨眉武术发展也因此呈现出衰微之势。
>
> 1958—1960年是我国历史上的“大跃进”时期……武术习练者也在为填饱肚子生存下去而劳苦奔波，民间社会再练拳习武已是不可能……

武术畸形发展的年代

1966年后，常有民众之间“武斗”，武术在此时陷入了畸形发展的局面。这是研究当代武术文化史不可或缺的一段历史。

四川（尤其是成都地区），把习武称为“操扁挂”。“操”有赶时尚之意，能“操”者称为“操哥”。当年除了“操扁挂”之外，还有“操摔跤”“操肌肉”（健美）的。“抢手”，即比武较技，它在1966年后风行一时，原因是社会动荡、武斗盛行。当时流行一些“言子”（社会顺口溜）：“要打架，渣子坝。要抢手，盐市口。”“敢打不撤，甩钢甩铁；打死你娃，概不负责！”过来人都说：“抢手”比单枪匹马的武人“卖打药”好看。还有看热闹的“展言子”：“提虚劲，我不信；装得凶，哄师兄；装得横，吓熟人。”

在当时四川地区的大街小巷，经常会见到一些小伙子只穿条“火炮”短裤衩，上身赤条条地耍石锁、打沙包、摆架势……也常见“抢手”场面：双方摆开架子，什么“单排手”“二排手”“磨盘手”“虎豹手”，也有打“外国砣子”（西洋拳）、“王八野砣子”（打野架）的……你来一拳，

① 该书所说的峨眉武术，即四川武术。

我还一腿；你绕过去，我扑过来：热闹得很。

当时世风日下，有些人在“抢手”时，由于自己处下风，忙用“法宝”（暗藏的铁锥、利刃）。还有个“法宝”相当简单但十分有杀伤力：用破草纸包了石灰粉，并掺入辣椒面，看到自己要败时，便捏破纸包，朝对手眼睛撒去，让对方瞬间得上“红眼病”，从而丧失战斗力。

“抢手”还经常演变为打群架，双方一阵乱打，刀枪棍棒齐上，甚至亮“炮火”（手枪等）。社会上把这些手段，通通叫作“要不要脸”。一位功夫不错的朋友（此人外号“虾兄”，四川人比喻瘦弱者叫“干虾儿”）被一个不懂武术的小伙子约去“抢手”。两人一见面，“虾兄”便从后腰掏出一杆“可尔提”手枪，指着对方说：“老子是出了名的‘干虾儿’，不过二指头抠‘硬火’的劲，还是有的。”吓得这个所谓的武林高手扭头就逃。

当时也有不少年轻人，武术练得炉火纯青，也很恪守武德。我认识的许多有真功夫的武术名家，如肖家泽、吴信良、傅尚勋、胡启明、邹翰易、唐一德、王以富、李孝东、胡林……（恕不能一一罗列），都已年过七旬，他们大多是当年“抢手”的高手，却仍然恪守武德，着实令人佩服。

比如，王以富曾在公交车上发现两个窃贼正在扒窃一位妇女的钱包。王以富大喊一声，上前制止。他刚下公交车，两个窃贼手拿匕首冲了过来要杀他。身高力壮、敏捷过人的王以富以闪电一般的速度迅速转身，用双手分别拖住两个窃贼，让二人猛然相碰。两个窃贼被撞昏在地，观者无不拍掌叫好。

◎ 影响当代中国武术史的“海灯现象”◎

1962年海灯在成都和重庆的武术表演

海灯其人

海灯（1902—1989），四川江油县重华镇人，俗名范靖鹤、范无病。他在青少年时期，曾向其舅父薛久志及王醴泉等学武术。

海灯经历如下：

1910年至1915年，就读于重华镇小学；1916年至1918年，就读于绵阳省立龙绵师范学校；1919年至1922年，就读于成都法政学院、警监专科学校；1923年至1925年，在中江县龙台镇朱智涵处学武。

1937年初冬，范无病到成都昭觉寺智光法师处受具足戒，法名海灯。1945年后，他云游出川。1947年至1952年，他在浙江省天台山国清寺学习天台佛宗。1952年，又参加台州专区民族体育运动大会，并出席浙江省民族体育运动大会。

1952年至1955年，海灯住上海市杨浦区榆林路西方莲社，从事佛教和武术活动。1956年至1958年，任江西云居山真如寺方丈。1959年

图 9–4　1961 年海灯在上海运动会表演“朝天蹬”（左）和倒立“金钢锤”

至 1962 年，任苏州吴县[①]石公寺住持。1961 年，曾经参加华东地区武术观摩表演。1962 年，重返四川，在成都、重庆、绵阳等地作武术表演。1967 年至 1982 年，住在江油县重华镇本愿精舍。1979 年，应邀参加拍摄《四川奇趣录》。1979 年，增补为江油县政协委员，1981 年，增补为四川省政协委员。

1982 年，应河南省宗教局、少林寺邀请，到少林寺授武，1982 年至 1984 年，居住于少林寺。1984 年增补为全国政协委员。1985 年赴美国，参加《少林海灯法师》影片首映式。1986 年，任全军侦察兵武术集训队武术总指导。1984 年至 1989 年，居住于四川观雾山及江油县重华本愿精舍，任江油海灯法师武馆馆长。

1989 年 1 月 10 日，海灯圆寂于成都四川省人民医院。[②]

1962 年后海灯在四川的情况

1962 年夏，海灯带弟子寂诚从上海返成都，登门拜访成都体院郑怀贤教授，并转交了一封上海太极拳名家顾留馨等人的推荐信。当时的成都体院武术教师邓昌立回忆：“郑老持信去找当时成都体院陈践明院长。陈院长说，先内部看一下海灯的表演内容。”

体院领导安排海灯拜会了武术教研组的老师们，在座的有郑怀贤、

① 吴县于 1995 年撤销。

② 参见范应莲、张悦明编《海灯法师画传》，上海画报出版社，1990，第 76—77 页。

王树田、习云太、蓝素贞、肖应鹏、邹德发等老师。海灯从寂诚包袱内取出用红纸包封好的点心，送给每位到会者。当时正是大饥荒时期，从这件事中可见海灯好结善缘、讲人情味。当天下午，在体院艺术体操房，体院安排海灯内部表演。

海灯表演了压腿、吻靴、朝天蹬、劈叉等“童子功”。稍作休息后，他以一手直臂握拳，以拳面着地支撑身体；将两个脚背交叉并拢蹬靠在墙面上，身体倒竖起来稍有倾斜角度；左手成剑指，在体左侧向空中挥动往复记数，约有四五十次。

海灯最后表演了“二指禅”：两脚背交叉并拢支撑地面，整个身体斜侧伸直，随后右手食指、中指伸直分开指尖着地，直臂斜撑身体；左手成剑指向体侧挥摆，约有四五十次。

几天之后，体院教研组与成都市体委联系，决定让海灯在市体育馆进行公开表演，李孟常等成都部分知名老拳师和体院武术教师同台穿插表演。海灯的表演与前几天内部表演大致相同，他还与徒弟寂诚表演了“空手进剑”的对练。表演完后，由市体委组织，在体委食堂共进素餐，参加穿插表演的人员都出席了宴会。①

在表演结束几天之后，成都体院教研组的李毅立与重庆市武术界联系，海灯也在重庆进行过类似的表演活动。1962 年 10 月 13 日，《重庆日报》以《少林派武术家海灯法师，十四日晚将再次表演》为题目，介绍了当时的情景：

海灯法师在今年庆祝国庆的两场武术表演会上，把他的少林绝技“独臂功”“二指禅”和风格独特的少林拳术、械术等绝妙功夫献给了在场的五千多名观众。大家对他精湛的拳艺、械艺给予了好评……

《重庆日报》上的照片显示海灯当时是在表演双脚倒立的“二指禅”。

① 参见邓昌立：《忆海灯回成都》,《中华武术》1989 年第 11 期，第 33—34 页。

很显然，海灯不可能在几千名观众眼皮下面弄虚作假。

少林派武术家海灯法师 十四日晚将再次表演

应体育爱好者要求，市武术运动协会将邀请我国少林派武术家海灯法师，于十四日晚在市中区体育场，再作一场表演。

海灯法师曾在今年庆祝国庆的两场武术表演会上，把他的少林绝技「独臂功」、「二指禅」和风格独特的少林拳术、械术等献给了五千多观众。大家对他精湛的拳艺、械艺给予了好评。在市武协举办的座谈会上，他还介绍了少林派武术，交流了技术經驗，并传授了技艺。

这次表演，除本市武术界陪同演出外，海灯法师并将表演他和本市武术界合作排练的「对子」节目。

（市体委通訊組）

海灯法师表演「独臂功」

杜裕信摄

一九六二年十月十三日

图 9–5　1962 年 10 月 13 日《重庆日报》报道海灯表演“二指禅”

我亲历的海灯见闻

1968 年 4 月，我当时正随李孟常老师习武。一天，李老师家来了一位六十来岁的客人，身材瘦小，面容憔悴，但双眼炯炯有神。此人上穿半旧黑色灯芯绒中山服，下穿黄色旧军裤，脚穿一双胶鞋。此人便是海灯法师。当年他在我等同辈人心中，并没有太多神秘感，只把他当成一位略特殊的老拳师（和尚）。

海灯对李老师说：“我一直住上海，后把我撵回四川江油县重华镇。曾经把我关在一间破教室里三天三夜……幸好范应莲、李兴友几个小伙子拜我当师父，日子才好过一些。”李老师回应：“法师，我们何不聚会表演武功？让成都人都晓得。”海灯法师很高兴，一口答应：“好蛮，好蛮（他说话带有川北乡音，语末常带“蛮”的尾音）。1962 年我从上海回成都，我们不是一起公开表演过一次吗？”

20 世纪 60 年代，海灯在成都有些学生，如刘学文、秦彪、饶成君、张金城、赖显照等，功夫都练得很好。1968 年，李孟常等成都老拳师与海灯商定表演安排在望江公园，但突生变故。

当时，成都青年拳师方礼云（号称“东霸天”）对外宣扬：“海灯敢到望江公园，我就要和他‘抢手’！”海灯在成都的学生愤愤不平，也要带上武器去较量。但是海灯与李老师等人为不惹事端，就改在猛追湾游泳场旱冰场上聚会表演。到了那一天，成都地区上千名武术爱好者如期赴约，李孟常老师为主持人。

当天上午 10 时后，海灯上场说：“此次承蒙成都武术界朋友相邀，与各位朋友同台表演交流。不料有人要同我这个 60 多岁的人比武。既说较技，又扬言架设机枪、甩手榴弹……这是切磋武术，还是搞武斗啊？”说罢，海灯以右拳触地支撑，双脚倒立于场内石柱上，表演“金刚锤”。海灯倒立了大约 20 分钟收势，又与其徒合练“三节棍对练”“空手夺匕首”等。接着，李孟常老师众弟子集体表演“连环腿”等武术套路；李老师表演了他擅长的枪术；老拳师李孝康舞双刀；其他拳师也相继献艺。

图 9–6　第一排左起：海灯、朱智涵、戴志海，第二排左起：饶成君、邓祖英（1967 年 12 月摄影）

这是我亲临现场目睹的一场成都难得的特殊武林盛会。这也是四川当代武术文化史上一段珍贵的历史。

图 9–7　第一排左起：张英振、海灯、李孟常，第二排左起：胡启明、刘学文、张金城、李孝康，第三排左起：×××、邓祖英、饶成君（供图：邹翰昜。1968 年初摄影）

鲜为人知的海灯史料

武林前辈对海灯武术的评价

20 世纪 80 年代，武术振兴。原为普通民间拳师的海灯，开始被国内外广泛宣传，被舆论神化。此中当然有一些海灯个人因素，但更多的是非常复杂的其他因素。仅凭海灯自己，是绝对掀不起如此大的浪头的。最主要原因，是 1982 年《少林寺》电影上映，举国掀起了“少林热”“武术热”。社会各界都需要一个既有武术家身份，又有和尚身份的人，作为形象代言人。海灯恰好符合这一要求。于是社会各界（官方和民间），就通过各种舆论宣传，将海灯捧上了神坛。

中国武术家王子平之女王菊蓉[1]就洞悉这一点，1988 年曾说：“我认

---

① 王子平（1881—1973），河北沧州人，回族，全国武术协会副主席。王菊蓉（1928—2005），王子平之女，上海体育学院武术教授。

为，海灯人好、武功好，机遇也好。”“他的梅花精拳很不错，上海人挺喜欢，至今还有不少人在练。”

在谈到社会上对海灯有异议时，王菊蓉说：“那是由于一些文学、影视作品加工过多，在人们心目中产生了错觉，反而损伤了海灯的真实形象……对他只能如实地捧场，不能无中生有地拆台。”[①]

当时，我和邹翰易、王以富几位师兄都听武林前辈刘新吾、彭元植、李孟常等表达过同样的观点，他们一致认为：“以前民间武术大受打压，如今刚好了些，对海灯不能乱拆台。”

1989 年海灯逝世后，舆论界由之前的“捧杀”变为“棒杀”——对包括海灯的真实年龄、人生经历、武术水平在内的内容口诛笔伐。

海灯仅高约一米五三，体重不到一百斤，先天条件并不出众。客观地说，他能以武术自强，并终生好武，仅凭这一点就值得充分肯定。我曾经多次亲眼看过海灯演练拳械，明显看出他是下过苦功夫的。

成都武林前辈景书堂和李孟常等老师都讲述过：

> 1943 年四川省国术馆主持青羊宫“花会”打擂，有海灯和源清法师表演“对扣”（即套路对打）；海灯表演了单手的“金刚锤”（即以右手拳面支撑倒立）；他们没有报名打擂，表演完就走了。民国时期和 20 世纪 60 年代，由政府出面，海灯在成都和重庆敢登台公开表演，怎么是“不会打拳”呢？

海灯的拳术内容较多，他演练动作比较缓慢，纯粹是“民间形式”（即圈内人说的“老套”）。从追求“高飘飞”的专业竞技武术角度来判断，当然不起眼。但以民间武术最重视养生的观点来看，这恰恰是最为宝贵的特点。

海灯最爱表演的是童子功，姿势有“朝天蹬”“一字叉”“燕子衔

---

① 陈广福：《海灯法师在上海——访问顾留馨、王菊蓉的追忆》，载江油市政协文史资料委员会编《江油市文史资料选辑》第 2 辑，1989 年版，第 107 页。

泥”“吻靴”“罗汉观井”“曲地龙”“金龙奔江”等。一些人嘲讽这只是“武术基本功”“柔术”。童子功本身就是中华武术历史上一直倡导的传统习练法，以此嘲讽海灯不懂武术，的确有失公允。

宗教界刊物记载的海灯史料

限于篇幅，本书不可能对海灯进行详述和全面评价。但海灯毕竟是当代中国武术史上很有影响的人物，不能绕开。我仅提供从未披露过的珍藏的史料，证实几个最关键的问题。

很多人说海灯只是行走江湖的“游方和尚”“野和尚”，这些人断言：“截至 1959 年 4 月以前，海灯在各寺庙从未任过方丈（住持），当来当去只是‘清众’。在七曲山大庙只是‘住’（借住），没有职务。”[1]

这里提到的四川梓潼县七曲山大庙，始建于晋代，为祭祀文昌帝君张亚子的道教宫观文昌宫，清代后通称“大庙”，如今是川北有名的旅游名胜之地。1939 年后，海灯在大庙住了约 7 年。

民国时期，七曲山大庙每年庙会期间，来自陕西和四川各地的商帮，都会在此期间进行交易。梓潼的旅店、茶楼、酒肆，人满为患……[2]庙会期间又常大摆“田席”。最拥挤的要数农历二月十四和八月十四，这两天算是“正会”。由县长主祭；要敬献三牲（全猪、全牛、全羊），要杀鸡数万只……[3]

图 9–8　20 世纪 40 年代海灯在梓潼大庙练习武功，表演“曲地龙”

① 张扬：《海灯神话（下）》，中国文联出版社，1998，第 832、836 页。

② 参见高梧：《文昌信仰习俗研究》，巴蜀书社，2008，第 143 页。

③ 参见《梓潼风光名胜——七曲山庙会》，载梓潼县政协编《梓潼文史资料》第 10 辑，1992 年版，第 144 页。

我收藏过一份 1942 年的《新德善刊》，这份刊物上登载了一份署名为“豫叟”的报道。尽管该报道很简短，却是极其有说服力的关键文字：

梓潼七曲山大庙，每年两次祀神，杀鸡以数万计。住持海灯请于县长禁止杀鸡祀神，保全物命，不少诗以颂美……[①]

成都明道善院是明达慈善会的一个重要道场，1919 年在成都金沙寺附近创设；在 1941 年到 1949 年之间办《新德善刊》。日本学者小武海樱子评述：《新德善刊》在关于民间宗教慈善活动方面“能提供珍贵的资料”[②]。我收藏的这份《新德善刊》证实了在 1942 年，海灯的确是梓潼七曲山大庙的住持，由于他请求梓潼县长禁止在庙内外大量杀鸡祀神，因此受到了宗教慈善界的高度赞扬。

另外，据《梓潼县志》记载：“民国三十二年，海灯法师住持大庙，在风洞楼新塑释迦牟尼佛像一尊，将‘风洞楼’改名为‘大悲楼’。”[③]

还有人说 20 世纪 40 年代，“海灯不是诗僧、高僧，也没有关于他的武术报道”，并以此作为证明海灯“是骗子”的最重要证据。

我收藏了 1948 年宗教界介绍海灯武术的文章，证实 20 世纪 40 年代“没有关于他的武术报道”之说，实在欠妥。

必须强调的是，20 世纪 80 年代后在“宣传海灯”和“批判海灯”两个阵营中的任何一方，都没有这两份史料的出现，至今也从未见有人披露过。第一篇是文字很短的“佛教短信”，题目为《海灯法师赴杭过沪表演国术》：

国术大家海灯法师，近自天台来沪，曾至静安寺访问。本院特请法师表演国术。法师以旅途劳顿，略感不适，仍满众愿，表演各种精技，

① 参见明达慈善会主办：《新德善刊》1942 年第 41—42 期合刊，第 1—2 页。

② 参见社会问题研究丛书编辑委员会编：《第二届中国秘密社会史国际学术研讨会论文集》，知识产权出版社，2012，第 226 页。

③ 四川省梓潼县地方志编纂委员会编：《梓潼县志》，方志出版社，1999，第 1178 页。

观者咸叹希有。闻法师已赴武林听经云。[1]

静安寺位于上海市南京西路1686号，为著名江南古刹。《学僧天地》为佛教期刊，于1948年1月在上海创刊，为月刊。此刊是静安寺佛教学院学僧的学习园地，内容有佛教的教义、哲学、伦理、文艺、美术、音乐、传记、修行等。[2]

第二篇文字稍长，作者署名常进，题目为《海灯法师的国术》，节录如下：

我是见过少林派国术的表演，这演员就是大名鼎鼎的海灯法师……这一次我们所以能看到他的武术表演，也是因了他要往杭州去听经，路过上海，下榻本寺……随后将长服脱去，束紧腰带，他虽身材矮小，然而那种雄气，实足惊人……后来他所演出的数十种姿势，我虽缺少欣赏眼光，但是“蛇曲虎跳”等惊人的举动，若非工夫到家，绝没有这般本领。可是在识者的观众看来，皆赞不绝口地鼓掌叫好。这个紧张

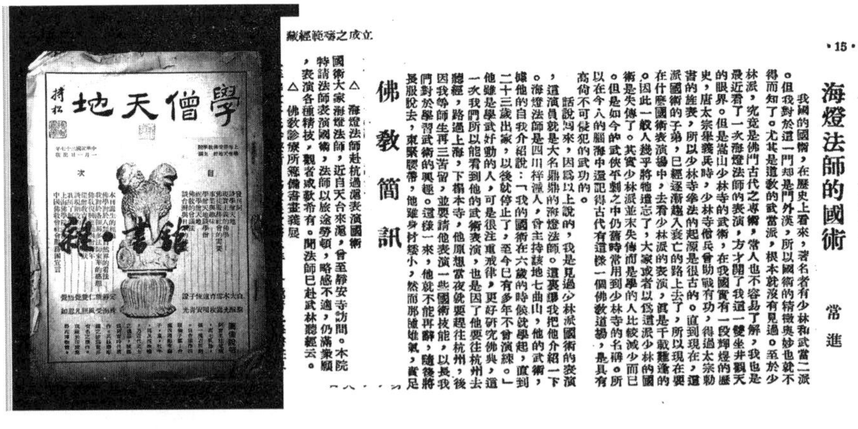

學僧天地

·15·

海燈法師的國術

常進

我國的國術，在歷史上看來，著名者有少林和武當二派。但我對於這一門却是門外漢，所以國術的精微奧妙也就不得而知了。尤其是道教的武當派，根本就沒有見過。至於少林派，究竟是佛門古代之專術，常人也不容易了解，我也是最近看了一次海燈法師的表演，方才開了我這一雙坐井觀天的眼界。但是嵩山少林寺的武術，在我國實有一段輝煌的歷史，唐太宗舉義兵時，少林寺僧兵曾助戰有功，得過太宗勅書的旌表，所以少林寺拳法的起源是很古的。直到現在，還在什麼國術表演場中，去看少林派的表演，眞是千載難逢的。因此一般人幾乎將牠遺忘了，大家或者以爲這派少林的國術是失傳了。其實少林派並未失傳而是學的人比較減少而已。但是如今的武俠小說之中仍舊時常用到少林寺的名稱。所以在今人的腦海中還記得古代有這樣一個佛教道場，是具有高尚不可侵犯的武功的。

話說回來，因爲以上說的，我是見過少林派國術的表演，這演員就是大名鼎鼎的海燈法師。這裏讓我把他介紹一下。海燈法師是四川梓潼人，曾主持該地七曲山，他的武術，據他的自我介紹說：「我的國術在六歲的時候就學起，直到二十三歲出家，以後就停止了，至今已有多年不曾演練。」他雖是學武好動的人，可是很注重戒律，更好研究佛典，這一次我們所以能看到他的武術表演，也是因了他要往杭州去聽經，路過上海，下榻本寺，他原想當夜就要趕往杭州，後因我等師生再三苦留，並要請他表演一些國術技能，以長我們對於學習武術的興趣。這樣一來，他就不能再辭，隨後將長服脫去，束緊腰帶，他雖身材矮小，然而那種雄氣，實足

佛教簡訊

△海燈法師赴杭過滬表演國術 國術大家海燈法師，近自天台來滬，曾至靜安寺訪問。本院特請法師表演國術，法師以旅途勞頓，略感不適，仍滿衆願，表演各種精技，觀者咸歎希有。聞法師已赴武林聽經云。

△佛教診療所籌備書畫義展

图9–9 上海市佛教刊物静安寺佛教学院《学僧天地》1948年第5期，介绍海灯

① 上海市静安寺佛教学院：《学僧天地》1948年第1卷第5期，第24页。

② 参见任继愈主编：《佛教大辞典》，江苏古籍出版社，2002，第817页。

的镜头，差不多演了半小时之久。本院的美术教授秀奇法师，是海灯法师的高足，曾从他学过武艺，也能打得一手好拳……[①]

最具争议的“二指禅”

1979 年 9 月，一个电影摄制组拍摄新闻纪录片《四川奇趣录》，拍摄了海灯和他的弟子们表演“二指禅”童子功。1982 年全国掀起“少林热”后，海灯更是名声在外。

1989 年海灯去世前后，其“二指禅”引起了极大的争议。央视 2001 年 4 月《新闻调查》指出：1979 年摄制的“二指禅”镜头是假的，说当时海灯年事已高而且有病，做不了“二指禅”，就拿一个布带拴住脚，并吊在窗户上才拍摄好。

客观而论，这是完全可以理解的事情。

现在海灯早已作古，但有关他的争议仍然不断，褒之者奉其为武术大师，贬之者斥其为江湖骗子。如《海灯神话》书中以“罪恶”一词痛斥海灯，并写有专章“第廿三章，罪恶——作伪的‘二指禅’和‘一指禅’”[②]。

至于海灯为什么要练“二指禅”“一指禅”？很少有人深入探究这个问题。

清末民初流行一本《少林拳术秘诀》，书中介绍了一个籍贯云南、法名为一贯的和尚：

初时与众僧同习技击术，因体魄弱小，膂力颇劣，侪辈多轻视之……朝夕勤苦自修，专练一指之力。且习久生神，能于隔板壁数层，以食指插按，试贴身验之，颇觉力透肤痛……由是一贯以少林派而兼习内家，遂为此术巨子。

① 上海市静安寺佛教学院：《学僧天地》1948 年第 1 卷第 5 期，第 16—17 页。

② 参见张扬：《海灯神话（上）》，中国文联出版社，1998，第 364 页。

后来一贯传“一指禅”功夫给贵州胡一指：

> 三四十年中，运其精力于一指。后游川秦，所遇名家巨子，皆为胡一指所压服。直至民国时期，川中与湘黔交壤各地，每谈及胡之技术，犹有津津乐道之者。因其一指之神通，有不可思议之妙……[①]

前文说过，海灯身高仅约一米五三，体重不到一百斤，和一贯和尚身材十分相似。海灯很可能受《少林拳术秘诀》一书影响，希望苦练“二指禅”“一指禅”而名震武林。

一些武术界门外汉认为：“一指禅”“二指禅”根本不可能练成功，所以海灯就是骗子，这是很错误的。近二三十年来，仅在四川就有多位人士能表演“一指禅”“二指禅”，这是许多四川武林中人都亲眼所见的。

2014 年 11 月 3 日，《台州日报》在第 5 版刊登了《天台赤城路：济公家门前的那条路》一文。文中说：

> 1951 年 10 月，天台首届人民体育运动大会在大操场上举行，赤城路上人潮汹涌。当时，具有传奇色彩的海灯法师在那里表演了“一指禅”童子功等功夫。这一幕，许老师说至今仍历历在目。

2015 年 11 月 28 日，《台州晚报》在第 9 版刊登了署名为陆晓明、张哲能，题目为《海灯法师曾在天台表演“一指禅”》的文章。文中说：

> 1951 年 10 月，天台县首届人民体育运动大会在八佛庵体育场举行。海灯应邀表演了“一指禅”童子功和“凳花”。其中“一指禅功”是以右手食指尖支地，全身倒立，两脚相叠，倚靠在柱上。左手向地面抓气向上挥出，达数分钟之久……

2019 年 7 月 19 日至 7 月 21 日，首届海灯武术国际演武大会暨打金章

---

① 尊我斋主人：《少林拳术秘诀》，山西科学技术出版社，2009，第 97—99 页。

擂台赛在江油市体育馆举办。此次赛事由江油市人民政府、四川省武术协会指导，江油市教育和体育局、四川巴蜀武术国际交流中心主办[①]。

以上内容说明至今海灯仍然备受四川民众敬仰。

“海灯现象”不仅是影响四川武术的大事，也是影响中国当代武术史的重大事件，无法回避。我提供的上述史实，对客观、公正、真实地评价海灯及中国武术文化现象，不无裨益。

这里顺便提及四川武术前辈中的另外两位出家僧人。

源清法师（1922—1998），俗名赖宏英，新都县（今成都新都区）天源人。幼年家境贫困，只读了两年私塾。1936 年，14 岁的赖宏英与范无病相识，次年两人同时在成都昭觉寺出家。范无病被授予法号海灯，赖宏英被授予法号源清。1943 年成都青羊宫打擂，海灯与源清同台表演“双刀对枪”等武技。1950 年后，源清居于昭觉寺，随他学武艺的弟子甚多，如宽定法师、广兴法师、张邦元、杨东林等，皆功夫出众。

图 9–10　张邦元（右）展示“隔山望月”，左为本书作者郑光路

① 《首届海灯武术国际演武大会暨打金章擂台赛》，载江油市人民政府网站（http://www.jiangyou.gov.cn/xwzx/bmdt/12895441.html）。

1989年，武友刘乐生陪同源清法师同我聚谈甚久。1997年，源清法师住在中和场一处庙宇，我曾多次前往请教。1998年，76岁的源清法师在成都昭觉寺圆寂，寺中至今仍有源清法师灵塔。

济尘法师（1900—2002），四川遂宁人，俗名奉百川。少年时曾跟一道士习拳三年，精通击技驰名乡里，17岁在成都昭觉寺从慈清方丈出家，他是当代德高望重的高僧。

济尘法师的高徒众多。其徒弟刘茂贵曾任军队某部武术总教练，他不仅格斗功夫厉害，武功绝技也非常了得（能表演“汽车碾手脚”“徒手掰火红钢条”等），令人佩服[①]。以“散打评书”享誉全国的巴蜀笑星李伯清，也是济尘法师的弟子，刻苦习武很多年。济尘法师的另一个高徒张邦元，武艺精湛，他的童子功非常出名，他表演的“隔山望月”曾经被海内外电视台广泛宣传介绍。

---

① 参见《功夫汉挑战天下高手　汽车碾手脚徒手掰火红钢条》，《江南时报》2004年2月8日第14版。

第十章

四川武术的振兴标志——峨眉武术

◎“峨眉派”提出的时代背景◎

“峨眉派”一词最早出现于何时

拳种和门派究竟是什么

武术界通常认为，中国武术有多个拳种，数量之多，很难准确统计。

拳种通常以各自的拳术理论、技术特征、技术方法、文化色彩而逐渐形成。如查拳、华拳、红拳、炮锤、翻子、南拳、形意拳等。

拳种下面又产生“门派”(又常称为“流派”“门户”)。还有名为“家”或“氏”的，如查拳门、青城派、李家拳、苌氏武技等。

拳种和门派两者有紧密关系，但又不完全是一回事。

比如太极拳是一个拳种，但又形成了很多大派，如杨式、陈式、孙式、吴式……这就是门派。换句话说，同是练一个拳种的人，不一定同一个门派。

另外，许多拳师一生会习练多种武术。这样，很自然地就会产生出许多新的门派，这种情况带有普遍性。因此，要准确说清中国武术究竟有多少门派，某个拳师究竟只属于哪个门派，并不是容易之事。

拳种和门派，通常都有地域性。对中国武术地域性的探讨，历来是武术界的热点。

古代文献中，如记载粤之民：“好用剑”(《汉书》)；荆楚之地：“上下崇尚讲武”(《淮南子》)；山东地区：“齐人隆技击”(《荀子》)……

“南拳北腿”“东枪西棍”“北弓南弩”等拳谚，表述的也是武术的地域性。1919 年，体育史学者郭希汾提出“技击之有南北二派，实由于天时地利之关系，出诸天演之自然，非人力之所能为也”[1]。意思是说，不同区域的地理、民风、民俗等历史文化传统（即所谓“天演自然”)，逐渐形成了该区域的武术。

秦国丞相吕不韦被免职后迁徙到蜀都，主持编纂了史书《吕览》(即《吕氏春秋》)，书中记载：“蜀人善戈，巴人弄剑。”“賨人好武，善使铁棍”。这是较早阐述巴蜀地域武术的记载。

武术界通常认为：能够称为武术某一大型的拳种、门派，必须具备的要素是“历史清楚、脉络有序、风格独特、自成体系”。拳种、门派的确立，还有一个更为重要的标志，就是有各自尊奉的开派鼻祖，和由此衍生下来的传承谱系。

学者王建伟认为，由于中国人的传统文化心理，中华武术各种拳种、门派所尊崇追认的鼻祖（始创者），大多为虚构神话人物，造成了武术拳种、门派的“鼻祖附会”现象，“最为有名当数少林派武术相传为达摩祖师所创，武当派武术自认宋代道士张三丰为鼻祖……”[2]

峨眉武术的起源和发展

20 世纪 80 年代，峨眉派（峨眉武术）在中国异军突起，开始与少林派、武当派并驾齐驱。

---

① 参见郭希汾编著：《中国体育史》，商务印书馆，1919，第 15 页。

② 王建伟：《武术拳种与门派鼻祖附会的文化心理学成因》，《广州体育学院学报》2013 年第 3 期，第 70—73 页。

峨眉派（峨眉武术）的提法，是怎样兴起和发展的？知晓者寥寥无几。

1920年后，湖南平江人向恺然的《江湖奇侠传》中，出现了“峨眉派”一词。1931年还珠楼主在《蜀山剑侠传》中，把峨眉派作为主要门派来描写：

> 漱溟到了峨眉，引见长眉真人、同门师弟兄。夫妻二人在洞中用功数十年。后来长眉真人迁居蓬莱，漱溟夫妻与众道友创立峨眉派……夫妻二人童身重入仙山，才参上乘道法，成峨眉剑仙领袖……[①]

1959年卧龙生创作的《飞燕惊龙》出版，书中也有峨眉派，被他列入九大门派之一。影响最大的，则是20世纪50年代金庸的武侠小说《倚天屠龙记》。书中描写郭靖、黄蓉夫妇的二女儿郭襄，走遍天下寻找心上人杨过，终不如愿，便在40岁时出家为尼，创立峨眉派。

在武术界也有峨眉派的相关文字资料记载。1935年《国术周刊》第122期之《国术派别考（续）》中载：“……陆桴亭，为峨眉山僧所授，近世尚有峨眉派者。”但并未详述其渊源。《国术周刊》第136、137合刊之《国术门类分歧之原因》中载：“厥后达摩开少林之派；三丰启武当之宗；昆仑峨眉，各树其帜，而极其妙……”

不少武术学者也对峨眉派的起源和发展进行史料考证。例如，程大力等武术学者，就曾考察过峨眉派史料：

> 有两个事实值得注意：一、民国时期的武术界已有自称峨眉这一派别的；二、所谓的峨眉派在这一时期尚不为人普遍认可。……斯时武术界所谓的“峨眉派”，经武侠小说和博名射利者的推波助澜而刚刚兴起，还远远未形成今人所谓的“少林、武当、峨眉”三足鼎立的局面。民国时期四川、重庆武术家参加武术比赛，从不称自己是峨眉武术或峨眉派。

① 还珠楼主：《蜀山剑侠传》，作家出版社，2012，第102页。

这也恰好说明民国时期武术界，所谓的“峨眉派”尚未被人接受，或者说还未在武林中形成气候。[①]

长期以来，很多人一直倡导“打破武术门派界限”。1950年后，也多以拳种划分、少以门派区别，为的就是打破门户局限。

但是，从保护中华武术千姿百态的角度看问题，“打破门派界限”是行不通的：既难以真正实行，又会严重破坏中国武术丰富多彩、百花齐放的格局。门派通常是拳种的实际载体。以太极拳为例，如果取消太极拳中的门派，在名称中拿掉“杨氏”“陈氏”“孙氏”等门派，通通称为“太极拳”，就不能体现各门派之间的差别与特点。

民国初期，马良创编“新武术”。近几十年来，官方武术界也曾经花很大气力，创编“规定长拳”“规定南拳”之类，其目的都是试图将中国武术统一在一个模式之下，但是最终都难以长久推行，所以现在又提倡“挖掘整理”“恢复传统”。这也从侧面说明了保留武术门派具有重要价值和意义。

峨眉派（峨眉武术）的兴盛

《少林寺》《自古英雄出少年》等武打电影的助力

1978年后，之前被打压的武术运动又活跃起来。1982年，香港中原影业出品影片《少林寺》。到了1983年，《少林寺》已经红遍全球100多个国家和地区。中国观众达5亿多人次，票房收入1亿多元（当时国内电影票价大约1角至1角5分）；日本的票房收入超过3000万元人民

① 程大力、王小兵、程馨：《“峨眉派”详考：兼论峨眉派武术绝非峨眉山武术》，《中华武术（研究）》2015年第4期，第15页。

币……[1]

《少林寺》的最大特点是，由以前的演员学武打再进行表演，发展为著名武术运动员直接塑造角色。主角李连杰代表了中国竞技武术套路的最高水平，连很多配角也是全国冠军（从中国各省市武术队选出 18 个全国冠军当演员）。电影中，演员满天“打斤斗”“扯旋子”，“高、飘、飞、快”……稍懂武术的都会感觉到，这部电影更像是国家级别的学院派武术套路，穿上了古装的集大成表演的外衣。

《少林寺》之后，中华大地出现拍摄武打片高潮。如《少林小子》《南北少林》《木棉袈裟》《武当》《南拳王》……最值得一提的是，香港著名影人夏梦创办的青鸟电影制片有限公司在 1983 年出品的《自古英雄出少年》。

电影的几位主角，都由四川颇有来头的武林人士扮演。比如，饰演乡绅的是四川体育学院的教授习云太；武术系老师叶道清饰天地会老英雄黄婆婆。其他演员大都是四川武术队的绝对主力和全国冠军：四川队的主教练邓昌立、“猴棍王”熊长贵、“醉剑”李殿方、“通臂拳”任刚、“虎拳”胡益林、“地躺拳”吕立、“夜行刀”曹科润……《自古英雄出少年》是四川官方竞技武术精英人士的大荟萃，武打场面也几乎可与《少林寺》媲美。

1984 年，四川武术名家吴信良（1980 年获全国比赛醉拳金牌、1981 年获醉剑金牌，中国武术八段），以精湛武功参加《南拳王》拍摄。同年，四川武术名家肖家泽集资 8 万元拍了武打电视剧《乱世风云》，并出演重要角色。此后，肖家泽还拍了 11 部武术教学片。此后，四川武林人士又相继拍摄了《海灯法师》、《新少林寺》、《神厨》（以上为熊长贵主演），《峨眉飞盗》（李殿方、夏宗佑等主演）等影视作品。

---

① 参见中国视听研究中心“功夫片”丛书编委会编：《功夫片》，中国展望出版社，1983，第 2 页。

我参加关于武术电影拍摄的回忆

那时还有许多民间武术人士，参加了各种影视拍摄，我只是其中一个。

1985 年，峨眉电影制片厂和中国电影发行公司联合拍摄《草莽英雄》。剧本由中国文联副主席阳翰笙编写，反映了川南哥老会（袍哥）组织大众，推翻清王朝的故事。演过贺龙的夏宗佑饰演袍哥大爷罗选青，张国立饰演被孙中山派到四川的革命党人唐彬贤，王姬饰演文武双全的佳人三妹，赵小锐饰演袍哥叛徒。

承蒙导演刘子农先生登门邀请（同来者还有副导演刘慕兰等数人），我应邀加入电影《草莽英雄》剧组。剧组为什么会邀请我加入呢?

1983 年，四川著名的文史刊物《龙门阵》[①] 发表过我写的《“峨眉武功真诀”与“魏神腿”之死》，全国很多刊物纷纷转载。当时峨眉武术尚少为人知，此文影响比较大。《成都体育学院学报》在 1984 年第 1 期刊登了我的《峨眉黄林派武术——火龙拳》等文章。鉴于此，相关文化部门推荐我和郑蕴侠先生去摄制组。

郑蕴侠曾担任国民党中统少将一职，非常熟悉袍哥历史。1949 年中华人民共和国成立后，他在四川和贵州潜伏长达 8 年，其逃亡经历比反特电影还精彩离奇。

刘子农还邀请了成都武林名家汪刚先生。我和汪刚又各自邀请了成都武术界一些民间高手同去剧组。这些人中，有黄明生（曾在 1980 年全国武术表演项目获硬气功类冠军）、李兴白（海灯法师高徒，绵阳市武协副主席）、肖清黄（赵门武术研究会会长）、鲜宗丽（1992 年和丈夫何道君一起创办有名的青城道君精武馆）。

我们在江安县夕佳山中待了三个多月，每天同在昏暗的老饭堂内吃

---

① 《龙门阵》创刊于 1980 年，由四川人民出版社主办，为文史、民俗刊物，系《中国学术期刊（光盘版）》全文收录期刊。

三顿饭。川南是竹海，每顿肉炒笋子、拌笋子、笋子汤……大家开玩笑说："吃成个熊猫了。"

除了拍摄之外，我们每天相互交流练武五六个小时，实在是精力充沛。给我留下深刻印象的是赵小锐。他体格健壮、功夫全面，为人谦虚、言语沉稳，全然不像他日后成功饰演的"黑旋风"李逵。每天黄昏后，我们都绕夕佳山散步畅谈武术，度过了一段非常愉快的岁月。

图 10–1 郑蕴侠（上排右二）和本文作者郑光路（上排右一），下排右二为导演刘子农

四川官方和许多民间武林人士涉足影视界，无形之中加大了四川武术的影响力度。

前文说过，抗战时期全国武林精英汇集四川。四川武术与少林、武当武术相比丝毫不逊色，甚至更独特和丰富多彩。1982 年 11 月 7 日，国家体委召开了第一次全国武术工作会议，28 个省、区、市 367 人参加会议，国家领导人万里、杨尚昆等接见了全体代表。会议提出："积极发展各种形式和各种流派的武术。”[①] 这次大会，也成为20世纪80年代中国武术发展历史上的里程碑。

这就是峨眉派（峨眉武术）提出的时代大背景。

宣传峨眉武术的书籍和文章

在第一次全国武术工作会议之后，全国创办了一大批武术期刊，如《中华武术》《武林》《武术健身》《少林与太极》《精武》《武当》《武术健身》《武魂》《拳击与格斗》，以及《中国武术》英文版等。其中，《武林》是中国第一本武术类期刊，最高发行量曾达到创纪录的350万册。这段历史，是中国武术文化史上的重要时期。

从20世纪80年代开始，我陆续在各种武术杂志及《中国体育报》《体育文史》《成都体育学院学报》《体育文化导刊》等刊报上，发表各类文章数十万字，如《峨眉黄林派武术——火龙拳》《峨眉派武术气功概述》《蜀中武林旧闻录》《四川近代武林人物》等。我当时还是国内多家武术刊物的特约作者和记者（颁发正式记者证）。

1991年，我出版了专著《气卷神州——当代中国气功大潮面面观》，1995年出版了《中国当代热点问题透视——中国气功武术探秘》，出版后影响都比较大，习云太教授还在北京学术会上有过介绍。

许多武术界人士写武术论文，常参考或引用我的文章。如武术界学者韩红雨、戴国斌评论：

> 20世纪中后期，地域武术研究得到进一步发展。国家体委集全国之力进行了地域武术的挖掘整理，整理出了百余种源流有序、传承明晰的拳种。学术上形成了峨眉武术（郑光路，1984）、荆楚武术（蒋松卿，1990）、闽台武术（陈荣亮，1991）、四川武术（刘泰福、周直模，

---

① 参见徐才：《开创武术运动的新局面》，《徐才武术文集》，人民体育出版社，1995，第9页。

1996)、台湾武术(武冬,1996)、哈尼族武术(李德祥,1994)、回族武术(刘汉杰,1997)等大批研究成果。形成了以行政和民族文化等区域划分的认知。[①]

图 10–2 武术专业刊物《武林》1991 年 10 期(总 121 期)的封面人物为郑光路

① 韩红雨、戴国斌:《中国地域武术研究的现实困境及突破》,《广州体育学院学报》2017 年 3 月第 37 卷第 2 期,第 74 页。

◎ 峨眉派（峨眉武术）的理论构建 ◎

从民俗学角度解释“白猿起源说”

峨眉派（峨眉武术）的异军突起

1982 年之前，峨眉派只出现在武侠小说中，并无武术史意义上的真实峨眉派。20 世纪 80 年代后，有了峨眉派（峨眉武术）的提法，但早期也存在许多争议，如峨眉武术的历史起源、风格特点等，众说纷纭。

1983 年后，峨眉派（峨眉武术）的提法，被四川武术界人士逐渐接受或认同，用来泛称四川武术（巴蜀武术）。

那时我与成都体育学院邹德发老师有较多交往。我亲眼见他对峨眉武术的整理研究费了很多心血。1983 年，邹德发老师发表《峨眉拳初探》，文中说：“笔者探索峨眉武术有年，先后曾向一百多位老拳师请教，但对峨眉拳术仍然不甚了解……”①

这不能简单地理解为谦虚，更多地反映了在 20 世纪 80 年代异军突起的峨眉派（峨眉武术），还是一个需要被重新认识的新生事物。

---

① 邹德发：《峨眉拳初探》，《成都体院学报》1983 年第 4 期，第 25 页。

图 10–3　四川地区一些知名武术界人士，一排左起：邹翰易、张鹤鸣、邹德发、×××、胡元培，二排左起：×××、黄天才、杨东林、×××、饶成君、欧昌全、胡家伦、张勇前

对峨眉武术的历史，有人这样解说："峨眉武术孕育于上古，源起在春秋，形成于战国，成熟在南宋，盛世在明清，弘扬于当代，享誉于海外……"

明代唐顺之的《峨眉道人拳歌》首次将"峨眉"和"拳"两个词联系起来。明代郑若曾《江南经略》和明末清初武术家吴殳《手臂录》中，都提到了"峨眉枪""峨眉剑"等。直至民国时期，峨眉派（峨眉武术），才出现在武侠小说当中。

因此，学者张小林认为，峨眉派（峨眉武术）在"源"与"流"等方面，甚至连"是否存在与怎样界定等重要大是大非问题"[①]，至今都还存在很多争议与误解。

① 参见张小林：《西部地区体育文化产业发展研究：基于区域典型案例的实证调查》，民族出版社，2015，第 170 页。

有关峨眉武术的起源，有多种说法：如“少林起源说”“巴蜀起源说”“三大起源说”“尼姑起源说”“道姑起源说”“佛道起源说”等。最常见的是“白猿起源说”和“白眉道人创拳说”。

20 世纪 80 年代后出版的官方文献《乐山市志》《峨眉武术非物质文化遗产申报书》等，均采用了“白猿起源说”的说法。①

《四川省志 · 峨眉山志》把“白猿”和“战国时人司徒玄空”，说成同一人：“战国时，有白衣三者，号动灵，亦名司徒玄空，仿山猴动作创编‘峨眉通臂拳’……后人称他为白猿祖师。”② 峨眉山景区至今还有司徒玄空的塑像。

2010 年，武术史学者王亚慧、代凌江在文章中表示了不同的看法：“峨眉山武术‘白猿起源说’，是一种典型人为的编造、嫁接和附会，是对峨眉山地域武术起源的有意误读。”③

“白猿起源说”符合“鼻祖崇拜”的文化现象

对这种不同意见，应当怎样给予合理解释呢？

据文献资料，白猿作为武术人物的最早记载很可能是东汉经学家赵晔所著《吴越春秋》，书中卷九有《白猿》一文。这个故事开头写越王向范蠡请教剑术，范蠡向他推荐了一位少女。接着写少女在路上遇到一位老人，要和少女比试。老人拿的是竹枝粗干，少女拿的是竹梢。一开始老人取攻势，但少女趁机击中老人三次。结果老人飞跳上树，变为白猿……④

---

① 参见乐山市地方志编纂委员会编著：《乐山市志》，四川科技出版社，2001，第 726 页。

② 四川省地方志编纂委员会编纂：《四川省志 · 峨眉山志》，四川科学技术出版社，1996，第 8 页。

③ 王亚慧、代凌江：《试论峨眉武术的起源及对“白猿起源说”的质疑》，《成都体育学院学报》2010 年第 5 期，第 54 页。

④ 参见李穆南、郄智毅、刘金玲：《中国文学百科：古典小说》，环境科学出版社，2006，第 73 页。

自唐代后，笔记小说记载了许多“袁公”“白猿仙人”等内容，它们也见于历史上诸多诗人的笔端，如李白“少年学剑术，凌轹白猿公”，杜牧“授符黄石老，学剑白猿翁”，陆游“少年学剑白猿翁”……明代小说《西游记》中武艺高强的孙悟空，常用“花果山上一老猿”来形容自己。可见2000多年来，白猿确实已成为武术界、修真界崇拜的偶像。

1982年后，武术界有人逐渐把白猿引申为峨眉武术创始人。

我认为，从民俗学角度讲，把白猿当成峨眉武术起源的传说或精神偶像，并无不可。

古代巴蜀确实早就有白猿传授武术等技艺的史料记载。如晋代人王嘉写过一篇《白猿幻化》，文中说：三国时蜀中学者周群，游四川岷山采药，“见一白猿，从绝峰而下，对群而立。群抽所佩书刀投猿，猿化为一老翁……以授群。”[1] 白猿崇拜体现了巴蜀武术中的仿生思想，即效法自然、效法万物的文化传统。

中国历史上的各种行业，都有供奉祖师爷（开山祖师）的传统。在了解上述情况之后，人们也就不难理解许多人把白猿奉为峨眉武术“祖师爷”做法了。

民国时期史学家唐豪指出：所谓少林拳始于印度僧人达摩，太极拳始于武当张三丰之说，都是后人的牵强附会。但从民俗学意义上讲，“祖师爷”只是一个文化符号，是中国人尊师重道、崇尚传统的表现。所以，“鼻祖崇拜”的存在有其合理性。中国武术界，至今少林派仍奉达摩为祖师，武当派仍奉张三丰为祖师，也得到各界人士广泛的认同。很多人也都知道这只是传说，其实质也仅是祖师爷崇拜的传统文化心理而已。同样，峨眉派武术奉白猿祖师（司徒玄空）为祖师爷，也是同样的道理。

---

[1] 卢润祥、沈伟麟主编：《历代志怪大观》，上海三联书店，1996，第50页。

正确理解峨眉派（峨眉武术）

从约定俗成谈峨眉派名称的合理性

战国末期著名思想家荀子说：“名无固宜，约之以命，约定俗成谓之宜。”荀子意思是：事物名称没有固定不变的，而是由人们共同约定来命名，约定俗成，这个名称就合适了；习惯了，就成为这种事物的名称了。这就是“约定俗成”成语的由来。《庄子·逍遥游》里说：“名者，实之宾也。”这是说，“实”才是主体的、实质性的，“名”不过是相从的、附属的。由此可见，我们不能以峨眉武术的起源是传说，就以此来否定官方和民间都广泛接受了的、约定俗成的峨眉派（峨眉武术）。

1930 年 1 月 24 日，武术史学家唐豪担任中央国术馆编审处处长，力图把武术史研究纳入西方体育史研究的科学体系。1930 年，唐豪撰写的《少林武当考》由中央国术馆出版发行。馆长张之江先生、浙江省政府主席张静江为之作序，里面还有唐豪的自序及朱国福的跋。

唐豪在其另一部作品《少林拳术秘诀考证》里言辞激烈地批评：“语怪与附会，是少林、武当两派武艺作家专玩的一套把戏。”[①] 他用大量史料指出，少林拳始于印度和尚达摩，太极拳始于武当道士张三丰之说，都是后人牵强附会。结果武林两大派就有人向唐豪发难，要将其痛打。后来，全靠武术名家朱国福和王子平从中斡旋，才平息风波。1931 年，唐豪被迫离开中央国术馆。[②]

从西方体育科学史角度来看，唐豪说得当然有其一定的道理。但是，唐豪的思想也有局限性：他并未认识到“祖师爷崇拜”“武术门派”等，本身就构成了中国武术必不可少的传统文化内容之一。

达摩、张三丰之说，归根到底也是约定俗成，早已成为中国武人的

---

① 唐豪：《少林拳术秘诀考证》，山西科学技术出版社，2008，第 3 页。

② 参见郭裔：《有关唐豪生平行谊的几个时间考》，《体育学刊》2012 年第 6 期，第 129 页。

传统心理文化。一味地要用近代西方科学方式去判断、强套和反对，而不顾中国人的传统文化心理，也会形成片面的结论。

炎帝、黄帝其实也都是上古“三皇五帝”中似神非神的传说人物，但汉族至今都自称“炎黄子孙”，从来也没人反对。

所以，如果不站在更宽广的历史高度来辩证分析，而主张把武林人士“鼻祖崇拜”等内容全然摒弃，那么几千年的中华传统武术很有可能会变成毫无趣味和毫无中国人文色彩的西洋体操了。

即使西洋体育的源头——古代奥林匹克运动会，也被蒙上了神秘传说和“鼻祖崇拜”的色彩：

古代奥林匹克运动会，本身就是一种运动和宗教性的综合庆典，是为祭祀宙斯而定期举行的体育竞技活动。宙斯，则是古希腊神话中统治宇宙万物的众神之王。宙斯的儿子赫拉克勒斯有“大力神”的美称，奥林匹克运动会则与之有关。这些关于西方体育运动起源的祖师爷传说，如今却没有受到非议和批判。

峨眉派（峨眉武术）的广义、狭义之分

怎样界定峨眉武术的概念，是解说峨眉派（峨眉武术）的又一难题。

第一，如果把峨眉武术只作为四川武术（巴蜀武术）下属的某个门派，就不足与少林武术、武当武术三足鼎立，也与近几十年来峨眉武术在中国的实际影响事实不符合。

2008 年 6 月 7 日，峨眉武术作为四川唯一的传统体育、游戏与杂技类项目，成功进入第二批国家级非物质文化遗产名录。

从四川省这个意义上理解，峨眉派（峨眉武术），其实就是四川武术（巴蜀武术）之另一名称。四川省武术协会 2017 年出版的图书，书名就是《峨眉武术史略》。然而，有时确实又存在把峨眉派（峨眉武术）完全等同于峨眉山地区本土武术的情况。

我认为，峨眉派（峨眉武术）应该有两种解释：

广义的（或称为大峨眉武术概念）解释，指四川武术（巴蜀武术）。

狭义的（或称为小峨眉武术概念）解释，指峨眉山地区的本土武术。

其实少林派、武当派两大派，也早已各自在本门派中存在“大”“小”之分。

如20世纪30年代，中央国术馆内设有少林门（称为“外家”）、武当门（称为“内家”），这是“大”的概念。

少林门，包括查、华、洪、炮等北方拳种；武当门，包括武当、太极、形意、八卦，其中每大门派中的支派，就是“小”的概念。

峨眉派（峨眉武术）理论的深化和实践

傅尚勋先生是四川武术名家，先后获省和全国武术挖掘工作先进个人。1985年，获全国优秀裁判员称号。[①]《中华武术》杂志2006年第2期刊登了东方亮撰写的《黄林派峨眉武术的奇葩——访黄林派传人傅尚勋先生》，文章中阐明了傅尚勋先生的一些观点：

> 经过这么多年的研究，我们对峨眉武术又有了新的认识。八大门虽然在四川近代流传很广泛，但是，他们其实都是外来拳种，比如：僧门实际是少林派，嘉庆年间才传到四川；岳门是岳飞传下来的，是战争武术；赵门实际属于太祖红拳，分为直隶和三原两派；杜门，是江西过来的。真正是四川土生土长的拳种只有黄林派、盘破门等。其中黄林派是大家公认的四川峨眉武术的代表，传承清晰、技术特点突出，没有受外来武术的影响……[②]

2010年，武术学者王亚慧、代凌江在文章中说：

---

① 参见四川省武术协会编著：《峨眉武术史略》，人民体育出版社，2017，第280—281页。

② 东方亮：《黄林派峨眉武术的奇葩——访黄林派传人傅尚勋先生》，《中华武术》2006年第2期，第18—19页。

四川武术协会副主席肖家泽认为：武术派系讲究根源。虽然很多外来武术跟峨眉渐渐融合，自称峨眉派，但由于在川内找不到根，都不是土生土长的正宗峨眉。从1984年起，通过追根溯源、找传承人，以及武术风格特点综合论证。25年后，四川省武协终于确定了正宗峨眉的三大发源地，即川西一带的黄林门、峨眉山本土的拳种、内江资中的盘破门。[①]

肖家泽先生和我讨论这一问题时，他还认为，四川本身的武术，包括土生土长的属于峨眉武术的拳种，这是可以称为峨眉武术的。还有很多外来的拳种，包括少林拳以及南方、北方系列的许多内容，都属于现在四川也在流行的拳种一类。峨眉的、外来的武术拳种，合并起来都可以叫作巴蜀武术，这样就比较合适和全面一些。

任何一种文化，都存在于一定的地域特色和时间跨度当中，武术文化也不例外。中国地域广阔，东西南北地理环境不同，人文传统、民间风俗差异巨大。

清代“湖广填四川”，各省来川武林人士很多，也带来了数不胜数的武术门派。其中一些武术流派和拳种在四川流传了300多年，深受巴蜀文化熏陶并且逐渐演变，经过一代又一代的传承，已经实现了本土化，形成了土生土长的四川武术。这些因素决定了巴蜀武术文化的地域特色和时间跨度。因此，我认为以上这些武术门派，是完全可以称得上峨眉武术的。

抗日战争开始后，各省武术家纷纷入川。这就形成了“各省拳种四川有，四川拳种省外有”的武术大交流的局面。所以，四川的很多外省拳种，如查拳、洪拳、少林拳、太极拳、广东南拳，它们均保留了外省本身的拳理和技术风格，如果一定要列为己有，加一个峨眉派名称（如

① 王亚慧、代凌江：《试论峨眉武术的起源及对“白猿起源说”的质疑》，《成都体育学院学报》2010年第5期，第54页。

峨眉派少林拳），确实也不妥。

我还认为，任何学科和领域的理论构建，都不是僵化不变的。峨眉派武术的理论构建也是这样，一定会随着时代发展而演变得越来越完善。

自从 1982 年峨眉派（峨眉武术）提出后，虽然理论研究尚缺少完整性、统一性，但客观上中国武术界已承认峨眉武术与少林武术、武当武术齐名，是中国三大著名武术大流派之一。峨眉武术已经“作为巴蜀地域武术文化的重要名片”[①]，是四川一大品牌资源，也得到了四川各级政府的大力支持。

① 参见赵斌、代凌江：《峨眉武术文化的特征与发展路径》，《上海体育学院学报》2015 年第 4 期，第 41—45 页。

◎《拳乘》引发的重大误会◎

峨眉派（峨眉武术）“五花八叶”之谜团

“五花八叶”说法出现的原因

1979 年 1 月，国家体委下发文件《关于挖掘、整理武术遗产的通知》。

此间四川省武术挖整小组在武术文献的登记情况中记载：“各地上交到省挖整小组的文献共二百七十七件，现送上八十三件供展。”其中编号 74 的文献注明：“《拳乘》原，资中，朱覆天”[1]。

这本《拳乘》书残破不全，是上海出版的旧书籍。前面扉页上有人用笔写有“一树开五花，五花八叶扶，皎皎峨眉月，风义满江湖”的文字，书的正文则是一些伤科治疗等方药内容。

1980 年后，逐渐有人把峨眉派（峨眉武术）门派分支说成“五花八叶”。例如，《中国体育报》记者李高中先生 1980 年在香港出版的《技

① 参见四川省武术遗产挖整小组：《四川省武术遗产普查工作第一阶段综合材料报告》，《四川体育史料》1984 年第 5 期，第 6、8 页。

击月刊》第九期上，发表了一篇名为《奇光异彩的峨眉派武术》的文章，根据就是上面说的“一树开五花……”。“峨眉武术五花八叶”的说法，此后被国内官方体育界、武术界广泛认同，如 1998 年出版的官方《四川省志·体育志》，就阐述了这一观点：

清末，湛然法师（何崇政，四川名山人）曾代表哥老会，以四川灌县（今都江堰市）的青城；丰都县的青牛；通江县的铁佛；开县的黄陵；涪陵县的点易五个地区为集散地，依靠分布在这五个地区的“洪、化、字、会、僧、岳、赵、杜”八大武术门派为骨干，联合民众反对清廷，并在后来的著述《拳乘》中，对此事进行了描述。诗曰：“一树开五花，五花八叶扶，皎皎峨眉月，风义满江湖。”至今，“洪、化、字、会、僧、岳、赵、杜”八大武术门派，仍是峨眉拳系中主要拳种。①

也有文章把“湛然法师”说为“谌然法师”的。但无论“谌然法师”还是“湛然法师”，在清代之前就已经出现过：唐代天台宗第九祖，就是湛然法师。②明代末年有名的诗僧担当法师（1593—1673），他师父就是“云门谌然法师”。③

由此看来，唐代或明代的“湛然”（“谌然”）法师，绝不会是晚清的“湛然法师（何崇政）”。有史料说何崇政是名山县人，生于清代道光年间，是个落第秀才。④咸丰九年（1859 年），他参加了李永和、蓝朝鼎起义，反清失败。⑤

地方史书《雅安史略》记载：

① 四川省地方志编纂委员会编：《四川省志·体育志》，四川科学技术出版社，1998，第 7 页。

② 参见赵悠：《海上梵呗：上海三寺》，中州古籍出版社，2014，第 81 页。

③ 参见李伯齐主编：《中国古代纪游文学史》，山东友谊出版社，1989，第 387 页。

④ 参见陈力主编：《中国野史集粹 3》，巴蜀书社，2000，第 232 页。

⑤ 参见胡汉生：《何崇政考辨》，载名山县政协文史资料征集委员会编《名山县文史资料》第 3 辑，1987，第 22 页。

但湛然之何崇政，与名山之何崇政，是否一人以及这个传说的真实性，还有待进一步考证。[1]

确实，晚清后峨眉山是不是真有一个湛然法师？湛然法师是否真的撰有《峨眉拳谱》（即《拳乘》）？人们都未见有确切史料证实，很可能是被他人杜撰出来的。

《拳乘》和峨眉武术有关系吗

我凭几十年研究历史的经验和常识，不大相信100多年前的何崇政，或者湛然法师，就可以对峨眉武术进行如此系统精确的归纳总结。因为清代晚期，连“峨眉派”的说法都没有，又怎么会上升到对“峨眉派”分门别类的理论总结？

另外，真有一本解说峨眉派（峨眉武术）的《拳乘》吗？这是一个很能解释问题的关键。

2002年，我终于通过文物古董市场的朋友，以高价购得了一本1929年12月20日上海出版的《拳乘》。“编著者：明州朱霞天”，精武研究会出版，日月书店发行。此书大32开本，线订装，共116页。书中第一章为：点穴表演图十四帧等；第二章为：黑砂手（黑砂手练手方药）等“稀世功法”十余种；第三章为武林掌故；第四章为：国术漫谈……

然而我失望地发现，此书和四川武术（峨眉武术）没有一丝一毫的关系，全书甚至连“四川”“巴蜀”“峨眉”之类的字眼都没有。

经过多番查找资料，我才发现一些关于《拳乘》作者的信息。朱霞天，笔名雕龙生，宁波镇海人。他著有《五岳奇侠传》《江南英雄传》《精忠大侠传》等，是宁波最有影响力的武侠小说大家。另外他作为武术家，曾任浙江省国术馆副馆长，著有《拳乘》《张三丰内功炼丹秘诀》《太行

---

① 耿俊杰、王杰：《雅安史略》，四川大学出版社，2010，第154页。

拳术》《少林护山子门罗汉》《少林棍法秘传》等武术著作[①]。

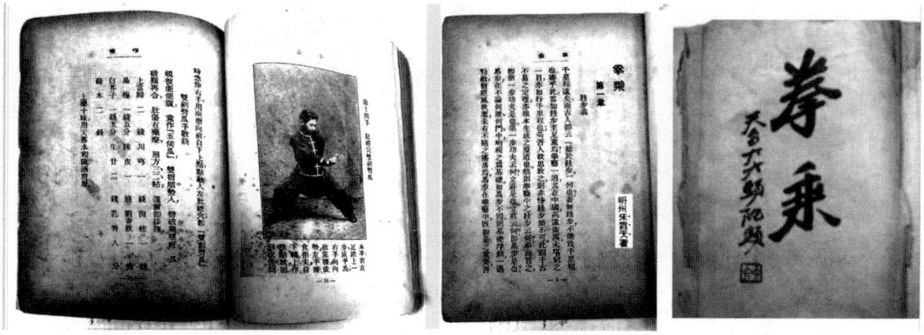

图 10–4　1929 年上海出版的《拳乘》。署名为“编著者：明州朱霞天”。精武研究会出版，日月书店发行

正确看待峨眉派（峨眉武术）

前文说过，1979 年后四川省武术挖整小组收到一本《拳乘》，残破无封面；前面扉页上有人用笔写有“一树开五花，五花八叶扶，皎皎峨眉月，风义满江湖”。这 20 个字应当是某个武林人士（此书拥有者）自己写在书上的——如今许多藏书者，也喜欢在书的扉页上，写些自己喜欢的格言名句之类。

前文也专门论述过，民国时期武林人士很多都是袍哥中人，他们写一些袍哥江湖语言在书上，毫不稀奇。基本事实就是：这 20 个字原本并不是《拳乘》书上文字，但后来却想当然地被人附会为何崇政（或称“湛然法师”）著了本《拳乘》，说他论述了峨眉派（峨眉武术）。其后又一连串地附会为“峨眉武术八大门”。为了自圆其说，有的人称其为“《拳乘》（残本）”；有的人则干脆自作主张称其为《峨眉拳谱（拳乘）》或《峨眉拳谱》。

① 宁波市社会科学界联合会编：《宁波市社会科学界首届学术年会文集 2010 年度 历史与人文 传承 · 创新 · 软实力》，宁波出版社，2010，第 183—184 页。

这也是史学研究中常犯的毛病："虚假历史的层累叠加"，即在传播和引用他人叙述过程中，不断有人加以想象、发挥甚至进行捏造，并且逐渐将这些内容层层叠加，最后遂形成了貌似正确的定论。

几十年过去了，史学者（尤其是武术界人士）有责任去还原这个关键的历史真相，绝不能继续以讹传讹，误导后人。

袍哥的组织结构——"一树开五花"

五个堂口与内八堂、外八堂

早在2000年前后，我在一些学术会议和文章中提出过一些见解：

"一树开五花，五花八叶扶，皎皎峨眉月，风义满江湖"这20个字，是四川哥老会（袍哥）的几句"海底"（又称"江湖海底""切口"，即江湖话、暗语），说的是袍哥的组织结构，并不是武术理论。

所谓"海底"，就是"袍哥话""袍哥口头禅"，重庆地区称为"袍哥言子"。在20世纪40年代，不少人把这些"海底"汇结成书，例如王蕴滋在成都刊印的《海底诠真》、陈培德主编的《海底》、群英社编辑的《江湖海底》、博爱山人校书的《改良真本江湖海底》、李子峰汇编本的《海底》。①

我详查史料发现，咸丰二年（1852年）进士、四川剑阁人李榕记载了四川民间反清活动："蜀中尚有啯噜会……变其名曰'江湖会'。每起会烧香，立山名堂名，有莲花山'富贵堂'、峨眉山'顺德堂'诸名目……每堂八牌，以一二三五为上四牌，六八九十为下四牌，以四、七两字为避忌，不立此牌……"②

① 参见刘延刚、唐兴禄、米运刚：《四川袍哥史稿》，四川教育出版社，2015，第63页

② 李榕：《禀曾中堂、李制军、彭宫保、刘中丞》，见《十三峰书屋全集》卷一《批牍》。转引自秦宝琦：《中国秘密社会新论：秦宝琦自选集》，福建人民出版社，2006，第185页。

李榕描绘的正是哥老会起源时的情况。这里明确告诉我们：峨眉山的顺德堂等，是四川江湖会（哥老会）早期的极重要龙头基地（总码头）。

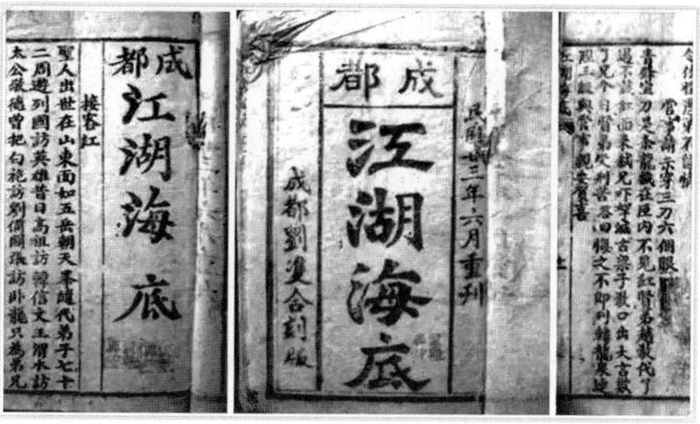

图 10–5　1934 年成都出版的袍哥《江湖海底》

知道了哥老会的起源，我们就可以更清楚地解释“一树开五花，五花八叶扶，皎皎峨眉月，风义满江湖”这 20 个字了：

（1）诗中的“一树”，是指哥老会的总舵（总码头），如峨眉山顺德堂。

（2）总舵下面，在四川各山堂，逐渐形成仁、义、礼、智、信五个堂口。诗中的“五花”即五个袍哥堂口，有可能是：灌县的青城、丰都的青牛、通江县的铁佛、开县的黄陵和涪陵县的点易这五个地方的分舵（分码头）。

（3）五个堂口又下设“内八堂”和“外八堂”。

“内八堂”：龙堂、盟堂、香堂、佐堂、陪堂、刑堂、执堂、礼堂。它是哥老会公口的领导核心。

“外八堂”，是“内八堂”领导下的具体做事情的组织机构，常以“孝、悌、忠、信、礼、义、廉、耻”八字为代号。它有十个序列，称为十牌（也叫“十排”“十步”）。但因为袍哥通常不设四牌、七牌（据说四、七牌曾经出过叛徒），故实际上只有“八牌”。①

看了上述文字，相信大家已对“一树开五花，五花八叶扶”的含义

① 参见刘延刚、唐兴禄、米运刚：《四川袍哥史稿》，四川教育出版社，2015，第 45—49 页。

有所了解。总结如下：

袍哥分别有“仁、义、礼、智、信”五个堂口，这就是所谓“五花”。“八叶”，即五个堂口（“五花”）以下，又分为“内八堂”和“外八堂”（“八牌”）。于是“五花八叶”，就具体构成了哥老会（袍哥总码头）这棵大树（龙头）。

“风义满江湖”说明袍哥重视江湖义气

所谓“风义”，是指讲究浓厚的“江湖义气”。苏东坡在《与陈季常书》中说：“先生笃于风义，至自割瘦胫以啖我，可谓至矣！”他夸赞陈季常真够哥们义气，到了可以割他腿上肉给朋友吃的程度。

一些人不懂“风义”的历史典故，干脆改成现代话语式的“光辉”，就是纯粹“想当然”了。

1935年，武术学者王新午在《国术之失传与普及》中说：

前清习拳棒有禁，各国术书籍，无付印流传者。民国以来，始见发售。而各门秘密之本，尚不肯轻露。盖此种习惯，由来已久……文字记载物，不问其内容若何，统称之曰“拳谱”……是否错误，无可稽焉。[①]

读了王新午上述文字，我们再回味某个武林人士在朱霞天破损《拳乘》书前扉页上写的袍哥言语“一树开五花，五花八叶扶。皎皎峨眉月，风义满江湖”，后人将其误会为《峨眉拳谱》，也就不觉得奇怪了。

必须强调的是，民国时期四川确实也有“洪、化、字、慧（会）、僧、岳、赵、杜”等门派。例如，很多四川武林人士，都常说：“我练的是‘僧’门”，“我练的是‘岳’门”。

袍哥和武术有很紧密的关系。20世纪80年代，有人以这20个字的“袍哥海底”借题发挥，试图将其作为峨眉派武术（即“一树”）发展的

① 王新午：《国术之失传与普及》，《体育月刊》1935年第4、5、6、10期，转引自林小美主编《民国时期武术运动文选》，浙江大学出版社，2012，第6—7页。

理论根据。

但是事实上，1989 年四川省武术挖整小组出版的《四川武术大全》，统计出四川省当时流行“68 个拳种和门派”[①]，证明了四川武术拳种浩繁流派甚多，远不止“五花八叶”。

① 参见四川省体育运动委员会、四川省武术遗产挖整组编：《四川武术大全》，四川科学技术出版社，1989，第 1—2 页。

◎ 峨眉武术在困难中前行 ◎

民间武林人士开展武术活动不容易

20 世纪 80 年代以来，四川省武术协会、各级政府（尤其是峨眉山市、乐山市、眉山市等地），以及巴蜀许多武林人士，如习云太、邹德发、王树田、任刚、肖家泽、吴信良、傅尚勋、释通永、王超、汪键、张世忠、江德忠、张林、杨烈洪、于铁成……（恕不能全部列名），对峨眉武术的传播和振兴，做出了很多贡献。

作为那些年的过来人，这里略说几句。我亲身经历过峨眉武术的一些真实情况，这些过来人的口述史，折射了当代民间武术的真实历史。

1965 年，我拜在成都地区著名武术家李孟常老师门下。李老师以民国时期青羊宫打擂获过金章和善医术出名，武术界称其为“李打手”“李草药”。他注重民间武术传统实用功夫，如：打沙包、举杠铃、甩石锁、蹲桩子、滚大铁砂竹筒、扎铁砂长竹竿、习吐纳、练散手。

1969 年，我在邛崃县当知青。初时，生活虽苦仍喜打拳练功。我还在茅草屋房梁上吊了根竹绳子拉吊环练力量，屋顶都扯得晃晃荡荡的。

无奈当时营养缺乏，时常冒虚汗。武侠小说大师金庸办的香港《明报》，1987年8月19日专文介绍我：“从小随父辈师长学武术、中医，中学毕业后正遇上‘文革’，他亦上山下乡劳动，其间一直练功不止……”[①]这些都是真实情况。

1971年我离开农村到工厂，先当木匠，后被单位安排学医。1977年恢复高考，1978年我考上医科大学。那时功课繁多，压力很大，因此我患了严重的神经衰弱，夜不能寐。后来，我把以前时断时续的武术练功，改变为风雨无误的狠打苦练，不到半年诸症全无，大学四年顺利毕业，从此深得武术养生之理。自此，我广结武友，遍访名师。

成都武术名家黄明生，是1980年全国武术表演项目硬气功类冠军。1982年他在大慈寺承头成立峨眉劲功绝技研究会。黄明生的大弟子李兴柏回忆：“汽车过身、银枪锁喉、八马分身（即十六辆摩托分身）、大绳锁喉拔河等”，这些具有高难度和危险性的武术表演，使“峨眉劲功派”的“黄家班”在全国武术界声名鹊起[②]。1983年，四川省科委成立了四川省气功科学研究会，由省科委高级工程师伍义江担任秘书长。

此后，这两个团体经常组团，我作为团队成员，经常和武术界朋友们到各地表演宣传峨眉派武术。我们怀着宣传和振兴四川武术的良好愿望，当然也有“跑摊打些皮”（即“卖艺挣钱”）的动机。

记得最惨的是1987年的一次“跑摊”，下面摘录当年我的日记片段：

1987年1月19日。四川省气功科研会约二十人，准备外出宣传表演。同行者有黄明生、刘功亮、唐德厚、李兴白、刘乐生、吴先富、刘远明、王应池、张汉斌等。在抚琴路大蜀商行老板刘方玉处，借得一辆微型面包车送我等到自贡，一些人去挤火车。汽车破烂，龙泉山颠簸而

---

① 记者专访：《四川医师郑光路，倡导“武医结合”疗法》，香港《明报》1987年8月19日。

② 参见《峨眉劲功派掌门人黄明生逝世》，《成都商报》2010年12月9日。黄明生因车祸于2010年12月7日去世。

行，下为悬崖险状环生……

1月21日。到自贡市贡井区，宿武装部，打地铺。《自贡日报》来采访。

1月22日。贡井区演出一场。观众很少，收入不足300元。众人心里冰凉，相互间怨艾。

1月23日。观众更少，收入不足百元。晚上，自贡电视台前来录像。众人垂头丧气。因为此次出来表演，一是为了宣传峨眉武术，二是为参加“深圳国际气功大会”自筹路费。

1月25日。和武术界朋友，抵达富顺县。我包里仅有六元钱，心中恐慌。

1月26日。因为等两三天就快过年了人人都忙，没人愿意到体育场吹寒风看武术表演。演出一场情况更惨，全部收入仅50元。仅勉强能维持大家一日的伙食费，众人连饭都不能吃饱。

1月27日。自贡坐火车回成都。衣兜钱包已空空如也，连公交车票钱也没有，从火车北站徒步回家。正是腊月二十九晚上，寒风嗖嗖。我身背挎包，肩扛禅杖，孤身一人过九眼桥……突然想起戏文中说鲁智深：“漫揾英雄泪，相离处士家……那里讨，烟蓑雨笠卷单行？一任俺，芒鞋破钵随缘化！”……心里悲凉。此次“江湖跑滩”和宣传峨眉武术，以大获全败而结束。

20世纪80年代后民间武术恢复

峨眉劲功绝技研究会的演出项目有：“腹上开石”“银枪刺喉”“汽车过身”“头撞石碑”“手指钻砖”“腹卧钢叉”“口吐烈火”“大刀劈身”“银枪咽喉对刺”“胫骨断砖”“铁头灌顶”“颈缠钢筋”“大绳锁喉两边拔河”“掌砍鹅卵石”“十六辆摩托车分身”。

到省内外表演时，我们受到各界广泛好评。一些影像资料传到国外，一些人还邀请我们出国演出（因各种原因未果）。

常见轻功演出项目有：刘乐生的“踩空火柴盒”“踩鸡蛋”。尤其是“踩电灯（通电）”还要手提两桶水，表演难度很高（电灯泡踩破是很危险的事）。

我相识的许多武友，都是在多年吃苦训练后方能表演的。有时状态不好匆忙上场，就会受伤严重。某师兄有一次表演“吞火吐火”（即以浸煤油的纱团点燃放入口腔内，再将火团吐出），场地突然起风导致这位师兄口腔烧伤，住院月余。有次在成都火车站体育场，李兴白表演“大绳锁喉两边拔河”从观众席上来十多个阿坝州来的大壮汉，一边五六人上场狠拉。如果不是李兴白功夫很好，可能就有生命危险了。

黄明生表演“16 辆摩托车分身”时，大绳索套在身上，摩托车轰足马力分四周不同方向狠拖，整个体育馆都充满了浓烈的油烟味，将表演者拖拉得离地三四尺，上下乱甩荡。

成都的包志慎曾于 1973 年入选四川省举重队，仅训练八个月后就在全国举重锦标赛上夺得中量级亚军。1981 年后，他多次在广东、云南、湖北、四川等地，表演 4 吨载重卡车碾轧过身……他身体平躺钉床之上，身负 1000 公斤重物承受大锤击打，能承受 32 辆二轮摩托车“五马分尸”的拉力。[①]

有新闻曾报道：“四川人被吉尼斯官员当场监督见证的纪录，第一位可能是大力士包志慎。1994 年，他在现在已不知所终的成都世界乐园创了四项纪录：14 辆小车连续过身、牙拉直升机、牙拉两人悬空和身拉 24 辆摩托……成为那个时代的媒体宠儿。”[②]

后来一些人全盘否定“硬气功”（武功特技表演），认为都是“魔术”“技巧”“普通人都能表演”……这是很可笑的。

---

① 参见成都市满蒙人民学习委员会编印：《成都满蒙族志》，1993，第 58 页。

② 《盘点：这些年，四川人追过的吉尼斯世界纪录》，《四川在线——川报观察》2015 年 10 月 28 日。

1987 年 2 月，我们参加深圳国际气功研讨会。成员中有吴大才、包志慎、刘功亮、黄明生、唐德厚、张汉斌、刘乐生等人。1990 年 11 月，我参加江油县海灯武术馆组织的表演团，去河南少林寺一带交流表演。一些“少林武术馆”的主办人，对我们的四川武术很有兴趣，他们说：“天下武林是一家，分什么这个派、那个派啊！”他们热情邀我们留下任教，但无人愿留。1992 年 1 月，我随同绵阳市体委组团，参加“深圳市军警民大联欢长城杯《中华绝技》表演会”。

总之，20 世纪 80 年代后的十来年中，我们也曾尊为贵宾，飞机来去（那年头坐飞机还不容易）；晦气时则忍饥受冻，实为落魄的江湖艺人。

我们先后在河南、福建、广东等省份演出，各界观众为四川独具特色的武术以及武功绝技而惊叹。《广东日报》《佛山日报》《深圳特区报》等媒体，纷纷报道并给予好评。这些确实为当时宣传峨眉武术起到了良好作用。

20 世纪 80 年代，正是改革开放时代，很多人在各行各业都发家致富了。只有投身武术的民间拳师们，许多人至今都生活得很一般（少数成功人士除外）。当时我本有轻松安稳而且受人尊重的医师工作，却因

图 10–6　郑光路习武照：禅杖“挑山望月”“脚踢蓝天”。（摄于 1986 年）

请假外出搞武术活动，被单位视为不务正业的异类。其实，类似我这样的武林人士很多。20 世纪 80 年代后一直到现在，中国不少民间武术馆、武术辅导站，一批批地建立，又一批批地倒闭。维持其生存非常艰难。

从研究武术史角度，以上文字不仅反映了当年一些民间武林人士的生存状态，也是人们了解峨眉武术的真实艰难历程的一面镜子。

图 10–7　1986 年参加武术表演和电视剧摄制后，四川武林人士摄影。第一排：刘公亮（左二）、吴大才（左四）、伍义江（左五）、黄明生（左六）、唐德厚（左七）、刘乐生（左十），第二排：郑光路（左三）、丁家杰（左六）、张汉斌（左八）

第十一章

青城武术（青城派）的前世今生

◎ 青城武术历史悠久 ◎

青城武术形成的多种历史原因

张道陵和历史上的道教武术家

青城山是世界文化遗产，国家5A级风景区。

相传黄帝时宁封子居青城山修道，宁封子武功高深，曾向黄帝传授御风云的“龙跷之术”，黄帝筑坛拜其为“五岳丈人”。这些传说，间接地反映了青城武学的源远流长。

青城山也是中国道教发源地。张道陵（34—156），字辅汉，原名陵，后世尊称为张天师。传说张道陵来到青城山，凭精深的雌雄剑术与八部鬼帅进行了大小数十战。魔王抛来巨石，天师挥剑一劈将巨石劈成三块……于是青城山留下“降魔石”“掷笔槽”“三岛石”等奇观。[①]

“张道陵斗八部鬼帅”等传说，间接反映了张道陵其实就是武术高手。张道陵尊老子为教主，创立五斗米道（又称正一盟威道、天师道），给孕育了“蜀文化”“巫文化”的岷江增加了“道文化”“蜀仙文化”“武

① 参见朱宁虹编著：《神话魔幻世界》，中国戏剧出版社，2009，第110页。

术文化”“养生文化”的丰富内涵。

历史上，集道家、医家、武术家、养生家于一身的张道陵、孙思邈、杜光庭、张伯端等，都曾在青城山活动，他们大都精通“道、医、武”。

张道陵“雌雄剑术”精深，此后的青城武术中，剑术尤其出名。明代李昌祺笔记小说《剪灯余话》中，有一篇《青城舞剑录》，写道士真本无、文固虚两人舞“雌雄剑术”，只见“飞跃上下，须臾天地晦冥，风云惨淡，惟于尘埃中见电光翕欻，交绕互缠……”以上文字是仙道小说风格，但折射了青城剑术的精妙。

图 11-1　创建天师道的张道陵精通雌雄剑术

据相关史料记载，近代青城山流传有七星剑、八仙剑、鸾凤剑、紫虹剑，以及飞剑十三剑、二十四剑等。青城拳术也深受剑术的影响，有“剑拳”之称。[①]

明末张献忠大乱四川，上清宫等道观楼阁尽为虎狼之巢，百十年来罕有人迹。天师洞是青城山主要宫观，康熙年间由住持陈清觉主持重建，十分壮观。1702 年，康熙皇帝钦赐御书“丹台碧洞”匾额，敕封陈清觉为“碧洞真人”[②]。

此后，陈清觉在蜀中开创了“全真教龙门派碧洞宗”。这对丰富

① 参见王纯五主编、王明义等摄影、《青山城志》编修委员会编纂：《青城山志》，巴蜀书社，2004，第 174—178 页。

② 参见江锡龄 1873 年所写《青城山行记》，见王锡祺辑《小方壶斋舆地丛钞》，清光绪十七年（1891 年）上海著易堂铅印本。

独具巴蜀特色的道教文化，起到了非常重要的作用，也给青城武术增添了新的“性命双修”内容。

青城山修炼的道士中，出现过很多武林高手。如清末民初青城山道人张永平（已故中国道教协会会长付元天之师）、唐复初、陈琳（清末武举人，曾任西康军标统）、张至清（曾任国民政府主席林森保镖）、彭椿仙、胡佐全、康德民、宋成兴、刘忠顺、叶丹一（原国民政府军事委员会副委员长冯玉祥侍卫）……部分人员成了传说中的“青城二十四侠”。

黄炎培（1878—1965），1949 年后任全国政协副主席等职务。他在 1936 年 3 月 3 日的日记中写道：“（杨）叙明谈：青城山彭椿仙精拳术，其师有绝技，称椿仙在弟子中最精……”①

黄炎培还写道：“吾友杨叙明曾述椿仙有师，少年为江湖好汉，能飞檐走壁。叔明曾请面演，年虽七十尚能矫捷越墙垣。问师：生平门弟子谁受术最精？答椿仙。……叔明，杨遇春裔孙。门客中尚多传授此术，故知道这类事。”②

青城山是历代军事斗争的中心地带

西晋初期，西北连年饥荒，民众 10 余万人“入蜀求食”。流民首领是李特、李流、李雄。306 年 6 月，李雄称帝，国号“成”，开国就得到青城山天师道首领范长生（？—318）的大力支持。李雄尊范长生为国师、丞相，加号“天地太师”，封西山侯③。范长生率部在青城山练武筑城，武装自卫。相传他在青城山修得道家长生之术，活了 130 岁，“其民奉之如神”④。

① 黄炎培著、中国社会科学院近代史研究所整理：《黄炎培日记（1934.12~1938.7）》第 5 卷，华文出版社，2008，第 131 页。

② 原载黄炎培：《蜀道》（又名《蜀游百日记》），上海开明书店印行，1936。见 1994 年《青城文荟》第 1 期，第 11 页。

③ 林焕文、徐景学主编：《世界名人辞典》，黑龙江朝鲜民族出版社，1987，第 316 页。

④ 参见苏宁、邢飞：《道家精神与成都休闲文化》，武汉出版社，2014，第 79—80 页。

北宋淳化四年（993年），青城武林高手王小波、李顺，从青城味江起义建立大蜀政权，打到眉山、青神，穿州破县，历时三年多。

明末清初张献忠入四川，蜀王朱姓宗室多逃在灌县，青城山成为双方争夺的重要军事要地。至今青城山犹存复仇谷、跑马坪、旗杆石、礁窝坪、偷营沟等地名。

清朝末年保路运动，清政府军队和袍哥武装的保路同志军，也曾在青城山地区激烈战斗。

历朝历代的军事斗争，无疑极大地充实了青城武术的内容。四川省社会科学院道教研究专家李远国认为：

> 青城山的武术完全可以追到范长生，他在青城山拥有自己的私人军队，青城山周围的老百姓、农民习武……青城山尚武的传统比峨眉山早，如范长生、王小波、李顺等。[①]

青城武术中心的灌县地区，清代出了较多的武举人、武进士。舒绍城先生根据乾隆、光绪和民国的三部《灌县志》及相关资料和档案，查阅出：自康熙三十六年（1697年）李韬成为灌县武举的第一人开始，到光绪二十三年（1897年）的200多年间，灌县共有126人获得武举人功名。武进士有11个。[②]

青城武术（青城派）的发展是多种因素综合作用的产物

青城武术受道家影响最大，尊容成公、宁封真君为远祖，张道陵天师为初祖。

青城山地区（灌县）群山逶迤，又是通往川西北及青藏高原的要隘。

① 龚茂富：《中国民间武术生存现状及传播方式研究》，人民体育出版社，2012，第158—159页。

② 参见舒绍城：《清代灌县武进士、武举人名录》，载都江堰市政协文史委员会编《都江堰市文史资料》第二十九辑，第21—24页。

四川有句俗语："弄烂就弄烂，弄烂到灌县"，意思是武林豪杰、江湖好汉，出了事情都跑到青城山地区（灌县）避难，这无疑也促进了青城山地区武术的发展。

青城武术博大精深，并非一时一人所创造，而是几千年来曾经在青城山地区生活过的仙家高道、高僧大德、武林豪杰、绿林好汉们不断创造、完善、发展而成的。

此外，青城武术也借鉴和消化了不少其他民间武术门派的精华。如清末民初灌县地区的武术家中，就有马黑子、马镇江、马宝的不少徒弟。

青城武术大致可以分为道家（道家拳宗）和俗家（民间武艺）两大部分。这两大部分，紧密交融、相互影响。

综上所述，青城武术的源流可归纳为：

第一，远古传说中的宁封子和黄帝，历史上真实的高道隐士、侠客，他们居住在青城山，内外兼修；第二，历朝历代青城山地区的军事活动；第三，江湖武林人士曾经在青城山生活；第四，清代全真教龙门派碧洞宗的兴盛；第五，有2000多年历史的都江堰，为青城武术增添了"上善若水"的深刻内涵。

正宗的中国武术，应该是以本土文化为主体支撑的产物。最能代表中国本土文化的是道教，中国道教最早形成就在青城山地区。

无论从历史典籍还是民间记忆，都记载了青城武术的真实存在。一些人认为"青城武术历史渊源不清楚、历史上并不存在实际的青城武术"等说法实为不妥。

民国时期的青城武术（青城派）

灌县国术馆的成立

1974年后，我在灌县（现都江堰）工作多年，多次在华光寺茶园听灌县著名老拳师祁玉祥谈武林掌故。这些史实，是近代青城武术的重要内容。现结合相关史料，综合叙述如下。

据祁老师说，著名北派拳师马黑子是他的师祖。1908 年，马镇江、刘崇俊等将马黑子接至成都皇城金家坝，拜于马振江门下习武。1909 年，黎渊如、王贤如、胡子文、马国柱，拜师于马镇江门下习武。

1923 年，黎渊如、马国柱艺成之后回到灌县。黎渊如在乡下设馆授徒，传朱德超、王植三、马兆林等人。马国柱在灌县南街清真寺内设馆授徒，祁玉祥曾投马国柱门下习武六年，后又参师叱太江学习。马国柱因生活所迫，迁至漩口（原属灌县，现属汶川县）广益学堂授徒。

当时灌县武林人士，经常在离堆公园设擂台比武。[①]

祁玉祥老师还透露，1925 年，由姚宝珊、罗茂朝发起，成立灌县武士会，会址设在三圣宫，会长姚宝珊，副会长罗茂朝。会员有欧茂山、郭子祥、周德山、马国柱、黎渊如、叱太江等武林好手。

黎渊如所练武术为北派，传其门徒朱德超、马照林、王植三、王俊柏等人。马国柱传其门徒祁玉祥、袁兴如、姚北林、羊润华等。叱太江传其门徒祁玉祥、袁兴如、黄永修、张启效、张成富等。

据邓永辉先生回忆：钟光明、郭焕章、谭治安、吴友三、吴佐尧等人精通“苏门拳”武艺，1937 年在灌县与黎渊如、祁玉祥、吴佐尧、何述三等人发起成立灌县国术馆，馆址设在灌口镇三圣宫内。同年又发起成立灌县健民国术研究会，会址设在瑞莲街民明发电厂楼上，成员有祁玉祥、吴佐尧、张成富、王程三、戴冕、张叔华、伶继光、黄明礼、袁兴如、冯书元、米辉文、黄永修等人。[②]

祁玉祥说，国术馆任务之一是为军队培训教员。在省级（青羊宫）打擂比赛中打蓝章（第三名），方能有资格当排级教官；打银章（第二

---

① 参见祁玉祥：《灌县北派拳术之源流》，《四川体育史料》1984 年第 5 期，第 41 页。

② 邓永辉：《永川武术运动概况》，载永川市政协学习文史委员会编《永川文史资料选辑》第十四辑，1998，第 261—262 页。

名）可当营级教官；打金章（第一名）可当旅团级教官。

四川省国术馆于 1937 年 11 月 26 日发聘任状，聘县长刘裕常兼灌县国术馆正馆长，申介屏、蒲春蔚、姚宝珊为副馆长。还有地方舵把子熊一清为副馆长。设文书三名，分别由李翁达、谢云祥、陈竟之担任。

图 11-2　1937 年灌县（今都江堰）国术馆，正、副馆长赴任就职时合影

灌县国术馆聘黎渊如、马国柱、叱太江为教导主任，周德山、黄俊伯、王植三、祁玉祥、袁兴如、张成富、吴佐尧为教导员。国术馆每月定期在城内三圣宫举行两次交流表演大会，同时组织功夫好的学员和老师们，到崇庆、郫县、崇宁县、唐昌镇等地作国术宣传表演。

灌县健民国术研究会也招收了青年和中学生 40 多人，办了一期国术训练班，每名学员每个月交银圆两块、米四斗。

灌县武林好手辈出，使得国术馆名声大振，当地驻军纷纷前来聘请武术教官。当时受聘于灌县驻军拱卫清师的连级教官有袁兴如（北派），团部教官有叱太江（北派），营部教官有祁玉祥（北派），手枪营教官吴远力（南派），自卫队教官有张成富（北派），潼彭师管区主任教官有王植三。

1943 年，灌县蒲阳镇成立国术分馆，馆址设在蒲阳鬼家庄茶铺内，曾成志任馆长，杨国成任副馆长，教授南北派拳术。1947 年，三圣宫修房子，灌县国术馆迁移至下东街华光寺内，熊一清任馆长。1950 年以后，灌县国术馆解散。[1]

郫县武术简介

青城武术广泛流传于川西各州县。郫县处于灌县与成都之间，武风极甚。民国时期，郫县主要武术流派有周派（周大鹏传）和古城的覃家拳。

清末民初，周大鹏在郫县东门外建宅，广纳门徒。有人说周大鹏是新繁县人，他武艺高强，内功甚深，传授武艺，不分贵贱。周大鹏卒于 1927 年，享年 80 多岁。门徒为其立碑，尊其为祖师，以后凡纳徒学艺都要叩拜他的墓碑。

关于覃家拳的情况：据说清朝道光年间，新繁地区有一少年彭五爸（名字不详），投身嵩山少林寺，芦林禅师偷传其“连八锤”。20 年后彭五爸回乡设棚收徒，从艺者数十人，其中周显庭尽得彭五爸真传。

民国初年，周显庭受雇于古城覃大舟家，后被招为女婿。周传艺于覃大舟之子覃万宜。覃万宜早有南拳基础又受北拳陶冶，集众家之长形成一家风格的“覃家拳”。

1925 年郫县成立武士会，会长赁成章，副会长尹鸿年。1929 年武士会改为国术馆，馆长陈文揆、黄云汉（县长），经常举办国术比赛和培训班。[2]1928 年南京国术“国考”，郫县人韩永信比武后获得“中等”荣誉证书和奖品。[3] 1929 年后，郫县武术普及各乡镇。周门徒内高手辈出，前后有吴绍基、郑国宝、尹鸿年，江文玉、赁成章、王云、张汉、僧洪

---

① 参见祁玉祥:《灌县国术馆》,《四川体育史料》1984 年第 5 期，第 48 页。

② 参见祥弟:《郫县武术的源流与流派》,《四川体育史料》1984 年第 5 期，第 40 页。

③ 参见《南京快讯：国术国考行闭幕礼》,《民国日报》1928 年 10 月 21 日。

武等。这些人的徒弟多次在成都青羊宫擂台上夺得金章。

郫县武术和青城武术关系密切，素有“郫县出打手，灌县出教官”的说法。

如1943年青羊宫打擂，陈用和（郫县）击败有名的“朱掼捶”（朱仲康）获得金章。陈用和曾任四川水警总局教官，后定居灌县。女子组第二名陈淑萱（郫县）、第三名尹国术（郫县），也获得金章。

◎ 绿林派是江湖侠文化武术代表性门派 ◎

绿林派很可能渊源于清代啯噜

四川非物质文化遗产资料记载了青城派和绿林派武术的关系：

绿林派距今有 120 余年历史，风格独特，尤以南派手法见长，有“绿林小手”的盛名。“绿林”其意为“绿林好汉”“绿林豪客”。绿林派武术擅长在地势狭窄、高低不平处搏战，表现出“道法自然”的文化亲和力，主要流传于灌县、郫县、雅安、成都、乐山等地。

绿林派武术的主要起源据说是，清光绪年间，成都地区有两大反清组织，一支由号称“千里独行侠”的刘忠率领，活动在成都，另一支是郫县以金舵子为代表的民间帮会“剑侠会”。随后刘忠与“剑侠会”于青城赵公山正式起事，占山为王，成为绿林豪杰。后来，刘忠与众多好汉共同总结出适合在狭窄山林地区作战的武术，这种武术被称为“绿林派”武术。

关于绿林派武术，其起源还有几个传说，限于篇幅这里从略。

据我考证，清代初期伴随“湖广填四川”，湖南、湖北、广东、广西等地的大量移民到了四川，其中有不少反清的帮会中人，也成了啯噜（详见本书第四章第一节啯噜疑云）。这批人的武术，可以称为“流民武术”“江湖武术”。又因为他们被朝廷称为“江湖流贼”“绿林草寇”“啯匪”，这很可能就是四川绿林派武术的真正历史源头。

绿林派武术的流传情况

清代末期，四川哥老会中的“浑水袍哥”（所谓棒客、刀客），多活动在山林地区。这种袍哥武术，是货真价实的“绿林派武术”。绿林派武术可以被视为“民间江湖侠文化”的武术代表性门派。1911 年辛亥革命时，许多绿林派武人都积极投入。

其中灌县的姚宝珊（1866—1930）便是突出的代表。此人五短身材，精明强悍，在川西一带久负盛名。他早年致力于造林，首创岷江流送“漂木”。他在灌县设立“信义字号”、在成都成立松太及华夏公司，成为西山木商巨头。后加入同盟会，1911 年被任命为四川保路同志军第五路统领。灌县同志军在保路运动中，发挥了重要的作用。① 中华民国成立后，姚解甲任灌县水利府知事。1923 年后，历任灌县团练局长、武士会会长及成都三军办事处顾问等职。②

以上证实了绿林派武术在青城山地区的真实存在历史。

清末民初，据说有“青城二十四侠”，除道教中人外，马国柱迁四川汶川，黄和尚隐于松潘黄龙寺，叱太江退回陕西三原，黎渊如、宋文山在灌县灵岩寺秘密授徒，周德三、欧茂山传技于灌县国术馆。

民国时期绿林派武术的著名代表性人物，有人说是“铁人”马宝。

---

① 参见姚仕学：《辛亥革命映秀同志军史话》，载汶川县政协文史资料委员会编《汶川县文史资料选辑》第五辑，1996，第 61 页。

② 参见肖洪云：《姚宝珊事略》，载汶川县政协文史资料委员会编《汶川县文史资料选辑》第三辑，1989，第 18 页。

此外，吴铁成、赵连成、刁泽成、郑栋成也是民国时期绿林派中的最具影响力的人物——他们四人均为新繁人，被武林人士称为“新繁四成”。

1989 年出版的《四川武术大全》记载，绿林派武术代表人物为路军健、熊柏松、杨仲明，其中最有名的为路军健。他 1910 年出生于四川省新繁，8 岁随吴铁成习绿林武功。著名弟子有何三金、宋守义、刘志贵、刘志全、张俊等。

绿林派武术重视实战和养生健身

绿林派武术重视实战，也重视养生医疗的运用，历代习练者多长寿健康。绿林派传人路军健、金跃山都很长寿。20 世纪 90 年代，金跃山被评选为巴蜀健康老人。2004 年，中国道教文化节青城武术献艺大会上，金跃山表演了“金刀出鞘拳”，引起轰动。此拳源于青城绿林派的基础拳法，在都江堰市作为群众健身项目，得到广泛推广。

据武术学者龚鹏程书中记载：

> 绿林派代表人物路军健认为，绿林派是青城派的一支，但与佛道两家无关。雅安西派南宫，是清代李道生于青城山道家学后传于雅州。[①]

路军健称，绿林派武术的内容极为丰富：有外五行功法，即人字手、沉手、绷弹、六合、单鞭功、五轮桩、竹把、沙筒、千层纸、方沙包、麻圈等。

姚福沛、李阳冉也是绿林派中的有名人物。姚福沛自少时跟随青城派隐士姚若良、施协兴及青城道人习武，擅长绿林小手、僧门太极。20 世纪 80 年代，姚福沛提供绿林豹拳、绿林单刀谱，载入《四川武术大全》。2008 年 1 月 2 日姚福沛逝世，享年 87 岁。

---

① 龚鹏程：《武艺丛谈》，东方出版社，2015，第 72 页。

其弟子潘崇福曾创办青城武馆，获2006年中国青岛国际传统武术大会老年组拳术金牌，另一弟子徐辉云获老年组器械银牌。潘崇福弟子张强，曾获1986年首届蓉城武术擂台赛56公斤级冠军[①]。

李阳冉13岁便拜师雅安绿林派武术门下，开始了他的“武味人生”。他说：“武术就是我的一切。”2009年，绿林派武术被列为四川省非物质文化遗产。2016年6月，四川省文化厅[②]颁发证书，认定李阳冉为“四川省非物质文化遗产项目绿林派武术的代表性传承人”。

2007年，在中华养生健康国际论坛养生功夫展示环节中，绿林派武术作为第一个展示项目，得到了国内外嘉宾和联合国代表的认可和赞扬。绿林派弟子也多次为外国友人展示和传授绿林派武术，如为英国前首相布莱尔夫人切利·布莱尔表演。作为新一代传承人的李阳冉认为，“要进一步挖掘武术所蕴含的文化力，修身养性的功能更适合现代人，这是我们未来发展绿林武术的重点”[③]。

① 参见四川省非物质文化遗产保护中心编：《四川非物质文化遗产民间文学艺术集录》第二部下卷，巴蜀书社，2011，第21—22页。

② 2018年11月12日，新组建的四川省文化和旅游厅正式挂牌，不再保留四川省文化厅、四川省旅游发展委员会。

③ 殷樱：《绿林派传人李阳冉的“武味人生”》，中国新闻网2013年03月14日。

◎ 20 世纪 80 年代后的青城派武术 ◎

青城派武术的发展概况

武侠小说中的青城派

《青城十九侠》是民国时期还珠楼主所作武侠小说，1935 年 5 月起在《新北平报》连载。

小说第一回借矮叟朱梅之口说：“师弟伏魔真人姜庶……执意要创设青城一派，以传本门衣钵。头一代按照先恩师遗偈，共只收男女弟子十九人。”《青城十九侠》就以朱梅的这段话为由头，将笔墨重点放在清初青城派剑仙的众弟子罗鹭、裘元、吕灵姑、杨映雪等十九人修仙练剑、开创青城派的武侠故事上。

1958 年，卧龙生的名作《飞燕惊龙》，更是把青城派列到九大门派之中。

金庸小说《笑傲江湖》中青城派出现最多，掌门人余沧海是个反面人物，贯穿整个故事。此外，近几十年来其他武侠小说中，青城派也频繁亮相。

正像前文论述峨眉武术一样，青城武术确实存在。但是青城派这个说法，以前主要存在于武侠小说和电视剧中，而且多是戏说。

20 世纪 80 年代后，随着刘绥滨等青城山地区武林人士不懈努力，青城派作为实实在在的武术大门派，逐渐为世人所知。截至 2020 年 8 月 10 日，我在中国学术文献平台中国知网，以“青城派”为关键词进行搜索，相关论文有 384 篇，说明青城派已经广为学术界关注。

官方对青城派武术的确认

1950 年后，青城武术和所有武术门派一样，呈现停滞倒退状态。

1971 年我到建福宫，宁真人塑像已经被砸成烂泥巴，破殿成了自行车停车场。我们从这些现象中，不难看到青城山道教和青城武术的衰落。1980 年后，道教和武术才逐渐复苏、振兴。

1989 年出版的《四川武术大全》，是“青城派”这一名称首次被官方正式承认。当时记载的青城派概况如下：

> 流传于我省的青城派，现主要有三支。
>
> 其一，清朝雍正年间，少林李金钩禅师（人称李剑侠）学得此术。乾隆二十三年（1758 年），金钩禅师传艺于亲侄子李泰山。李泰山 18 岁时，不愿为僧，私自跟随耍把戏的艺人来川，安家于灌县漩口乡。后传艺于四川灌县青城山一带。李泰山之外孙赵云程学得此艺，云程 92 岁时传艺于周烈光……200 多年来，各代弟子不断充实和创新，使之形成了现在的青城派（洪拳）的拳术风格。
>
> 其二，清光绪年间，自称是“冷道人”（或曰“洪道人”）的青城派武术的游方道人，自青城山经开县往（返）武当山，在开县授拳于富户魏家（三年）。开县人黄开才跟魏朝和习武而巧得“冷道人”所传的“青城六合内功”。
>
> 其三，当时还仍健在的泸州市中区安富镇的余国雄，年轻时幸得青

城派的“健身延寿功”而传习至今。

流传区域：都江堰市（青城山一带）、开县、泸州市等地……代表人物：周烈光、陈生一、余国雄。

（一）徒手套路动有：1. 青城洪拳；2. 六合散手；3. 青城八卦掌；4. 古八极拳；5. 玄门九式；6. 二路洪。

（二）器械套路动有：1. 七星剑；2. 八仙剑；3. 子母棍；4. 大青龙刀；5. 乾坤圈（又名凤凰轮）。

（三）练功方法有：1. 健身延寿功（余国雄提供）；2. 青城派六合内功；3. 六合内功功法歌诀。①

以上大部分套路，为余国雄提供。

武术学者龚茂富在论文中说：

四川省武术运动管理中心的管理者对青城派武术具有一定的认知，他们较为支持青城派武术的发展。2010 年，四川省武术运动管理中心在四川省武术协会下面，设立了相应的民间武术研究会，其中就包括刘绥滨负责的“青城武术研究会”和何道君负责的“青城功夫研究会”。四川省武术运动管理中心主任任刚说，“我从政府的角度，民间社团的角度，给他们一个认可……”②

武术界，如王树田老师也曾指导刘绥滨，对其发展青城武术给予鼓励和支持。邹德发、习云太（习云泰），多次到都江堰市，参加指导刘绥滨组织的武术活动。

邹德发，中国武术八段、国家级武术裁判、四川省武术协会副主席；1977 年至 1990 年间先后担任成都体育学院武术教研室副、正主任和竞

① 四川省体育运动委员会、四川省武术遗产挖整组编：《四川武术大全》，四川科学技术出版社，1989，第 1196—1216 页。

② 龚茂富：《中国民间武术生存现状及传播方式研究》，人民体育出版社，2012，第 152 页。

技学校技术教研室主任。习云太，中国武术最高段位九段，《中国武术史》作者；1995 年当选当代中国“十大武术名教授”；2006 年被评为“世界十大武术教育家”。习云太曾为刘绥滨亲笔题赠：“青城太极，惠泽千秋”。

图 11–3　2004 年首届中国道教文化节，右起：刘绥滨、习云太、郑光路

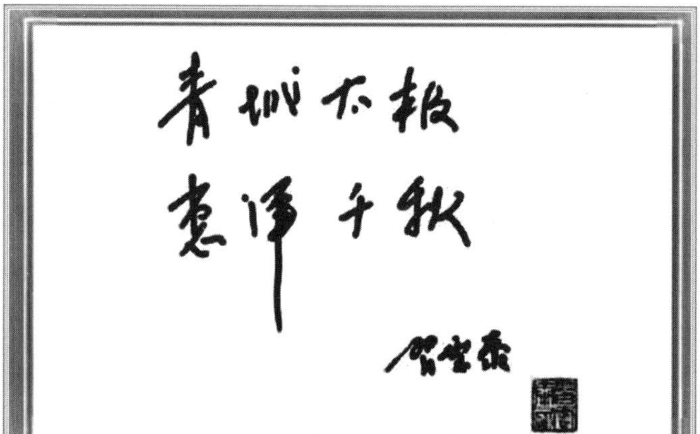

图 11–4　习云太（泰）教授为刘绥滨亲笔题赠：“青城太极，惠泽千秋”

周烈光，名炯亮，字烈光，号青城山人。1892年生于灌县圆通寺（今都江堰市两河乡红梅村），随家人迁至雪佛庵。16岁时被庵中老武师赵云程看中传其武艺，后入岷江书院，辛亥革命时投笔从戎参加保路同志军。1984年，92岁的周烈光应邀参加成都老拳师武术表演赛。1986年，他又参加“四川省武术拳械技术录像”活动。1988年1月3日去世，享年96岁。

图 11–5　余国雄和刘绥滨（右）

民国初年，灌县中兴乡宋鹞山研习武术，后传其侄宋德炤（1910—1995），为黄林派宋家拳传承人。他与祁玉祥，均被载入《中国武术人名辞典》。[①]

刘绥滨先生提出了自己的看法：青城武术从狭义上说，就是四川省体委、国家武协承认的青城派武术，即四川省武协承认的支派，以及国家武协承认的一个支派，即余国雄所传，这一支载入了《中国武术人名辞典》[②]。

青城武术从广义上说，是近两千年来以青城山为中心发源的、以道教文化为主体、以四川成都地区（涵盖都江堰市、崇州市、大邑县、邛崃市、彭州市、郫县、新都区）、汶川县、泸州市、雅安市、重庆开县为主要流传地，并且如今已影响了国内外的巴蜀传统武术门派。

这种武术不属于少林、武当、峨眉中任何一派，又不属于其他门派，以其地域概念而称青城派。

---

① 参见王纯五主编、江明义等摄影、《青城山志》编修会编纂：《青城山志》，巴蜀书社，2004，第170—172页。

② 《中国武术人名辞典》是受中国武术协会和人民体育出版社委托，由《中华武术》杂志编辑部主持编写，1994年4月由人民体育出版社出版。

当地政府的重视

1982 年,《少林寺》电影公演后，全国兴起了一股“武术热”。灌县体委派体委干部谢正常联络都江堰地区各派老拳师，并于 1983 年成立了灌县武术协会，谢正常担任第一任主席，祁玉祥、徐辉云等人任副主席，并开班授徒。

1985 年，灌县青城武术馆成立，由潘崇福主持建立并出任馆长，徐辉云任主教练，姚福沛为顾问。1988 年，灌县改称都江堰市，成立都江堰市武术协会，共有三届主席任职，分别是祁玉祥、李代阳和王焕友。到了 20 世纪 90 年代，都江堰地区一度有 13 家武馆存在。

自 1983 年开始，四川省体委、四川省武术挖掘整理组的《四川武术大全》确认了青城派有三支，代表人物分别为：重庆开县陈生一、四川灌县周烈光、四川泸州余国雄。绿林派也作为独立门派被列入，代表人物为雅安路军健。

1991 年，各省市自治区体委、武协上报各门派代表人物,《中国武术人名辞典》中，余国雄作为青城派代表人物、路军健作为绿林派代表人物、祁玉祥作为三原派代表人物、宋德炤作为黄林派代表人物载入。

1993 年,《青城山志》首次被列入武术专章。2004 年更名为《青城武术》，并列入余国雄、陈用和、金跃山小传。

1999 年，刘绥滨成立青城山青城派武术学会（2006 年更名为“青城武术文化研究会”)。

都江堰市政府认识到，青城武术可以为都江堰的发展做出更大的贡献，要将青城武术与都江堰文化产业、旅游产业有机结合起来。

2001 年，青城太极载入人民体育出版社出版的《中国太极拳大百科》。2003 年，青城武术在四川、重庆 68 个武术拳种门派中，率先载入人民体育音像出版社《中华武术展现工程》。因此，都江堰市政府极力倡导举办一些活动，其中一个叫“八大门派聚青城”，以达到全民健身的效果。那次活动对青城武术的影响很大。

2004 年，由中央统战部批准，中国道教协会主办，都江堰市举办首届中国道教文化节，专门有青城武术展演，邀请了国内不少专家学者和武林人士参加（如习云太、王家佑、郝勤、邹德发、王庆余等，我也应邀出席此次盛会）。

图 11–6　2004 年首届中国道教文化节，中排左起：黄学文、×××、翁邦生、吕天津、金跃山、刘绥滨、习云太、邹德发、龙志成、×××、×××、黄天才、郑光路

刘绥滨的著作《中华绝技　青城武术》、光盘“青城太极十八式”作为组委会礼品，赠送各国来宾。这次活动以政府出面的方式，面向海内外的媒体和观众，把青城武术正式隆重推出来。

2007 年 5 月，青城武术入选都江堰市非物质文化遗产；2008 年，入选成都市非物质文化遗产；2008 年，青城武术进入了中国武术协会审定、国家体育总局武术研究院监制的《中华武藏》。① 2009 年，青城武术

① 参见四川省非物质文化遗产保护中心编：《四川非物质文化遗产民间文学艺术集录》第二部下卷，巴蜀书社，2011，第 4—6 页。

列入四川省级非物质文化遗产名录。

2010年，由中央统战部批准，中国道教协会主办，都江堰市举办第三届中国道教文化节，刘绥滨著作《青城太极养生》（中英文对照，书带光盘）及青城武术明信片作为组委会礼品赠送各国来宾。

青城武术使得都江堰市旅游资源得以整合，增加了旅游产业的文化丰富性、趣味性。道教文化、都江堰水文化、青城武术，构成了都江堰市综合实力的重要组成部分。

青城山道教领导人的支持

必须强调的是，青城武术能得到重大的发展，除了政府层面、各界精英人士（如企业家、文化界、四川省武术协会、武林人士等）之外，与青城山以及中国道教领导人的理解支持分不开。

1996年，时任中国道教协会会长付元天大师为刘绥滨题词“青城武术”。

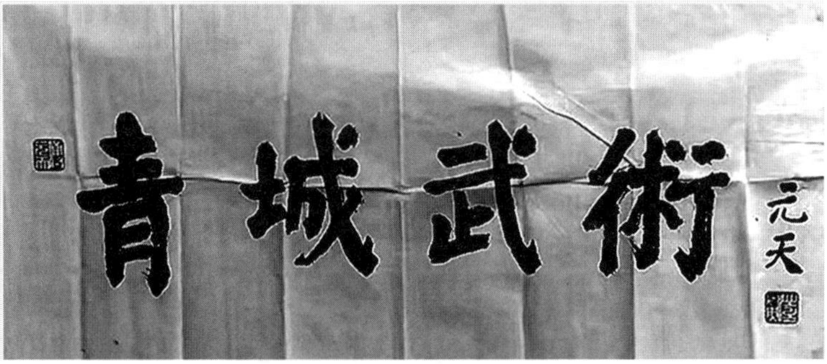

图 11–7　1996 年，时任中国道教协会会长付元天给刘绥滨题字“青城武术”

2009年，中国道教协会副会长黄信阳为刘绥滨题词“弘道利生”。2012年，时任中国道教协会会长任法融为刘绥滨先后题词“青城派太极拳”“青城太极”“太极智慧”。2019年，中国道教协会副会长张高澄道长邀请刘绥滨前往浙江道教学院，为大三、大四学生授课，推广青城太极。

唐诚青，任中国道教协会咨议委员会副主席、四川省道教协会会长、青城山天师洞监院，全国政协委员。

2001 年，唐诚青道长在为弟子信玄（刘绥滨）所著书写序言：

青城为中国道教之发祥胜地，道以养道，道在养生。故道学武学自古融为一体。汉天师张陵在青城得老子梦中真传，降魔伏怪，创“五斗米道”，传道术、符箓、雌雄剑救世度人，历史悠久，源远流长。

自汉末三国两晋道教发展到全国各地，青城武学、内外丹术亦随之传遍全国，并与当地之养生、武术结合而形成众多流派，影响深远。

信玄弟子有志振兴青城武学，为弘扬国术不惮其劳。今复悟武不离道，乐将道学、武术、太极精研而传世，光大国学，功德无量，故乐而为之序。

中国道教协会副会长唐诚青，2001 年岁次辛巳立秋。[①]

张明心，女，任中国道教协会副会长、四川省道教协会副会长、成都市道教协会会长、青城山道教协会会长、青城山道教学院院长、青城山建福宫当家，四川省政协常委、四川省政协民族和宗教委员会副主任。

武术学者龚茂富在论文中提及：

以张明心和唐诚青为代表的青城山道教领导，对何道君群体与刘绥滨群体是接纳的、认可的，他们已经将其与青城山道教文化融为一体来看待。在他们看来，青城武术不但含有道教哲学文化内涵，而且还是青城山道教的一个组成部分。青城山道教协会会长张明心道长告诉我，“青城武术中有练硬气功的何道君、建福宫的杨致远、祖师殿的钟礼德，还有刘绥滨，还有老君阁的肖理清、袁斗道长一些人，他们都属于青城派。……青城武术重生、贵生、养生、内修、强身健身。”可见，在张道长的意识里，青城武术与道教的追求是一致的，刘绥滨、何道君与山上

① 参见刘绥滨编著：《中华绝技——青城武术》序一，四川民族出版社，2002，第 1 页。

的习武道士是一体的。

青城山天师洞当家唐诚青认为，“青城派武术继承了我们青城山道教文化的内涵，青城派武术含有我们道家的哲学在里面……青城山的武术就是我们道教思想的本体……刘绥滨他们通过他们自己的努力去弘扬我们中华民族自身的文化，弘扬我们道教文化，有利于我们社会的发展，有利于我们全人类的身心健康……”[①]

当代青城武术的著名人物——余国雄、刘绥滨

余国雄

余国雄（1913—2003），泸州纳溪人，自幼父母双亡。其先随民间武术家易占彪学南拳；1933 年，又拜新津县老中医胡培伦为师，学中医外科；后再拜青城山陈琳道长（字遐仙，道号紫阳，外号云游子）学青城武功，以及道家接骨技术和内外方药。

1936 年，余国雄参加青羊宫打擂，获得蓝、银二章，随后被聘为国民党军队 140 师国术教官。1938 年，奉命率大刀队参加台儿庄战役，余国雄一人杀敌十余名。在我收藏的史料当中，有一首余国雄的自述诗：“倭寇疯狂侵中华，杀我同胞犯我疆。我本炎黄一赤子，手持龙泉上战场！”[②]

1939 年，余国雄负伤退役回到纳溪老家，被县政府聘为武术教官。1950 年后，他先后被泸州市政府确定为名老中医、中医副主任医师，被四川省卫生厅授予“先进工作者”称号。1982 年，他任泸州市武术协会副主席、纳溪县（今纳溪区）分会主席。

① 龚茂富：《中国民间武术生存现状及传播方式研究》，人民体育出版社，2012，第 160—161 页。

② 枣庄市政协文史资料委员会编：《台儿庄大战诗词选》，中国文史出版社，1995，第 169 页。

20世纪80年代末，余国雄被确认为青城武术代表性传承人之一（另两个为周烈光和陈生一），被载入《四川武术大全》。

20世纪90年代，余国雄作为青城武术唯一代表人物，被载入《中国武术人名辞典》。余国雄的主要徒弟是刘绥滨。[①]

刘绥滨

根据官方2017年出版的《峨眉武术史略》资料显示：

刘绥滨，都江堰市人，道名信玄，四川省级非物质文化遗产青城武术代表性传承人、中国武术七段。他1965年出生于黑龙江省鹤岗市绥滨县的一个武术世家，后来定居四川省灌县（今都江堰市）。因体弱多病，他从少年起就热爱武术，跟随外公刘玉成（“青城二十四侠”之一周德山的弟子）、母亲刘世琼（灌县国术馆高级班毕业）走上习武强身之路。

刘绥滨毕业于重庆医科大学，从医12年。为发展武术事业，他放弃了医生的职业，先后当过保镖、教练、保安教官等职业。1995年，刘绥滨在都江堰市青城山镇创办了青城山功夫馆，该馆先后更名中华青城派武术馆、青城派武术总馆，2005年更名为青城武术馆。

2003年，刘绥滨表演的青城派武功载入《中华武术展现工程》。2004年，在中国民间文艺家协会、成都市委市政府举办的首届中国民间艺术百绝群英会上，刘绥滨被授予特别成就奖。刘绥滨已出版《中华绝技——青城武术》、《青城太极养生》（中英文对照，书带盘）、《青城太极十八式》（中英文对照）等十余部专著。在国内外公开发行的专业报刊及国际学术研讨会上，发表论文、文章数十篇。[②]

刘绥滨曾六次获得中国电视吉尼斯擂主，担任2008、2009、2010年中华养生健康国际论坛形象大使。在2009年第十五届全球中华文化艺术薪传奖评选中，刘绥滨荣获中华武艺奖，2013年获两岸养生文化交流特

① 参见四川省武术协会编著：《峨眉武术史略》，人民体育出版社，2017，第252—253页。

② 参见四川省武术协会编著：《峨眉武术史略》，人民体育出版社，2017，第320—322页。

别贡献奖。刘绥滨为国内多家大学的CEO、MBA、EMBA、董事长班、商界领袖班等讲授养生课程。刘绥滨桃李满园，目前其学员遍及全球30余个国家。

2009年，刘绥滨被四川省文化厅认可为四川省非物质文化遗产项目——青城武术的代表性传承人之一。

刘绥滨先后拜宋德炤、祁玉祥、余国雄、萧俊举、彭元植、王树田、陈用和、姚福沛、金跃山等著名武术家为师。他还曾拜师于蒋信平道长、唐诚青道长、王家佑（著名道教学者，中国道教协会道教文化研究所副所长），深得道家太极智慧的熏陶。

20世纪90年代后，刘绥滨以全部精力投入到发展青城武术上。像其他一些民间武术家一样，他经历了很多磨难和挫折，甚至是难以逾越的瓶颈。据我所知，他的武术场馆搬迁了六次以上。

2005年，《三联生活周刊》的王鸿谅采访刘绥滨。刘绥滨讲述了自己执着的习武经历：

1982年到1986年，四川“民间切磋武术”最为时兴，自己甚至还骑过十几里路的自行车，从青城山赶到聚源镇，去老拳师肖成远的武馆跟他的徒弟们比试。这些比赛没有证书和奖金，路费和饭钱得自己掏……能延续下去，凭借的只能是对于武术的痴迷。

2008年，汶川“5·12”大地震发生。作家殷波、王国平在书中叙述：

地震发生后刘绥滨立即参加救援。平义小区有一个卖荞面的老太太掩埋在废墟里，刘绥滨立即带头参加救援，正在抬一个预制板时又发生余震。如果刘绥滨要躲开就只有松手，预制板就会把其他七个人砸倒。刘绥滨只有努力坚持，结果落下来的板子把他的右脚大脚趾砸得鲜血直流……（老太太最后抢救出来了，刘绥滨脚部感染很久都没有好。）

刘绥滨先后招募了500多个志愿者，协助维持秩序，控制了很多即将发生的打架斗殴事件。他们还自费印了10000份《灾区公众文明手册》，发到老百姓手中。

刘绥滨夫妇又上山到天师洞，劝师父唐诚青下山躲避。唐道长说，“这是祖师爷弘道的地方，不能离开……”当时余震不断，唐道长十分淡定地在楼上画画……[1]

作家白郎在《寻访青城百岁隐士》中叙述，刘绥滨等人也劝蒋信平道长下山躲避，但他死活不肯，说：“不能无事就来，有事就走，那算什么道？”[2]这可以从另一角度略窥青城山的道家智慧。

刘绥滨等人还组织志愿者捐款捐物、抗震救灾……后来，联合国世界遗产中心授权日本NHK电视台拍摄《世遗100》，其中都江堰以刘绥滨到板房教灾民打太极为主要场景，NHK电视台认为刘绥滨此举让灾民理智地对待现在的困境，有尊严地走向未来。

以上所述，可以让我们了解生活中真实的刘绥滨。

青城武术中的太极拳

太极拳的理论基础是以中国传统道家哲学中的太极、阴阳五行辩证思想，集颐养性情、强身健体、技击对抗等多种功能为一体，并结合中医经络学、古代导引术、吐纳术形成的一种内外兼修、刚柔相济的中国传统拳术。

“形神俱备，内外兼练”，是中国武术绝大多数门派的共同特点。

武术界有一句谚语：“快打是拳，慢打是功”。起源于明末清初的陈氏太极拳，就脱胎于长拳……我认识的许多老武术家，他们并不打太极

① 参见殷波、王国平编：《现在的我们：“5·12”大地震都江堰幸存者口述》，四川美术出版社，2009，第139—141页。

② 白郎主编：《锦官城掌故》，成都时代出版社，2013，第399页。

拳，但是经常把自己所练的拳套，结合呼吸吐纳、调摄精神、悠然慢打作为养生方式。

传统太极拳门派众多，已经有陈式、杨式、武式、吴式、孙式、和式，以及许多新创的门派。刘绥滨最突出的成就，是他把“青城太极文化”推向了一个发展高峰。

青城武术历史上究竟有没有太极拳？这曾经引起过武林界的争议。

前文已叙述过，从历史渊源看，青城武术最大的特色和内容，就是“道法自然”的养生术。“太极”，是中国道家文化一个重要概念。历史文献初见于《庄子》：“大道，在太极之上而不为高……”，后见于《易传》：“易有太极，是生两仪。两仪生四象，四象生八卦……”

道教“重命养生，乐生恶死”，讲究“性命双修”，即“外活四体，内活经络，修命强身”。自古高道、隐士多出没于青城山，修炼内外兼修养生之术。青城山地区武术在吸收外来武术的同时，与道教、佛教、丹道、养生、医学交融互汇，逐渐形成了独具特色的青城武术。换言之，青城武术并不仅仅是拼搏打斗之技术，它更重视“性命双修”“道法自然”的道医养生术，这是青城武术的鲜明特点。

青城山天师洞有秘藏抄本《玄门太极长生功》，系道家动静双修功上乘功法，以祛病强身、延年益寿为超凡成仙之初基。内容包括气功、柔功、静功、导引、按摩、推拿、槌击、捏弹、扣拍等功夫。

道教研究专家李远国也肯定了青城山有秘藏抄本《玄门太极长生功》，他说：“玄门太极长生功，又名青城派太极玄功，简称玄功。为四川道门青城派动静双修之上乘功法。”①

20 世纪 80 年代，很多人与青城武术拳师对抗后，认为他们的风格是硬太极，像太极，但比太极硬。

历朝历代青城山地区长寿者甚多。如刘绥滨所拜老师之一的蒋信平

① 詹石窗总主编：《百年道学精华集成第五辑　道医养生　卷八》，巴蜀书社，2014，第 346 页。

道长，曾任成都市道教协会会长。2006 年第二届中国（成都）道教文化节期间，他多次在大型道教文化原生态实景表演“太极神韵”中，表演龙门太极拳及太极扇子功，轻盈稳健而出神入化，全无百岁高龄之痕迹。

2006 年 11 月，蒋信平参加香港九龙湾展贸中心举办的第十三届“恭贺观世音菩萨宝诞暨尊敬长者千寿宴”。香港《大公报》2006 年 11 月 8 日报道：“特别从四川青城山邀请了 101 岁的太清宫当家蒋信平道长，来港演艺太极养生功（即全真龙门太极拳）……”会后众多海内外新闻媒体均作了大量报道。蒋信平道长 111 岁时羽化仙逝。

除道教影响外，2000 多年历史的都江堰水文化，又给青城武术增添了“上善若水”的深刻内涵。这些，为至今流传的青城太极拳，提供了历史理论依据，以及实际功夫内容的基础。

青城山地区流行玄门太极拳（又称健身延寿功、青城玄门太极养生功），20 世纪 30 年代由青城山陈琳真人传给余国雄，余国雄又传给刘绥滨。刘绥滨在传统基础上，促进了青城武术中太极功夫的进一步发展。[1]

2000 年，应都江堰市委宣传部之邀，四川省电视艺术制作中心赴泸州采访余国雄，并拍摄视频资料存档。余国雄演示了青城玄门太极拳，他在视频中说，师父陈琳传他太极时说历代单传，他在江湖上行走几十年也没见过其他人会，现在他传给了刘绥滨，希望能够发扬光大。

青城武术在海内外的影响

青城太极的传承和发展

如今，以刘绥滨为代表的青城太极养生文化自成一体，体现了历史上青城武术在当代的传承和发展提高。

---

① 参见周乐天，陈斐昌编著：《青城山与都江堰》，广东旅游出版社，2011，第 61 页。

在政府与社会各界的支持下，青城太极实现了对四川省都江堰市及黑龙江省绥滨县城市形象推广。仅 2012 年，青城太极在都江堰的习练者就达到了 10 万人。

成都市 14 名人大代表将都江堰案例写入成都市人大议案，推动了成都市太极蓉城全民健身运动，2014 年都江堰市习练者超过了 20 万人。

目前，黑龙江绥滨县课间操、工间操全覆盖，绥滨国际太极嘉年华成为黑龙江省体育旅游精品赛事。

武术学者龚茂富说："青城玄门太极拳传自余国雄先生，最初有八十一式。后来，刘绥滨不断地将其简化改编为三十六式、十八式、十三式、九式和六式，并取名'青城玄门太极养生功'。健康长寿是人类的共同目的，'青城玄门太极养生功'仅从名称上看既符合青城派的道教文化属性，又切合当前社会上的'养生热'的潮流。"①

刘绥滨说："青城太极是历代掌门单传的，我师父余国雄在 86 岁的时候传给了我。青城太极与陈氏、杨氏太极有很大不同。另外，青城太极拳的手印也是独特的。"

对武术养生具体方式，刘绥滨也有独到见解。他说："一提起练武，绝大多数人都会觉得苦。我倡导的是'快乐练武术，休闲学养生'。那么多忙得昏天黑地的普通人和企业家，他有 10 分钟时间就练 10 分钟，有 1 分钟就练 1 分钟。"

这种具有强烈时代感的练功方式，能更好地服务社会各界大众，在一定程度上颠覆了要练武术就最好身居深山，花长时间苦练狠练的传统习武方式。

刘绥滨所著《青城太极》一书，2013 年由中国台湾人类智库出版集团出版，时任国际健身气功联合会副主席柯文博士、著名文化学者龚鹏程教授等知名人士作序，同步登陆中国台港澳三地发行。

---

① 龚茂富：《中国民间武术生存现状及传播方式研究》，人民体育出版社，2012，第 186 页。

来自中国台湾正声广播公司资深节目主持人简立玲介绍："刘老师研发一套以青城派武学为主干，有助于缓解现代多数人时间少、生活紧张、压力过大、睡不好及腰酸背痛等问题，并且可以快速缓解且轻松易学的太极六式，5~7天就可以学会……我经常打10~20分钟的太极六式，感觉全身放松，通体舒畅。"

著名文化学者龚鹏程教授评论："刘绥滨先是把这原初秘传之拳广为流通，介绍到海内外去。其次是发展出较精简的功架，使它更便于传习，由三十六式简为十八式，再减为六式……其技击作用仍在，但重新整编后，却令其养生功效大大增强。在海内外也十分受欢迎，各界邀他去传授者络绎不绝。因为实练之后确实得气快、获益多。"①

走向世界的青城太极

刘绥滨先后创立了"中国道家休闲养生功"和"太极智慧"系统课程。他在发扬光大青城武术方面成绩卓越，为社会各界肯定。例如，他曾执教全球多家高校及高端培训机构，弟子、学生遍及全球80余个国家。学习者过百万，包括多国政要、著名企业家、多国健身气功协会主席、世界武术比赛冠亚军、国际搏击比赛冠亚军、影视明星、文化名人、大学教授等各界人士。

他曾多次应邀率弟子参加国内外大型活动，作武术、太极展示及养生教学。他也曾入选中国《少林与太极》杂志、《武当》杂志、美国《功夫与太极》杂志、法国《太极》杂志封面人物；2009年荣获"中华武艺奖"，成为亚洲和中国大陆唯一的获奖代表；四次应邀参加海峡两岸中华武术论坛。

2012年11月，青城武术登陆南极。英国著名太极教练苏姗、法国极地摄影家娜塔莉，以及中国、美国、柬埔寨企业家共计38人，携中国国旗、青城太极旗帜摆下太极阵，共练青城太极。

---

① 参见刘绥滨:《青城太极》，中国台湾人类智库出版集团，2012，第4—5页。

图 11–8　2012 年 11 月，青城武术登陆南极，创下了在南极打太极拳的世界纪录

2015 年，在由《中华武术》杂志（中国武术协会主办）、世界太极拳网等多家单位发起，全球 110 万人投票的太极评选活动中，刘绥滨是四川唯一一位连获三项大奖（“我最喜爱的中华太极人物一百人”“中华太极人物三十人”“太极国际传播优秀人物”）的获得者。2016 年,《武当》杂志、博武国际武术网评选“传统武术的十大风云人物、领军人物、名师”，他当选传统武术十大领军人物。

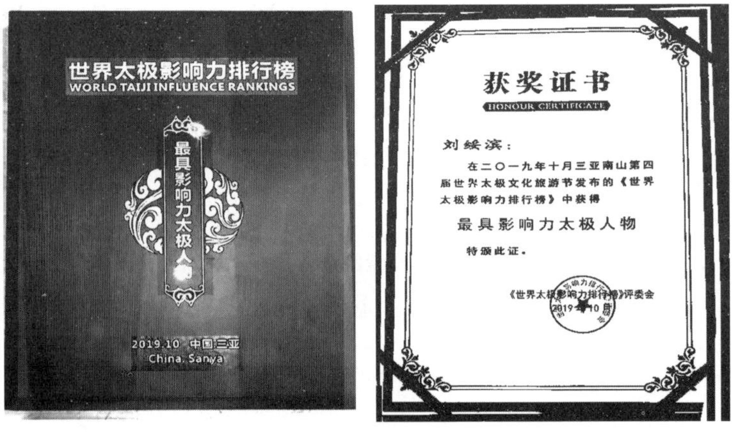

图 11–9　2019 年 10 月刘绥滨荣获“世界太极影响力排行榜　最具影响力太极人物”

刘绥滨出版书籍、光盘 15 套（入选中国道教协会主办的多届中国道教文化节组委会礼品）。其中，《跟掌门学养生》女版曾获当当网健康书冠军，男版入选《江西日报》领导干部读书推荐书目。他连续六届受聘为中华养生健康国际论坛（中国人民对外友好协会、中华中医药学会主办）形象大使。青城太极被载入《中华武术展现工程》《中华武藏》《中国太极拳大百科》。

刘绥滨现为都江堰市政协常委，四川省道教协会常务理事，四川省旅游学校巴蜀武术养生学院院长，四川省武术文化研究会会长，西安体院武术系、中国人民大学培训学院、美国国际医药大学、美国高校太极联盟客座教授，北京体育大学《中国太极拳标准教学及养生康复功用研究》课题组研究员。

2019 年 10 月 27 日，第四届世界太极文化旅游节，在海南三亚南山文化旅游区开幕。来自中国、美国、澳大利亚、德国等 36 个国家和地区的近 300 位太极名家、太极冠军，以及各流派代表性传人和 2000 余名选手齐聚南山。本届太极文化旅游节，以“弘扬中华太极文化、促进人类身心健康”为宗旨。国内外太极拳优秀代表纷纷上台一展风采。这些队员中年龄最大的 92 岁，最小的才 4 岁。

图 11–10　刘绥滨向国际友人传授青城太极拳

图 11–11　2011 年 5 月刘绥滨与英国前首相夫人切丽·布莱尔会面

2019年10月29日发布“世界太极影响力排行榜”，刘绥滨入选“70年太极拳最具影响力太极人物100人”，并获“最具影响力太极人物”。

此次上榜人物中，有74人为已故各太极门派的太极宗师，在世的仅26人。刘绥滨与陈小旺、陈正雷、李德印、马春喜、李俊峰、宗光耀、邱丕相、崔仲三、张志俊、傅清泉、高佳敏、陈思坦、戈春艳等26位名家，一齐上台领取颁奖证书。[①]

图 11–12 奥地利总统、总理、外交部部长体验学习青城太极拳

武侠小说大师金庸给青城武术正名

对青城武术的肯定，最有意思的是武侠小说大师金庸。

青城派初见于还珠楼主的《青城十九侠》《蜀山剑侠传》，在这两部作品当中，青城派是作为正面形象出场的。在金庸的《笑傲江湖》当中，青城派掌门名叫余沧海（余观主）。他为了得到“辟邪剑法”，驱使青城派众弟子将福威镖局灭门杀害；其后，为报灭门大仇的林平之，以“辟

① 参见记者任宏伟、曾琦：《刘绥滨入选世界太极拳影响力排行榜 系四川唯一入选者》，成都商报社“红星新闻”，2019年10月29日。

邪剑法”消灭余沧海及其门下弟子。《笑傲江湖》中的青城派被描写为反面的武术门派，里面的余沧海狡诈、奸险、歹毒，形象十分不堪。

华人世界对青城道家与青城武术的了解，大都来源于金庸的小说。广大读者、观众分不清虚幻与真实，对青城派武术、青城山道教，产生诸多误解是必然之事。

然而这些负面影响，不但影响了武术门派，在一定程度上也伤害到了四川的形象。

据还珠楼主李寿民的两个儿子回忆，父亲为了写《青城十九侠》曾三赴青城山。刘绥滨和唐诚清道长认为：“是否到过青城山”，是还珠楼主和金庸笔下‘青城派’差异的根本原因。只要到过青城山，就不可能不被青城山打动，不可能把‘青城派’当成反面来描写。”而金庸写《笑傲江湖》之前，没到过四川，也没到过青城山。

2010 年 8 月 14 日，青城山旅游管理局原副局长高尔军，接受武术学者龚茂富采访时说：“金庸写《笑傲江湖》的时候把青城武术写得活灵活现，在社会上影响很大，对青城武术造成了误解……我们就邀请金庸访问青城山……我们并不是希望他重写或把它改过来，只是想通过这么一个活动，说明我们想重塑青城武术的形象。政府在这方面确实做了很多的工作。”[①]

2004 年 9 月 26 日，80 岁的金庸第一次来到青城山。他在助手搀扶下，稳步走到青城山门外，静赏青城剑阵舞剑为礼后，10 名高手随刘绥滨而出，金庸和刘绥滨亲切握手。在领略了青城山和道教文化，看了青城武术表演后，金庸诚恳地表达了歉意。刘绥滨回忆道：“金庸先生说，他以前从没来过青城山，对青城武术和青城道教了解不够，对笔下的青城派人物描写不够准确，希望我们能够谅解。”刘绥滨还讲道：“我告诉他不需要道歉，反而我们应该感谢他，如果不是金庸先生的小说，青城派和

① 参见龚茂富：《中国民间武术生存现状及传播方式研究》，人民体育出版社，2012，第 107 页。

图 11–13　2004 年 9 月 26 日，刘绥滨率领弟子迎接金庸先生

图 11–14　2004 年 9 月 26 日，刘绥滨率领弟子走出山门迎接金庸先生

青城武术也不会被那么多人了解。”

刘绥滨所说也不仅仅是客套话。刘绥滨说：“1980 年以前，很多门派拳种都流失了。而金庸先生的小说让大家重新开始关注武术，对中国传统武术文化是有重大贡献的，绝对值得我们感谢。”

刘绥滨回忆：“当时 80 岁的金庸身体情况已经不太好，但还是坚持要来青城山，只为了却夙愿。我记得他那时走路都很艰难了，和我握手都是在旁边人帮助下完成的，最后也是因为体力不支，走到天师洞就再也不能往上走了。当时我组织了 32 名学员为金庸先生表演青城太极，他观看之后大加赞赏，说感谢我们让他看到青城武术如此精彩，以后有机会的话，重新来写青城武术。”

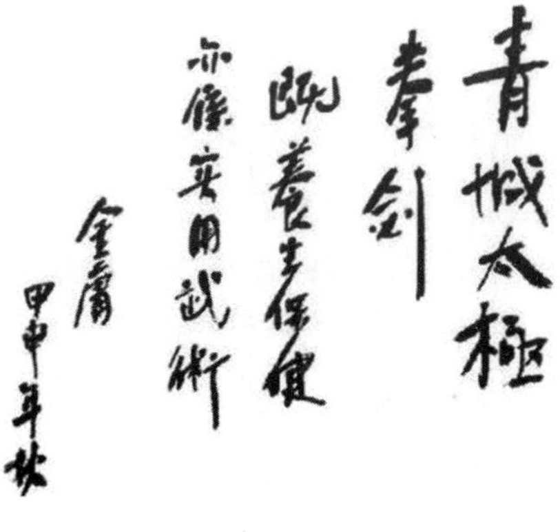

图 11–15　金庸题写“青城太极拳剑，既养生保健，亦系实用武术”

金庸在青城山鹤翔山庄为青城武术正名，题写了“青城太极拳剑，既养生保健，亦系实用武术”。

2018 年 10 月 30 日，武侠小说泰斗金庸逝世，享年 94 岁。

刘绥滨在自己的微博上写下了一段话：“沉痛悼念金庸先生，谢谢金庸先生为人类留下的武侠精神文化财富，谢谢金庸先生对青城派的传播和正名。”

何道君、鲜宗丽的青城武术特色

青城派武功绝技有丰富的内容，如铁汉碑、打麻圈、三角包、吊包、手包、砂桶、五轮桩、石牛、石袋、沙筒、铁砂掌、搏击术、点穴术、空手入白刃等。如今，这些内容大都被概括性地称为“硬气功”。和重视太极养生思想一样，这些武功绝技同样体现出青城武术浓郁的仙道文化特色。

何道君、鲜宗丽艰辛的习武之路

据官方《峨眉武术史略》资料显示：

> 何道君，1963 年出生，成都市人，职业武术家，中国武术六段，四川省级非物质文化遗产青城武术代表性传承人。现任青城道君精武馆馆长，青城功夫研究会会长等职。
>
> 何道君从小就广拜民间拳师、艺人为师。20 世纪 90 年代末，何道君拜青城山祖师殿曹明仙道长为师，成为青城山道教全真龙门派第 21 代皈依弟子。何道君的妻子鲜宗丽出自武术世家，其爷爷、父亲、姐姐和弟弟都习练武术。后来，鲜宗丽陆续拜了成都体育学院武术系的邹德发老师、青城山道教当家张明心道长为师。

2009 年，刘绥滨与何道君被四川省文化厅评定为四川省非物质文化遗产项目青城派的代表性传承人。他们二人所率领的群体也分别成为当前青城派最大的两个支系。[1]

图 11–16　图为鲜宗丽（左一）、郑光路（中）、肖清黄（左三），1985 年在电影剧组

鲜宗丽，成都人，自小习武，功夫很好。1984 年峨眉电影制片厂导演刘子龙，请我物色优秀武术人才参加电影拍摄，我到鲜家特别约请鲜宗丽。她那时才十七八岁，但功夫很好，在剧组很受武林人士好评。

鲜宗丽现为青城功夫研究会副会长，中国武术六段，被誉为“中华女金刚”，是四川最有代表性的优秀民间女武术家。

何道君为了传承武术，备尝辛酸。他不到 20 岁就闯荡江湖卖艺为生，还干过许多底层杂活：刷灰浆、打灶头、木匠、蹬边三轮，我还亲眼看他在百花潭公园等处开办武术训练班，艰难经营。

20 世纪 80 年代后期，何道君与鲜宗丽同甘共苦、联袂卖艺以求谋生，表演的“头上开砖”“汽车过头”等武功绝技令人叹服。1992 年，夫妻二人到都江堰市崇义镇，创办了青城道君精武馆，仍然一路风雨坎坷、几起几落，但他们热爱武术，坚定地一步一步挺了过来。

何道君与鲜宗丽创办青城道君精武馆后，接受了曹明仙、张明心道长道家文化的影响，融入了青城武术的很多精华。

青城道君精武馆的武功绝技

青城道君精武馆传播的武术，主要有套路、功法、搏击、硬气功几大内容。武馆经常承接各方邀请的武术表演活动，享有盛誉。展示的独

① 参见四川省武术协会编著：《峨眉武术史略》，人民体育出版社，2017，第 51、247、319 页。

门绝技主要有：单掌碎石、胸部铡刀砍筷子、腹卧钢叉、卧钉床、胸口碎石板、脚踩钢刀、后背碎砖、金枪刺喉、小臂碎石、头顶碎砖、汽车过头、金刚指、单掌开石、汽车过头。

武馆现在是四川省非物质文化遗产青城武术的传承中心，成都市非物质文化遗产传习所，中国武协三级会员单位，成都市武术协会先进单位。

何道君能用硬气功空手劈开鹅卵石、头开大砖块；他首创的独门功夫——汽车过头，曾引起海内外的极大轰动 。

何道君的头部有一个“三花聚顶”，这是他练习功夫多年，功力到达很高境界的表现，武林界非常罕见。

梁朝时，学者任昉所著《述异记》曾有记载，远古时蚩尤部落与黄帝部落战争：“蚩尤氏耳鬓如剑戟，头有角，与轩辕斗，以角抵人，人不能向。”史家通常注解是“蚩尤部落以牛为图腾”，或者说是蚩尤头上戴了假角（牛角）向对方冲击，故又名为“角抵”[①]。“头戴假角”议论看似有理，实则难耐推敲：因为头戴假角（牛角）很难固定；作为“武舞”表演还行，真打仗时头戴假角去撞人则极易脱落。

我们从照片（图 11–17）上可以看到，何道君头部的“三花聚顶”，就很像“耳鬓如剑戟，头有角”。有人提出假想：所谓的“耳鬓如剑

图 11–17　何道君正在训练硬气功，头顶上的“三花聚顶”非常显眼（图片来源：青城道君精武馆）

① 刘秉果：《中国古代体育史话》，四川人民出版社，2007，第 60 页。

戟，头有角”，很可能蚩尤部落人常年习惯苦练头部撞击能力形成的结果——这才是深藏在历史尘埃中的真实情况。

“蚩尤部落苦练头部撞击能力”而“头有角”，可能本书是首次提出，值得学术界重视并做进一步研究。

2008年汶川大地震后，何道君、鲜宗丽自发组织四川省武林界同仁，为灾区捐款达30余万元。他们带领徒弟、学生走进灾民安置点义务表演，促进灾民心理的康复。[①]这些，体现了民间武林人士真实扶危救困的侠义精神。

青城武术成为中国武术重要门派的事实根据

第一，由前文所述，青城武术具有悠久的地域性发展历史，“历史清楚、脉络有序”。第二，以刘绥滨为代表的青城太极养生文化自成一体，体现了历史上道家太极思想、“道法自然”的“修身养性”鲜明特色，也是巴蜀武术中的独特内容。第三，以何道君、鲜宗丽为代表的武术风格，体现了历史上青城派武术的另一特色，即重视武功绝技和实战搏击。第四，刘绥滨与何道君，被官方四川省文化厅评定为四川省非物质文化遗产项目青城派的代表性传承人。第五，青城武术已经走出四川、走向全国、走向世界。刘绥滨、何道君在海内外影响越来越大——两人成就都有目共睹、为各界公认。第六，2012年，青城武术入选第五批国家级非物质文化遗产代表性项目名录。第七，2021年，青城武术项目获评“2021中华体育文化优秀民俗民间项目”，都江堰市获评“2021中国体育旅游十佳目的地”。

青城武术是中国武术史研究中的薄弱环节。正如郝勤老师为龚茂富文章作序中说：

> 民间武术是中华武术之根……至今仍顽强存活于各地民间。作为学

① 参见龚茂富：《中国民间武术生存现状及传播方式研究》，人民体育出版社，2012，第160—161页。

术界和武术研究者，不应忽略对民间武术的研究……我以为，目前院校武术或官方武术界轻视和忽略民间武术研究，实则饮水断源、伐其根本之举，于中华武术之继承发展极为不利……[1]

谭继和，现为四川省社会科学学科带头人，任四川省社科院研究员，四川省历史学会会长，四川省社科院重点学科巴蜀文化学首席专家。

谭继和曾经写有一首诗，站在弘扬巴蜀文化的角度，赞颂了青城山、都江堰市的历史文化地位，也对刘绥滨发扬光大青城武术（青城太极），做了很好的评价和肯定：

西蜀自古神秘国，还珠楼主有定评。蜀山剑侠多门派，显者峨眉与青城。金庸侠书着盛世，实受还珠之启迪。此事讳言难明论，青城十九侠最明。历史自会有公论，仙气道源最青城。国术多彩亦多姿，青城独特有传人。太极六式化精髓，绥滨独得青城神。孔山流水传天外，今有成伟传薪承。更兼大师张大千，自认青城是画魂。青城养毓奇士多，风篁山月有本真。本真薪传历坎坷，其中武术赖绥滨。不辞辛劳海内外，立玲发扬有正声。先读立玲写有评，今读此文再续评。青城太极历春秋，传薪惨淡费经营。绥滨志士不怕挫，继宗传派成正果。孜孜矻矻勤创新，海内海外多传人。都堰本名青城郡，青城是脉江是血。都江堰市大名声，宜哉该市能钟灵。更兼孔庙统其绪，儒化中国扬鹏程。

青城武术及巴蜀武术迈向新的高度

巴蜀武术养生学院的成立

刘绥滨热爱青城派武术，但是并不局限在本门派。他对于太极智慧有很深的感悟，他说：“我们不要把太极拳完全当成一种武术。太极拳

---

① 龚茂富：《中国民间武术生存现状及传播方式研究》，人民体育出版社，2012，第3—4页。

是一种文化，学习太极最终目的是达到身心平衡，能够和自然、社会、人类和谐相处。只要达到这种目标的就都是太极，不一定非得是青城太极。”他认为，自己不仅要为发扬青城派武术而努力，也要为弘扬四川武术文化贡献自己的一份力量。但是这不能成为一句空话，需要思考怎样才能跨出实质性的一大步。

2016 年初，四川省旅游学校校长赵晓鸿与刘绥滨签署了战略合作协议，共建巴蜀武术养生学院。2016 年 5 月 11 日，四川省旅游学校巴蜀武术养生学院正式成立，刘绥滨出任首任院长。

四川省、成都市等相关部门领导，省旅游发展委、省政协、省社科院、省工商联、成都市武术管理中心、省武协青城武术研究会、成都市旅行社协会、都江堰市政协等相关部门领导，各界学者、著名企业家、著名武术流派代表，以及西南民族大学的师生 2000 多人，出席此次活动。中央人民广播电台、新华社四川分社、中国新闻社四川分社、四川省委宣传部《看四川》杂志、四川卫视、《四川日报》、《成都商报》、《华西都市报》等 20 家媒体参与报道。

四川省旅游发展委员会副巡视员苗玉砚、四川省工商联原副主席钱卫东，共同出席了隆重的揭牌仪式。四川省旅游学校校长赵晓鸿教授作了热情洋溢的讲话，他强调，巴蜀武术养生学院将以弘扬中华武术、推动养生旅游产业发展为宗旨，目标是为四川乃至全国培养一批社会急需的“懂旅游、精武术、会养生”的复合型旅游人才。

四川省原副省长韩邦彦对巴蜀武术养生学院的成立表示高度赞赏。他指出，武术养生是我国特有的传统文化，需要建设优秀的传承体系。巴蜀武术养生学院创新教育方式，实现“弘扬中华武术文化，推动养生旅游产业发展”的目标，将为四川建设为旅游经济强省和世界重要旅游胜地，作出贡献。

来自巴蜀武术各大门派精英也做了精彩纷呈的武术表演，现场观众掌声、喝彩声不断。

图 11–18　宏伟宽广的巴蜀武艺厅开幕典礼，各界专家教授、武林人士合影留念

图 11–19　巴蜀武术养生学院隆重的揭牌仪式。左起：苗玉砚、赵晓鸿、刘绥滨、钱卫东

相关媒体报道并评论，巴蜀武术养生学院的成立有助于加强传承巴蜀武术文化，它开创了中国武术养生旅游教育的先河，是一项传承中华优秀传统文化的创举。[①]

巴蜀武术养生学院现在已经承担了教育部《康养休闲旅游服务专业教学标准》的设计与制定。

在成立大会当天，巴蜀武术养生学院宽广宏大的巴蜀武艺厅，也精彩呈现在上千国内外参会者眼前。

巴蜀武术养生学院副院长龙江先生介绍：巴蜀武艺厅占地约 900 平方米，展示了巴蜀武术的各种门派或拳种，仅相关珍贵的老照片就有 1000 张。

1989 年出版的《四川武术大全》统计出当时四川省流行的 68 个拳种和门派。巴蜀武艺厅现在展示的有 78 个拳种和门派。这说明 30 年过去了，博大精深的巴蜀武术有了新的发展。

四川省武术文化研究会的成立

2018 年 10 月 29 日，“四川省武术文化研究会成立大会暨 2018 首届中国（四川）武术文化高峰论坛”举行。

本次大会由四川省社会科学院、都江堰市委市政府作为指导单位，四川省武术文化研究会主办，四川省旅游学校巴蜀武术养生学院承办，四川大学体育学院、成都大学体育学院协办。来自省内外各门派的武术名家、专家学者、文化企业家 100 余人汇聚都江堰市。此外，当地还举办了“2018 首届中国（四川）武术文化高峰论坛”，并希望以此为开端，将论坛打造成四川省乃至全国武术研究最具影响力的学术研究平台之一。

四川省民政厅、四川省体育局、四川省社科院、四川大学、成都大学、都江堰市、四川省旅游学校及巴蜀武术养生学院的领导和代表出席

---

① 参见记者刘星：《巴蜀武术养生学院成立》，《四川日报》2016 年 05 月 18 日；参见记者金山：《（四川）巴蜀武术养生学院在川成立》，《香港商报》网讯，2016 年 5 月 18 日。

了本次会议。四川省社科院副院长姚乐野教授主持开幕式。四川省民政厅李方祥宣读同意成立四川省武术文化研究会的决定。四川省社科院党委书记李后强教授为四川省武术文化研究会名誉会长谭继和、会长刘绥滨颁发聘任证书。

图11–20　2018年10月29日，四川省武术文化研究会正式宣告成立，左三为李后强，右一为刘绥滨，右三为谭继和，右四为杨继瑞

李后强教授在大会上指出，伴随着中华民族伟大复兴，武术要在国际上扩大影响力，就要从学术的角度进行深入探讨，将武术研究规范化、制度化、体系化，形成有效的武术学术探究机制，产出一系列高质量的学术成果，树立起四川武术学术的形象、品牌、精品，将其打造成真正的世界一流文化并发扬光大。

会长刘绥滨发言表示，四川省武术文化研究会将致力于四川省内武术文化界的团结，推广四川武术特色文化，为广大相关各界人士打造一个开放、包容、规范的学术交流平台……将肩负起将武术文化发扬光大的历史使命，报效祖国，服务人民。

都江堰市人大常委会副主任殷波在大会上特别强调，成都市第十三次党代会报告提出，要传承巴蜀文明……传统武术在巴蜀大地上绵延数千年，已成为天府文化的重要组成部分。

都江堰市副市长袁明，谭继和教授，省社科院哲学与文化研究所副所长、四川省武术文化研究会秘书长邓真，四川大学体育学院前院长沈际洪教授，四川省旅游学校党委书记、校长赵晓鸿教授等人，分别做了主题为《武德武术与巴蜀地域文化模式》《互联网加武术文化传承与发展》《武术与旅游》的演讲。[①]

2018 年 10 月，四川省社会科学院向中共四川省委、四川省人民政府，呈送《关于将青城太极作为我省对外文化交流常规礼品的建议》的报告：青城太极源于世界自然文化双遗产——四川省都江堰青城山，已有近 2000 年历史，是中国著名武术流派之一，被联合国确定为青城山文化遗产的重要组成部分。2009 年，青城武术（含青城太极）被正式列为四川省非物质文化遗产。

近些年，青城太极频频亮相于中国道教文化节、中国国际非物质文化遗产节、世界太极文化节、G20 成都会议、全球创新创业交易会、中华养生健康国际论坛、世界超模大赛、世界旅游组织年会等大型国内国际活动当中。

同时，青城太极作为一张文化交流名片，吸引了国内外政要、影视明星、文化名人、企业家问道青城山。目前，青城太极在全球 80 多个国家有近百万人习练，受众人群还在迅速增长，不断扩大。

社科院专家认为，若能顺势引导，青城太极不仅可以在四川省对外交往活动中彰显文化自信，也可以打造成“一带一路”民心相通的四川国际文化交流品牌。为此，提出三点具体建议：

---

① 参见《学术活动：四川省武术文化研究会成立大会暨 2018 首届中国（四川）武术文化高峰论坛》（智库工作处 四川省社会科学院，2018 年 10 月 28 日）。

一是将体验式观看青城太极表演，纳入国内外政要、名流等来访四川的日程安排，后续互动可为来川的政要、名流等举办青城太极养生讲座，或进行教学指导。二是将青城太极作为四川省对外文化交流的名片，将青城太极推介到“一带一路”各国成立的中国文化中心、全球的孔子学院。将青城太极宣传片、纪录片作为文化特色礼品，通过外宣平台展示。三是成立专门的青城太极表演艺术团，承担四川省接待或出访的国际文化交流活动。

川渝体育非遗创新发展联盟的成立

2020 年 7 月 13 日，川渝体育非遗创新发展联盟成立大会在风景优美的四川省旅游学校黄龙溪校区隆重召开。川渝两地体育非遗传承人、体育非物质文化遗产研究专家、非遗研究机构和企业 200 多人参加了本次大会。

据了解，在 2020 年 6 月川渝两地的学校、企业、政府等多方代表，

图 11–21　四川省文化与旅游厅二级巡视员王兵（左一）、重庆市文旅委二级巡视员肖敏（右一），为川渝体育非遗创新发展联盟揭牌

图 11–22　2020 年 7 月 13 日川渝体育非遗创新发展联盟成立。左起：王以富、肖清黄、张建国、温佐惠、郑光路、刘绥滨、沈际洪、项葆辉、黄天才

曾在重庆商讨并签署战略合作协议，决定共建川渝体育非遗创新发展联盟，聘请青城武术非遗传承人刘绥滨为联盟理事长。

成立大会气氛热烈，四川省旅游学校校长赵晓鸿教授，重庆昌辉文化传播股份有限公司董事长夏旭华先生，共同为川渝体育非遗创新发展联盟理事长刘绥滨颁发聘书。

四川省文化与旅游厅二级巡视员王兵、重庆市文旅委二级巡视员肖敏，为川渝体育非遗创新发展联盟揭牌并发表讲话。

著名历史学家、四川省历史学会会长谭继和教授，发表《为弘扬成渝国术文化共同体，传薪火，走新路》的主题发言。中国杰出人文社会科学家沈际洪教授，发表《教育 4.0 与川渝体育非遗文化创新发展的相关思考》的主题发言。成都体育学院博士生导师、成都体育学院博物馆馆长郝勤教授，发表《传承国术文化，强身强种强国》主题演讲。阿坝师范学院体育学院院长龙正印教授，做了《羌族传统体育的设想与展望》专题介绍。文体旅游产业运营专家、成都壹格加实业集团创始人和董事长刘晓军，发表《企业如何赋能与孵化体育非遗的创新发展》专题发言。

图 11–23　赵晓鸿教授（右）和夏旭华先生（左），共同为川渝体育非遗创新发展联盟理事长刘绥滨（中）颁发聘书

专家们对如何创新巴蜀文化旅游合作模式、实现川渝两地文化旅游资源的共建共享、推进巴蜀文化旅游走廊建设发展、弘扬巴蜀武术等问题，进行了深入探讨。

四川省旅游学校校长赵晓鸿教授，谈到了这次联盟成立的深远意义：“此次川渝体育非遗发展峰会，是一次创新型的产教融合的案例，是学校、企业和非遗传承机构三方合作共同达成。通过企业作为平台，将非遗文化转化成价值，更有利于各方未来的发展。”

川渝体育非遗创新发展联盟理事长刘绥滨接受采访时说：“‘联盟’将联合川渝两地区社会各界力量，建立体育非遗方面的沟通与发展；通过一系列活动带动民众对武术的热情……让包括巴蜀武术在内的体育‘非遗’，走入‘寻常百姓家，走向世界’！”[①]

---

① 参见《川渝体育非遗创新发展联盟成立暨川渝体育非遗峰会》，四川文化网 2020 年 7 月 14 日。

第十二章

20 世纪 80 年代后巴蜀武术的腾飞

◎ 1986 年蓉城武术擂台赛的历史意义 ◎

肖家泽、马明贵等人倡议举办全国首届擂台赛

20 世纪 50 年代后，中国竞技武术主要是竞技套路。1979 年，国家体委开始试行对抗性武术散打比赛。

1983 年 8 月，四川省在自贡市举行武术大赛，设置了散打、套路、太极拳推手三个项目。这次散打比赛，不戴拳套、不穿护具、不分级别（不分体重），是 1950 年后四川唯一的一次无差别级散打比赛，对抗激烈。1983 年 8 月 11 日，比赛结束。武术名家肖家泽回忆：第一场他就遇到四川万县（今重庆万州区）的一个身高臂长的强壮对手。在此后三天的比赛中他顽强拼搏，夺得无差别级省级武术比赛金牌。①

1985 年，肖家泽与马明贵等人，积极倡议并筹备全国首届武术擂台赛。很多人担心可能会打伤人、打死人，举办擂台赛的阻力很大。经过肖家泽与马明贵等不懈努力、多方奔走，最终省体委采纳了“传统打擂”的方案，从而启动了全国首创的蓉城武术擂台赛。

---

① 参见《四川省武术比赛，昨日在自贡结束》,《成都日报》1983 年 8 月 12 日第 3 版。

1986 年擂台赛，以传统不戴护具的“打擂”形式进行，实行分级循环赛（按体重分为六个级别）；规定这次为男子赛，不设女子赛。运动员不戴护具、手套，在 10 米见方、80 厘米高的擂台（木质结构）上，按体重分级抽签配对。以“打下台”“打倒桩”“技差”和得分多为优胜，赛出各级别的前三名，分别奖给金章、银章、铜章和证书。

我保存的旧资料记录，至 1986 年 3 月 5 日全省报名参加的共有 196 人，其中有工人、农民、学生，武警战士等。筹委会定于 3 月 13 日进行资格赛，参加擂台赛者必须每人表演一套拳术，取得资格后，才能参加擂台赛。

我作为现场采访记者的历史见闻

当时我作为中国《气功与体育》杂志特派记者，全程采访了此次比赛。

曾经闻名中国成都的青羊宫打擂中断了几十年，如今重开打擂，武林人士振奋不已。尤其是当年上过青羊宫擂台，获得过金章的武林前辈十分激动。

1986 年 3 月 8 日，李孟常、侯仲约、景书堂、刘震南、张礼显、黎志根、温玉堂、彭元植，共八位老拳师被恭敬地迎进四川省体委大楼。他们的年龄已过花甲之年：李孟常 69 岁、景书堂 67 岁、刘震南 74 岁、彭元植 75 岁……他们汇聚一堂，畅谈当年。

李孟常武艺超群却一生坎坷，靠行走江湖、行医卖药养家糊口。在重新恢复打擂的这段日子，他非常高兴。我曾到李老家中，见他豪爽地大嚼炒胡豆、炒花生，喝大碗酒。他大笑道：“恢复国粹好哦！蓉城武术擂台赛办得好！”

1986 年 3 月 15 日，擂台赛在成都市提督街劳动人民文化宫举行。

文化宫门首大书“首届蓉城武术擂台赛”，赛场设在进门不远处右侧篮球场。主席台上空飘荡两只大气球，下吊大幅标语：“弘扬中华武术！”“振奋民族精神！”

擂台比赛时，李孟常他们几位老拳师坐在擂台下顾问席上，个个神采奕奕，我在现场拍摄下他们的情形。如今他们都已作古，老照片更显珍贵。

图 12–1　1986 年蓉城武术擂台赛。顾问席，左起：刘震南、李孟常、车幅、景书堂（郑光路摄影）

观众积极踊跃，比赛入场券一票难求，出现大量“黄牛党”，成都人称其为“票窜窜”。1986 年 3 月 19 日的《成都晚报》报道“戴峰骗购入场券，高价出售被拘留”。1986 年 3 月 20 日的《成都晚报》再次报道：“高价出售擂台赛入场券，被公安人员抓获并罚款”……可见当时擂台赛受群众欢迎的程度。

这次擂台赛规定：一旦运动员意外致残或死亡，最高可获 5000 元的保险金。根据我的记录，擂台上共 98 人次损伤，严重者（骨折、脱位、皮肉裂伤）8 人次……总体是安全的，无人获得此保险金。

1986 年 3 月 21 日，蓉城武术擂台赛“鸣金收兵”。经过 7 天 7 轮 14 场较量，成都体育学院成绩突出，获得了 3 枚金牌、3 枚银牌，7 名好手夺得金章。

我记录的名次如下：

48 公斤级的金章（金牌）获得者：罗智辉（遂宁）。

52 公斤级的金章获得者：周灵（成都）。

56 公斤级的金章获得者：张强（灌县）。

60 公斤级的金章获得者：吴秉刚（成都体院）。

65 公斤级的金章获得者：陈勇（内江）。

70 公斤级的金章获得者：杜小安（成都体院）。

70 公斤级的金章获得者：杨华（成都体院）。

当时的时代背景，可以参照《中国武术史》书中评论：

竞技武术的偏颇发展所带来的种种负面影响……具有强烈的“官文化”色彩……使得内容丰富的中国武术日趋单一，走入了一条越发狭窄的小胡同……（传统武术）以提高技击能力为主体价值，注重体用兼备的中华民族传统体育活动方式。传统武术是竞技武术之源。[①]

图 12–2　蓉城武术擂台赛中一对选手正在比赛（郑光路摄影）

① 周伟良编著：《中国武术史》，高等教育出版社，2003，第 128 页。

我的一些武术界朋友，如陈长贵、张汉彬、薛山……在这次比赛中勇敢拼搏，令人印象很深。

首届蓉城武术擂台赛恢复了中断40年、不戴护具的传统中华武术比赛，影响重大意义深远，是当代四川武术史上光辉的一页。在其影响之下，许多市县都相继举办了以“嘉州”“蜀英”“川西”等命名的擂台赛。

此后，四川武术逐渐由单一的竞技武术模式向套路比赛和搏击比赛发展。官方武术和民间武术并重的模式使得四川武术得以健康发展。

◎ 四川省武术协会的杰出成绩简述 ◎

四川省武术协会的简况和成就

四川省武术协会（以下简称“省武协”），1958 年成立[①]。20 世纪 60 年代后，工作中断，1979 年后，逐渐恢复正常工作。

1985 年 8 月到 1987 年 12 月，省武协名誉主席为刘海泉（四川省副省长）。主席分别为周德潜（任职时间为 1959—1962）、郑怀贤（任职时间为 1962—1979.12）、周德潜（任职时间为 1979.12—1987.12）。

武术名家郑怀贤、王树田、刁云太、邓昌立、邹德发、刘太福、任刚、肖家泽、吴信良、傅尚勋、温佐惠等武术名家，为省武协做出过重要贡献。

1983 年 9 月，四川省成立了四川省武术挖掘整理小组，走访了数以千计的老拳师。据记载，小组成员在五年时间里，总共搜集了 1093 个徒手套路，518 个器械套路，41 个对练套路，276 个练功方法和 14 个技击

① 参见陈冬东主编：《中国社会团体组织大全·第二卷》，专利文献出版社，1998，第 1134 页。

项目，在此基础上整理编写了《四川武术大全》。①

1984年6月和1986年3月，省武协两次荣获“全国先进集体”称号。

20世纪80年代，四川省各地、市、县的武术协会相继成立，基层武术辅导站建立，各类武术比赛广泛开展。省武协对于武术活动的推广，起到了重要的促进作用。②

吴信良、肖家泽、温佐惠的武术实践活动

1982年峨眉派（峨眉武术）提出后，四川众多武林人士满含热情做出了极大努力。限于篇幅，以下仅简单列举广为武术界熟知的重要人物。

武术名家吴信良

吴信良，中国武术八段，国家级散打裁判。吴信良多次参加全国武术比赛，曾获通臂拳银牌、醉拳金牌、醉剑金牌，先后获省、市级武术比赛各单项冠军十余次。

吴信良著有《峨眉散打术》《峨眉功实战精择》等13本个人专著。其拍摄的武术教学片有《峨眉散打术》《中华武术实战

图12–3　吴信良峨眉武术系列《黄林火龙拳》武术教学光盘碟片

① 参见四川省体育运动委员会、四川武术挖整组编：《四川武术大全》，四川科技出版社，1989。

② 参见四川省武术协会编著：《峨眉武术史略》，人民体育出版社，2017，第108—112页。

教材》《中华武术养生系列片》《峨眉拳一、二路》等，并在各类杂志上发表相关论文数十篇。

吴信良是当代四川武术精英。他还参加了电影《南拳王》的拍摄，担任电影《警官与侦探》《布达拉宫秘史》，以及电视剧《古堡恩仇》《江南试剑》等片的武打设计。①

武术名家肖家泽

肖家泽生于 1951 年 9 月 20 日，其外祖父是郫县犀浦很有名的中医。在小学二三年级时，他认识了江湖奇人吴振环，并随其学习峨眉武术及骨伤科知识。20 世纪 60 年代后，肖家泽还拜北派直隶门胡子文为师。

20 世纪 70 年代，肖家泽到大邑县农村当了知青。他在乡下给乡亲们看病、教人练武术，名声远近皆知。后来成都电讯工程学院（现成都电子科技大学）来招工，把肖家泽当作特殊人才招入学院当中医师。

1971 年 10 月至 1983 年 10 月，肖家泽任电子科技大学校医院的中医师。此时，各地逐渐恢复武术比赛。肖家泽与师兄弟吴信良、傅尚勋三个人经常夺得当时省市比赛的金银牌；且这三人均是文武兼修，被武术界誉为四川武林“三学士”。

此后，肖家泽又拜在成都体院武术教授王树田和号称“长江大侠”的吕紫剑等武术大师门下。1983 年 8 月，四川省在自贡市举行武术大赛，肖家泽以全胜战绩获得散打第一名。2004 年，国际武术联合会组织的第一届世界传统武术节在郑州开赛，肖家泽时年 53 岁，拿下八卦掌、岩鹰拳两块金牌。2005 年，他参加云南开远举行的中国传统武术节，再次获得两块金牌。②

---

① 参见“四川省武术协会”官网《我省有影响的武术名家简介》（http：//www.scwushu.com）2019 年 7 月 18 日。

② 参见记者曾茜：《“三国先生”肖家泽：武医笔合一的高人》，《成都商报》2011 年 2 月 13 日。

图 12–4 肖家泽峨眉岩鹰拳系列《岩鹰拳》武术教学光盘碟片

1983年至2004年2月，肖家泽开办四川省第一所私立武术学校——成都市私立武术健身学校，出任校长兼董事长。1991 年，该校更名为成都市峨眉武术学校，在校生达两千多人，培养出了许多武术人才。

1984 年，肖家泽筹资 8 万元拍摄了一部武打电视剧《乱世风云》，并出演重要角色。此后，肖家泽还筹资拍摄了 11 部武术教学片，在武术界影响很大。①

肖家泽现为中国武术八段、中国武术协会委员，担任四川省武术协会王树田武学研究会会长、四川省武术协会武医研究会名誉会长等职。2019 年 3 月 15 日，四川省武术协会第七届换届选举大会召开，肖家泽当选四川省武术协会主席。

肖家泽不仅武艺精湛，而且擅长中医、书画，被美誉为“三国先生”（国术、国医、国画）。他的绘画作品，大多是浓墨重彩的山水风景画，写意和工笔相结合，气势磅礴，意境深邃。

2014 年 3 月 23 日，“剑胆行天地，琴心绘山河”肖家泽国画作品展在成都隆重举办，他的 73 幅作品参展。参观者多叹其创作题材丰富多样、既博复精。在其画中，有气势雄壮的崇山峻岭，辽远空阔的高原草

① 参见记者曾茜：《“三国先生”肖家泽：武医笔合一的高人》，《成都商报》2011 年 2 月 13 日。

甸，宁静淡泊的湖畔江边。他以武术家宽广的情怀，将纷繁的现实世界融入画中。[①]

温佐惠

温佐惠，中国非常优秀的女武术家，巴蜀武林英豪，为中国武术最高段位九段。

温佐惠于 1975 年考入成都体育学院，师承王树田、邹德发、郭洪海等人。20 世纪 70 年代后，参加各种全国性武术比赛，多次获得南拳、朴刀、八卦掌、螳螂拳、双刀、棍术、对练等项目的冠军。

她曾任成都体育学院武术系主任、学院学术和技术带头人、三级教授、硕士生导师，荣获学院“首届教学名师”称号，并在云南大学、内江师范学院等多所大学担任客座教授。2009 年获成都体育学院教学成果一等奖，2010 年获国家体育总局教学成果三等奖。她长期从事研究生、本科生、国内外访问学者以及来自美国、意大利、法国等外国留学生的教学任务。

她担任四川省、成都市武术协会副主席，四川省非物质文化遗产保护委员会专家委员，四川省大众体育联合会副会长，四川省民族传统体育学负责人，四川省武术精品课程负责人，四川省体育学科教授任职资格评议组成员，国家级特色专业（民族传统体育学）负责人。她还担任教育部学位中心博士和硕士学位论文评审专家，中国体育科学学会武术分会常委，以及中国武术协会专家委员会专家、理事、裁判委员会副主任。

温佐惠曾多次受中国武协、亚武联和国际武联的邀请，担任国际级、国家级裁判员、教练员培训班的教学培训及晋级考试工作，是国际武术联合会颁布的首批国际裁判（国际 A 级武术裁判）。此外，她也多次担

① 参见记者滕杨：《“三国先生”肖家泽画展开幕》，《成都晚报》2014 年 3 月 23 日。

图 12–5　温佐惠老师演练太极扇，摄于 2006 年

任国内和国际各种重大比赛（世界武术锦标赛、亚运会、全运会、城运会等）的总裁判长，被国家体育总局武术运动管理中心连续四次评为“全国武术十佳裁判员”。

她也多次承担了国家级社会体育指导员、国家体育总局援外班等不同层次的武术教学任务。曾多次应邀出访美国、英国、意大利、芬兰、日本、罗马尼亚、韩国、越南、马来西亚、土耳其、文莱、卡塔尔等国家，负责武术交流、裁判及教学工作。

其出版武术专著《实用自卫拳法》《巴蜀武术》《飞叉》三部，参编教材十多部；参加国家级课题（如“中国武术发展战略研究”），主持厅级、省部级课题十多项；发表论文 30 余篇，论文多次入选国内外各种重大学术会议。

振兴巴蜀武术的人才众多，限于篇幅，这部分内容本书从略。著名人物可参阅《峨眉武术史略》，以及四川武术家和著名作家何定镛先生所著的《巴蜀武林英豪》。

任刚积极促进《峨眉武术史略》等书出版

《峨眉武术史略》的研究撰写工作，可以追溯到 2010 年。

基于一种担当与使命，当时的四川省武术运动管理中心主任、四川省武术协会秘书长任刚代表省武协向省体育总会签发了“关于完善峨眉武术理论体系的请示”。这样，由众多武术学者参与完成的《峨眉武术史略》于 2017 年由人民体育出版社出版。

任刚，重庆市人，中国武术八段，现任四川省武术协会执行主席。任刚曾两次荣获国家体育总局颁发的国家体育运动荣誉奖章，四次获得国家体育总局颁发的国家体育运动奖章，获四川省政府一等功一次、三等功一次。

任刚对四川武术的发展倾注了大量心血，取得了卓越的成绩。2012 年，他提出整合传统武术资源，巩固民间各个拳种研究会，做到主干支撑、点面结合，给民间传统武术更大生存发展空间和展示舞台的主张。这些，促进了四川武术的持续健康发展。

专业杂志《中华武术》曾经专门报道过任刚：“任刚凭借对武术的真挚情怀，用独具智慧的管理模式，展现了开阔的市场视野，构建四川武术发展的大格局。”①

图 12–6　20 世纪 80 年代任刚演练通臂拳中的“燕子穿云”英姿

① 参见王涛：《大视野才能构建大格局——访四川省武术运动管理中心主任》，《中华武术》2016 年第 8 期，第 11—13 页。

图 12–7　时任四川省武术运动管理中心主任任刚（左五）与获奖运动员合影

2008 年 6 月 7 日，峨眉武术作为四川省唯一传统体育、游戏与杂技类的项目，成功入选第二批国家级非物质文化遗产名录。

2009 年，青城派武术、土家余门拳、绿林派武术、峨眉盘破门武术，成功入选四川省非物质文化遗产名录。

2014 年之后，四川省武术协会组织出版了《峨眉武术史略》《当代四川武术群英榜（大型画册）》《峨眉武术段位制教程》《巴蜀武林传奇》《四川省武术队建队四十周年（大型画册）》等系列相关专著图书。

2017 年，中共中央办公厅、国务院办公厅下达《关于实施中华优秀传统文化传承发展工程的意见》（中办发〔2017〕5 号）。

中共四川省委宣传部、四川省教育厅、四川省体育局，也于 2019 年联合制定《四川武术文化传承发展工程实施方案》《关于传承发展中华优秀传统文化的实施意见》（川委办〔2017〕35 号）等通知。

后 记

读者手中的这本书，对2000多年四川武术文化的宏大历史做了阶段性的探索总结。同时，也将中国武术史中许多谜团一一解开。

发扬四川武术的巴蜀文化传统特色，使巴蜀武术与现代文化更紧密结合，走向大众、走向国际、走向未来……这是所有文化界、史学界以及武林人士的不懈追求。

在研究巴蜀武术和本书出版过程中，不少史学界、武术界、体育界著名专家、学者都给予了热情支持，在此致以诚挚谢意（以下人名不分排名先后）。

谭继和

四川省历史学会会长、四川省武术文化研究会名誉会长、四川省社科院杰出研究员，享受国务院特殊津贴，四川省学术技术带头人。四川省政府文史研究馆资深馆员、四川省社科院四川历史研究院学术委员会主任、巴蜀文化学首席专家、《巴蜀文化通史》主编。

其代表性著述有《巴蜀文化辨思集》《共和国五十年文史书系》等，撰著论文200余篇，曾获得全国优秀古籍图书一等奖，中国图书奖、全国政协优秀文史资料图书奖、“文轩十佳好书”等奖项。

沈际洪

教授，历任成都科技大学、四川大学体育部主任。中国高校体育教育指导委员会委员、教育部直属院校体协副理事长、教育部体育教学指导委员会副主任。曾参与国家相关理论教程、实践教程、体育教程等十余部教材和专著的主编、统稿、副主编工作。1989 年荣获全国高校首届优秀教学成果四川省一等奖和国家级特等奖，1992 年荣获体育课程建设国家级优秀奖。被美国“WHO IN THE WORLD”（“世界名人录”）1998 年卷录入。1999 年荣获建国五十周年“全国体育卫生工作先进个人奖章”。2009 年被评为“中国杰出人文社会科学家”。享受国务院特殊津贴。

郝勤

教授，博士生导师，中国著名体育史与体育传播学者，成都体育学院博物馆馆长，国务院政府专家特殊津贴获得者，国家体育总局学术技术带头人，国家社科基金评委，四川省学术技术带头人，四川省教学名师，国家社科基金重大项目首席专家，中国体育科学学会理事。四川大学、北京体育大学、郑州大学兼职教授及博导。从事体育史与体育考古文博学、体育传播学研究。出版个人专著 16 部，发表学术论文百余篇。

谭晓钟

四川省社会科学院历史研究所和四川历史研究院研究员。曾任《历史知识》编辑部主任，《中华文化论坛》编辑部主任。先后在各类报刊发表文章 120 余篇，其中核心期刊论文 30 余篇；撰写（合作）学术著作 16 部；作为主要研究者参加省部级课题 7 项；作为主要研究者获得四川省政府社科三等奖 3 项、省部级“五个一工程”奖 1 项。先后开设了“四川通史 · 民国部分”“中国文化史 · 民国部分”“民族民间文化”等学位课和选修课课程。现为四川省中华文化学会常务理事、四川省历史学会理事。

赵晓鸿

教授，硕士生导师。四川省旅游学校党委书记、校长；四川省艺术职业学院党委副书记、常务副院长。“2018 中国旅游职业教育十大突出贡献人物”，“2020 中国旅游教育突出贡献人物”；国家社科基金项目主持人、中国康养休闲旅游专业教育开创人。

龙江

四川省旅游学校巴蜀武术养生学院副院长、康养旅游系主任。

习云太

中国武术九段，著有巨大影响的《中国武术史》。曾代表中国出访捷克斯洛伐克、苏联、日本，并应邀到德国、意大利、瑞士、法国授课及学术交流。1995 年被评为中国体育科学学会先进工作者，同年当选为当代中国“十大武术名教授”；2006 年被评为“世界十大武术教育家”；2007 年被评为“世界武林百杰”。

邹德发

中国武术八段，国家级武术裁判，著名武术教育家，四川省武术协会副主席。先后担任成都体育学院武术教研室副主任、主任及竞技学校技术教研室主任。自 1956 年起，多次担任四川省及全国性大型武术比赛裁判员、副裁判长、裁判长、副总裁判长、总裁判长、仲裁委员会主任等职。1989 年，被国家体委授予“全国优秀裁判员”称号。发表《图说峨眉散手实战》《八卦连环掌》《八极拳》《通臂拳》《对擒拿》《论峨眉武术（上下篇）》等论文和著作。

任刚

中国武术八段，国家级教练员。1985 年后连续 5 年获得全国武术比赛通背拳冠军。1995 年至 2020 年，多次受聘担任国家武术队主教练、总教练、教练组长及专家组成员。多次率领国家武术集训队赴国外进行国际体育交流活动。其从事教练员工作期间，共培养武术世界冠军 5 名、洲际冠军 9 名、全国冠军 30 余名。荣获“中华人民共和国体育运动荣誉奖章”（特等功）三次、“中华人民共和国体育运动奖章”（三等功）四次，受到四川省人民政府一等功表彰，荣获“当代中华武林百杰”称号。2001 年 12 月起，任四川省武术协会副主席，后兼任秘书长。2019 年当选第八届中国武术协会常务理事，同年当选第七届四川省武术协会执行主席。

肖家泽

中国武术八段，现任四川省武术协会主席，中国武术协会委员，中国武术协会传统武术工作委员会委员。1983 年，开办四川省第一所私立武术健身学校（成都市峨眉武术学校），培养出了许多武术人才。1983 年 8 月在四川省武术无差别大赛中，以全胜战绩获得散打无差别冠军。2004 年，在首届世界传统武术比赛中获得八卦掌、岩鹰拳两块金牌。此外，他也多次获得国内各级武术比赛金牌。

温佐惠

成都体育学院硕士研究生导师，国家武术研究院专家委员会专家，中国武术九段，国际武术联合会颁布的首批国际裁判（国际 A 级武术裁判）。曾任成都体育学院武术系主任等职。现任四川省、成都市武术协会副主席，四川省体育学科教授任职资格评议组成员，国家级特色专业（民族传统体育学）负责人。担任教育部学位中心博士和硕士学位论文评审专家，中国体育科学学会武术分会常委，中国武术协会专家委员会专家、理事、裁判委员会副主任。曾多次担任国内和国际各种重大比赛（世界武术锦标赛、亚运会、全运会、城运会等）的总裁判长。被国家体育总局武术运动管理中心连续四次评为“全国武术十佳裁判员”。

吴信良

中国武术八段，国家级散打裁判员，中国体育学会武术分会委员，四川省武术协会传统委员会副主任，峨眉武术工作委员会主任，峨眉武术联合总会秘书长、总教练。曾担任四川省武术协会副秘书长、四川省第一任散打教练等职务。多次参加全国武术比赛，曾获通臂拳银牌、醉拳金牌、醉剑金牌。著有《峨眉散打术》《峨眉功实战精择》等13部个人专著，在各类杂志上发表数篇相关论文。此外，他还担任过《警官与侦探》《江南试剑》《拳师恩仇记》等多部影片的武打设计。

吴大才

1962年8月毕业于成都体育学院，师承郑怀贤教授。毕业后在国家体委运动创伤研究所及成都体育医院从事“武医结合”临床与研究工作。四川省第六、第七届政协委员。1997年5月开办成都市达康中医药研究所，并开设大才骨伤诊所至今，数十年来治疗数十万人。多次应邀赴日本、韩国、美国等国家讲学和进行医疗活动。2017年8月10日，四川省武术协会武医研究会成立后担任会长。积累了丰富的武术临床经验，先后发表专业论文30余篇。

王庆跃

北京体育大学硕士，教授。先后在成都体育学院、四川大学、成都工业学院、成都东软学院担任教学科研工作。主编出版专著50余部，发表学术论文60多篇。先后担任18项国家级、部省级科研项目负责人，获各类国家级、省部级奖35项。1986—1990年策划研究出版新中国第一套《现代体育科学丛书》，1990年获香港中文图书奖；1986—1992年策划研究出版中国第一部《学校体育大词典》；1992年获国家教委科技成果二等奖。

龚茂富

博士后，教授，硕士生导师。成都体育学院少数民族传统体育与导引养生系副主任，四川省学术和技术带头人后备人选，四川传统弓联合会创始人（秘书长兼副会长），四川省武术文化研究会副会长。武术套路国家级裁判，中国式摔跤国家级裁判，国家柔道队科研教练。主持国家级课题 1 项，省部级课题 4 项。出版专著 3 部，发表论文 20 余篇。

陈振勇

教育学博士，人类学博士后，教授，博士生导师。四川省学术和技术带头人后备人选，四川省非物质文化遗产保护评审专家。曾任《搏击·武术科学》杂志编委，担任中国大学生体育协会民族传统体育分会科研委员会委员、中国西南民族研究学会常务理事、成都体育学院搏击教研室主任等职务。在武术历史与文化、少数民族体育研究方面，发表多篇广受好评的论著。

本书在出版过程中，也得到了四川畅洋实业集团有限公司的鼎力支持和赞助，在此致以衷心的感谢。

关于本书图片来源的说明

本书图片来源主要有三类：

1. 绝大多数为本书作者郑光路几十年来，通过各种渠道艰辛收藏积累而成（比如在国内、国外文物市场购得的老照片，作者收藏的旧书、刊、报上的老照片）。

2. 各界朋友提供给作者的老照片。

3. 作者摄影。本书作者并请专业人士对这些老照片进行扫描、修复等艰难工作。

出于以上原因，本书图片不允许他人或机构任意引用。